AF617661

MUJERES EN EUROPA, MUJERES POR EUROPA

MUJERES EN EUROPA, MUJERES POR EUROPA

HISTORIAS DE RESISTENCIA Y CORAJE

José Ramón Rodríguez Lago y Elena Sánchez de Madariaga
(eds.)

Sílex

La publicación de este libro ha sido posible gracias a la financiación otorgada por el Gobierno de España al Proyecto de Investigación "Sociedad Internacional y europeísmo. La huella de las otras Europas" (PID2021-122750NB-C21); y la de la Xunta de Galicia al Grupo de Investigación de Historia Contemporánea de la Universidade de Vigo (HC1), a través del Programa de consolidación y estructuración de Unidades de Investigación competitivas.

Editor: Ramiro Domínguez Hernanz

© Imagen de cubierta: Monumento que desde 2018 honra en la plaza del Parlamento de Londres a la sufragista y pacifista británica Millicent Fawcett, portando el lema "El coraje llama al coraje, en todas partes". Dominio público.

C/ San Gregorio, 8, 2, 2ª Madrid
España
www.silexediciones.com

ISBN: 978-84-19661-83-8
Depósito Legal: M-23896-2024
Colección: Sílex Universidad

Impreso y encuadernado en España

CONTENIDO

INTRODUCCIÓN. MUJERES EN EUROPA, MUJERES POR EUROPA 13
José Ramón Rodríguez Lago
Elena Sánchez de Madariaga

ARTISTAS ESPAÑOLAS EN LA EUROPA DEL CAMBIO DE SIGLO. MARGARITA AROSA Y ADELA GINÉS 25
Agustín Martínez Peláez y Sara Núñez de Prado Clavell

LA MIRADA AMERICANA. RUTH CRANSTON Y LAS MUJERES DE LA EUROPA PREVIA A LA GRAN GUERRA 55
Ángela Pérez del Puerto

MUJERES NACIONALISTAS Y CONSERVADORAS CON LA MIRADA EN EUROPA. LA REVISTA *MUJERES ESPAÑOLAS* (1929-1931) 87
Alejandro Camino

EUROPEAS POR EL MUNDO. DEL PACIFISMO AL MUNDIALISMO. ROSIKA SCHWIMMER Y EDITH WYNNER (1915-1955) 115
José Ramón Rodríguez Lago

EMIGRACIÓN, SERVICIO DOMÉSTICO Y COMPROMISO SOCIOPOLÍTICO EN EUROPA. LAS MILITANTES DE LA JUVENTUD OBRERA CRISTIANA (1956-1975) 153
María José Esteban Zuriaga

"DIEZ MILLONES DE MUJERES SALEN DE CASA PARA CONSEGUIR LA PAZ". LAS MUJERES DE LA *EUROPEAN NUCLEAR DISARMAMENT* (END) EN EL PACIFISMO FEMINISTA ESPAÑOL 183
Sandra Blasco Lisa

PIONERAS. LAS PRIMERAS ESPAÑOLAS EN EL PARLAMENTO EUROPEO 209
Miguel Lillo Otero

IN MEMORIAM EUROPEÍSTA DE VOCACIÓN. SARA GONZÁLEZ FERNÁNDEZ (1959-2023) 247
Juan Mascareñas Pérez-Iñigo

Sílex Universidad es una colección de Historia nacida hace más de 20 años para publicar novedades historiográficas y transportar una historia crítica, analítica y rigurosa.

Colección Sílex Universidad

El presente libro ha sido evaluado por el sistema
de revisión por pares académicos.
Los dictámenes correspondientes están
depositados en el seno de la editorial.

La editorial Sílex ocupa la posición n.º 6 del *Scholarly Publishers Indicators in Humanities and Social Sciences* (SPI) de 2022 en prestigio editorial en la disciplina de Historia con un ICEE de 84.

Propuestas de publicación

Las propuestas de edición serán enviadas a:
gestion@silexediciones.com
en un archivo pdf. La colección se pondrá en contacto con el remitente para informarle del proceso de revisión por pares, las condiciones de edición y su potencial programación.

INTRODUCCIÓN. MUJERES EN EUROPA, MUJERES POR EUROPA

José Ramón Rodríguez Lago
Universidade de Vigo
Elena Sánchez de Madariaga
Universidad Rey Juan Carlos

Mientras redactábamos esta introducción a nuestro libro, en septiembre de 2024, la presentación ante la Eurocámara de los candidatos de los 28 Estados de la Unión Europea llamados a formar parte del Colegio de Comisarios ha constatado una vez más –pese a las declaraciones de intenciones[1]– la dificultad para conformar un órgano equitativo en la representación de mujeres y hombres. Pese a que las primeras ocupen actualmente posiciones relevantes en órganos comunitarios destacados como el Parlamento (Roberta Metsola desde enero de 2022), la Comisión (Ursula von der Leyen desde diciembre de 2019) o el Banco Central (Christine Lagarde desde noviembre de 2019), la paridad continúa siendo un reto por alcanzar en los cuerpos representativos de tales organismos, donde los hombres siguen ostentando una clara mayoría.

El proyecto coordinado Euclío, constituido en 2016, afrontó desde sus inicios una perspectiva historiográfica centrada en el devenir del concepto, los relatos y las redes que forjaron la Europa del siglo XX. Si en su primera edición fue la participación española en los inicios de las Comunidades Europeas la que adquirió protagonismo[2]; posteriormente, extendimos el análisis al papel desempeñado por

[1] "Una Unión de la igualdad: Estrategia para la Igualdad de Género 2020-2025". Comunicación de la Comisión al Parlamento europeo, al Consejo, al Comité Económico y Social europeo y al Comité de las Regiones, Bruselas, 5 de marzo de 2020. https://commission.europa.eu/strategy-and-policy/policies/justice-and-fundamental-rights/gender-equality/gender-equality-strategy_es

[2] "Hacer las Europas: Identidades, europeización, proyección exterior y relato nacional español en el proceso de integración europea", HAR2015-64429-MINECO/FEDER.

las relaciones tejidas entre las dos orillas atlánticas[3]; para centrarnos finalmente en la incidencia ejercida por otros relatos y redes alternativas del europeísmo[4]. Los capítulos que ahora presentamos en este libro, fruto de la reflexión, la investigación y los debates mantenidos en estos tres últimos años[5], analizan, desde diferentes ópticas, la praxis y el discurso de diversas mujeres en torno a la idea de Europa: un concepto de Europa amplio, flexible y dinámico, que más allá del relato fomentado por los órganos del europeísmo "oficial", nos permita progresar en el conocimiento para abordar con toda complejidad los procesos que permitieron conformar la Europa actual.

Afortunadamente, parecen haber quedado atrás los tiempos en los que el curso público de la historia –y de la historiografía– parecían venir marcados en exclusiva por el protagonismo de los hombres. La perspectiva de género ha rescatado del olvido el estudio de las mujeres como sujetos activos de la construcción del mundo –y de Europa[6]– y ha abierto nuevas posibilidades para consolidar un relato histórico no sólo más justo, sino también más riguroso, integral y global[7]. Nuestras propuestas acogen la perspectiva de género como una clave significativa para el análisis, también, de la identidad europea. La identidad de género y la europea no siempre serán las claves determinantes o prioritarias para entender estos procesos,

---

[3] "Europeísmo y redes trasatlánticas en los siglos XX y XXI". PGC2018-095884-B-C21/C22.

[4] "Sociedad internacional y europeísmo: la huella de las otras Europas", PID2021-122750NB-C21/C22.

[5] Como culminación de este proceso, del 5 al 6 de septiembre de 2024 celebramos en la Facultad de Geografía e Historia de la *Universidad Complutense de Madrid* el Seminario de Investigación Euclío 3 "Mujeres en Europa, Mujeres por Europa. *In Memoriam* Sara González Fernández ", con la colaboración y el asesoramiento de los profesores Luis Domínguez Castro, María Isabel Doval Ruiz y Águeda Gómez Suárez (Universidade de Vigo), Víctor Gavín Munté (Universitat de Barcelona), Carmen de La Guardia Herrero (Universidad Autónoma de Madrid), Ricardo Martín de La Guardia (Universidad de Valladolid), Antonio Moreno Juste (Universidad Complutense de Madrid), Mónica Moreno Seco (Universidad de Alicante), Guillermo Pérez Sánchez (Universidad de Valladolid) y Heidy Senante Berendes (Universidad de Alicante), a quienes agradecemos su amable y valiosa contribución en los debates.

[6] Susana Río Villar, Susana del: *Doce mujeres europeas: Construyendo la Unión Europea*, Universidad de Granada, 2024.

[7] Teresa María Ortega López, y Mónica Moreno Seco: *Historia de las mujeres y del feminismo desde 1945. Nuevos debates, nuevos espacios, nuevas identidades*, Madrid, Síntesis, 2023.

pero estarán presentes en todos ellos, conjugándose, dialogando o entrando en conflicto con la identidad de clase, la étnica[8], la nacional, la confesional o la generacional, por aludir solo a algunas de las claves que conforman unas identidades siempre múltiples, siempre en movimiento. Tendría escaso sentido así preguntarse si lo narrado en los próximos capítulos se explica como tal por el hecho de ser mujeres o de ser europeas; pero sí, cómo incidió en todas ellas, desde diversas posiciones socioeconómicas, culturales o políticas, el hecho de ser mujeres y ser europeas; también el cómo incidió su reflexión, su discurso y su acción en los procesos de construcción de la identidad y de las instituciones europeas.

Analizar tales procesos en un plazo largo que se extiende desde finales del siglo XIX a los inicios de nuestra actual centuria permitirá comprobar los progresos observables en torno a la idea de Europa y la actuación y el reconocimiento público de las mujeres; también denunciar como falaz el mito del progreso continuo, incidiendo en la complejidad de las dinámicas de cambio. Si la identidad femenina y los discursos feministas evidenciarán cambios relevantes en las diversas coyunturas de espacio y tiempo; las ideas, relatos e iniciativas -privadas o públicas- centradas en el concepto de Europa y lo europeo se verán sujetas también a múltiples variables y modulaciones. Solo algunas de ellas caben en las páginas de este libro, pero creemos sinceramente que las líneas apuntadas en diversos campos permiten abrir vías de exploración sobre las que merecerá la pena seguir progresando.

El libro se inicia con el capítulo "Artistas españolas en la Europa del cambio de siglo. Margarita Arosa y Adela Ginés", en el que Agustín Martínez Peláez y Sara Núñez de Prado Clavell trazan un rico panorama del ambiente cultural y artístico en la Europa de finales del siglo XIX y de comienzos del siglo XX, atendiendo a la situación de las mujeres como sujetos y objetos en el ámbito del Arte. En un contexto de discriminación y exclusión casi completa de las mujeres en los circuitos artísticos (recompensas honoríficas, exposiciones, becas, dirección de instituciones, mercado del arte) y de despegue de la

[8] Angela Davis: *Mujeres, raza y clase*, Madrid, Akal, 2022.

modernidad en las tendencias artísticas, las trayectorias de dos artistas españolas, Margarita Arosa y Adela Ginés, que pugnaron por demostrar su valía con su talento creativo y su capacidad técnica y por desarrollar carreras profesionales, iluminan el (desconocido) papel de las mujeres españolas pioneras en el arte europeo (y universal) del cambio de siglo. Feminista y pacifista, además de artista, Margarita Arosa tuvo una actuación destacada en el impulso de asociaciones de mujeres artistas que promovieron exposiciones oficiales dedicadas a las mujeres, como los Pabellones de Mujeres en las Exposiciones Universales de Filadelfia (1876) y Chicago (1893). Nacida en París y moviéndose entre Francia y España y en un circuito internacional, varias de sus obras obtuvieron reconocimientos, entre ellas el desnudo femenino *La bañista*, un tema pictórico propio de los pintores varones. Adela Ginés, desde España, logró un reconocimiento internacional en las artes plásticas, con obras en barro cocido como *Gallo muerto* o *Canto de Victoria*. Además de su carrera profesional como pintora y escultora, Adela fue docente en la Asociación para la Enseñanza de la Mujer, el proyecto educativo impulsado por el pedagogo krausista Fernando de Castro y pionera en la lucha por la formación artística de las mujeres. Las vidas de estas dos artistas españolas, recuperadas en este texto, muestran los condicionantes y dificultades que las mujeres españolas y europeas de entonces tuvieron que afrontar en el mundo del arte del cambio de siglo; su rescate es también una llamada de atención sobre lo mucho que nos queda por conocer de las mujeres en la historia europea.

El capítulo firmado por Ángela Pérez del Puerto, "La mirada americana. Ruth Cranston y las mujeres de la Europa previa a la Gran Guerra", se adentra en el relato construido sobre Europa por la norteamericana Ruth Cranston, en 1913, poco antes del estallido de la Gran Guerra. Muy lejos de reflejar una anécdota, la investigación permite analizar las razones del éxito de una literatura de viajes pensada para satisfacer la demanda del público anglosajón. Al igual que los británicos habían hecho en el siglo XVIII a través del denominado Grand Tour, la gira por la vieja Europa permitiría a los norteamericanos reforzar su autoimagen, propagar sus valores e incrementar su patrimonio cultural. El libro *My Cosmopolitan Year*, publicado en Londres en 1913 y titulado en su edición neoyorquina del mismo año *The Meccas of the World: The Play of Modern Life in New York, Paris, Vienna, Madrid and London* nos dice mucho de tal moda y de la comprensión del mundo –y de la vieja Europa– por su joven autora; también nos ofrece pistas sobre la dimensión y la pretensión de ese imperialismo liberal y del puritanismo progresista que tanto tuvo que ver con la promoción del sufragismo. A través de su mirada y de las mordaces descripciones recogidas en su libro, las imágenes, los hábitos y las formas de vidas de las europeas de esas cuatro ciudades tan distintas, compiten con las de las American Girls de los últimos años de la Belle Époque. Cranston, ferviente admiradora y primera biógrafa del presidente Woodrow Wilson, contaba 25 años cuando escribió el libro; en las décadas siguientes desarrollaría una notable carrera en el ámbito del ecumenismo e impulsaría junto al español Salvador de Madariaga una de las iniciativas pioneras vinculadas con la idea de una ciudadanía y un gobierno mundial.

En el capítulo titulado "Mujeres nacionalistas y conservadoras con la mirada en Europa: la revista *Mujeres Españolas* (1929-1931)", Alejandro Camino analiza la trayectoria breve, pero de gran interés, de una publicación con periodicidad semanal que recogía el punto de vista de mujeres españolas conservadoras y católicas, pero sobre todo nacionalistas, fundada con el fin expreso de apoyar la Dictadura de Primo de Rivera e incidir en su política. Este grupo de mujeres de la alta sociedad, en el que destaca el papel desempeñado por María de la Misericordia de Vejarano y Cabarrús, vizcondesa de San Enrique, promovió la defensa de los derechos políticos de las mujeres, en particular el derecho al voto y a desempeñar cargos políticos, y demandó una mayor presencia femenina en la vida pública nacional y también internacional (en la Sociedad de Naciones, la diplomacia y los organismos internacionales), así como en todo tipo de asociaciones y proyectos, aunque estuvieran alejados ideológicamente de las posturas sostenidas en la revista. Si bien con la incorporación de las mujeres a la esfera pública pretendían ampliar la base social de la Dictadura, el estudio detallado de la línea editorial y de los artículos muestra una defensa continuada de los derechos de las mujeres y una "identidad de género" que antepusieron a cuestiones religiosas, ideológicas y nacionales. En una aparente paradoja, en el proyecto nacionalista español de la revista, Europa y la sociedad internacional desempeñaron un papel fundamental, que en ocasiones utilizaron jugando con los estereotipos europeos para justificar sus demandas en España. Pero más allá de los estereotipos, estas mujeres demostraron un conocimiento profundo de la situación de las mujeres en los diferentes países europeos, establecieron contactos con mujeres y movimientos femeninos, especialmente con países de Europa del Sur como Rumanía, y respaldaron proyectos europeístas económicos, políticos y pacifistas (que veían acordes con la naturaleza femenina). Cabe destacar que, si bien lo consideraron utópico en su tiempo, en la revista preconizaron como factible en el futuro unos Estados Unidos de Europa, una unidad europea que, en su opinión, reforzaría la unidad de España y frenaría los nacionalismos periféricos.

Como puede apreciarse en el capítulo de José Ramón Rodríguez Lago, "Europeas por el mundo. Entre el pacifismo y el mundialismo (1915-1955)", la promoción de la idea de un gobierno mundial contaría también con el liderazgo asumido por algunas europeas que vivieron y tejieron sus redes entre Norteamérica y sus diversos países de origen. La alemana Elisabeth Mann Borgese, la austríaca Helen Askenasy y, muy especialmente, las húngaras Rosika Scwimmer y Edith Wynner evidencian tal protagonismo femenino en la batalla por conformar un gobierno mundial como garantía de paz y progreso. Habiendo sufrido las calamidades bélicas y la expansión del autoritarismo en la Europa de entreguerras, todas vieron en la democracia y el federalismo norteamericano –y helvético– el modelo de esperanza para el progreso y la paz de los pueblos. Las victorias cosechadas previamente por la causa del sufragismo aportaron la convicción necesaria para afrontar una batalla por la humanidad que requeriría de constancia y sacrificio para convertir una nueva utopía en futura realidad. El papel que su Europa natal debería ocupar en ese orden mundial no podía venir dado por un reparto regional en función de los intereses y las propuestas militaristas de las Grandes Potencias. Así lo denunciarían tras la creación de la Sociedad de Naciones y así lo recordarían tras la creación de la ONU. Su plena oposición a la propuesta atlantista desplegada por Streit en 1939 o a un europeísmo armado por el miedo y la defensa de los intereses del bloque occidental, se compaginaba con una llamada a la tercera vía por la que países neutrales, el gobierno laborista británico o las democracias nórdicas ejerciesen como líderes morales. La imposición del relato hegemónico de la Guerra Fría abocaría al fracaso de aquellas iniciativas y sumiría durante un tiempo al mundialismo y a sus promotoras en el baúl del olvido.

La acción de las mujeres en el ámbito público europeo no se vio restringida a los espacios propios de las elites burguesas o aristocráticas. El capítulo firmado por María José Esteban Zuriaga, "Emigración, servicio doméstico y compromiso sociopolítico en Europa. Las militantes de la Juventud Obrera Cristiana (1950-1980)", permite constatar como la identidad confesional, la nacional, la de clase y la de género influyeron entre las militantes y dirigentes de la JOC en el contexto de la revolución cultural desatada en la larga década de los 60[9]. La atención depositada en el servicio doméstico, todavía hoy uno de los sectores más frágiles del mercado laboral; los debates y las propuestas esgrimidas para la mejora de sus condiciones o su definitiva erradicación en un modelo social alternativo; las redes de cooperación y de competencia virtuosa establecidas con las militantes de otras comunidades nacionales; la apelación a un relato en torno a la unidad de la clase obrera europea y la conformación de organismos de acción europeístas. Un ámbito de actuación generalmente invisibilizado por los organismos oficiales encargados de gestionar los flujos migratorios se ve así iluminado por el trabajo de militantes y dirigentes concretas. Las trayectorias de Esperanza Cabral o de María Arrondo son un valioso testimonio de quienes iniciando su trayectoria laboral como inmigrantes en el servicio doméstico, lograron, a través de su militancia confesional, ostentar posiciones de relevancia en el organigrama europeo de la JOC y trasladar el legado de su labor a organizaciones políticas surgidas en las transiciones ibéricas a la democracia[10].

El pacifismo, en conjunción con el feminismo, resurgiría con fuerza en Europa en el periodo de la denominada Segunda Guerra

[9] Gerd-Rainer Horn: *The Spirit of Vatican II. Western European Progressive Catholicism in the Long Sixties*, Oxford, Oxford University Press, 2015.

[10] Julio Prada Rodríguez, Emilio F. Grandío Seoane, José Ramón Rodríguez Lago (eds.): *En transición. Europa y los retos de la representatividad*, Madrid, Catarata, 2020.

Fría (1979-1989). Sandra Blasco Lisa aborda en "«Diez millones de mujeres salen de casa para conseguir la paz». Influencia de las mujeres de la European Nuclear Disarmament (END) en el pacifismo feminista español" la emergencia en España de un movimiento feminista que se forjó dentro del movimiento por la paz antinuclear europeo. Este feminismo con voz propia, configurado en el marco conceptual del compromiso por la paz y la justicia social y en la praxis de unas movilizaciones que recurrían a las acciones simbólicas (como refleja el título del capítulo), enriqueció a su vez y dotó de mayor complejidad al conjunto del movimiento pacifista. El proceso de interacción entre feminismo y pacifismo se nos revela, con el valor añadido de contar con testimonios de las protagonistas, a través de las conexiones transnacionales de las feministas pacifistas españolas, basadas en vínculos, relaciones y amistades, así como mediante la actuación de plataformas ciudadanas y publicaciones periódicas. Vemos así la influencia decisiva de figuras como Petra Kelly, con su propuesta de actuar en política internacional desde el feminismo, el pacifismo y el ecologismo, o de mujeres integrantes del Campamento de Greenham Common, de quienes se aprendió la organización de acciones de protesta que seguían los principios de la noviolencia, como el Campamento de mujeres por la paz de Zaragoza de septiembre de 1984. Anclado en la realidad española del momento de consolidación de la democracia en los años 80, el heterogéneo movimiento por la paz y el desarme feminista español, compuesto por una generación de mujeres que habían participado en las movilizaciones antifranquistas, formó parte sin duda del movimiento europeo que luchaba por influir en la política internacional con propuestas y acciones que rechazaban la política de bloques de la Guerra Fría y que unían la defensa de una cultura de la paz con la consecución de los derechos de las mujeres.

El capítulo de Miguel Lillo Otero titulado "Pioneras. Las primeras españolas en el Parlamento europeo" da cuenta de la presencia femenina en la política europea, en concreto en el Parlamento Europeo, durante los primeros años de la democracia española. Se nos muestra en primer lugar un detallado análisis cuantitativo de esa presencia, desde el primer Parlamento Europeo elegido por sufragio universal desde 1979, en el cual, la representación española fue elegida en diciembre de 1985 por designación entre los diputados y diputadas en el Congreso nacional, hasta las elecciones de junio de 1987. Es un análisis cuantitativo que muestra la muy escasa presencia inicial y su avance progresivo, detallado por partidos políticos, entre los cuales destaca el PSOE. Se comparan estos datos con la presencia de mujeres en las listas por partidos a las elecciones municipales y autonómicas del momento, así como en el congreso, por grupos políticos del Parlamento Europeo, y con el resto de los países. En conjunto, si bien por debajo de la media europea, la presencia de las españolas en los primeros años del Parlamento Europeo no se aleja significativamente de la normalidad europea. Las discusiones sobre las confecciones de listas y la dificultad para colocar a las mujeres en puestos de salida, así como el doble estándar de exigencia, se presentan en el contexto del incipiente feminismo español, en el cual mujeres del PSOE como Carmen Romero y Matilde Fernández contribuyen de manera importante a impulsar la participación política y al establecimiento de cuotas en las listas electorales, no siempre aplicadas en la práctica en estos primeros años. Carmen Llorca, de Alianza Popular, y Carmen Díez de Rivera, independiente en las listas del CDS, contribuyeron muy significativamente con el peso de sus trayectorias a normalizar la presencia de mujeres en la política española de esos años. Resulta relevante el número de años de permanencia de las mujeres, algunas por encima de las dos décadas, superior a la de los hombres, aunque esto se debe matizar teniendo en cuenta el escaso número total de ellas. Este estudio cuantitativo se ilumina con el relato de las muy significativas trayectorias políticas previas, de los temas con los que acudieron a las campañas para ser elegidas y del trabajo político realizado en Europa por estas pioneras de todos los partidos políticos: Ludivina García Arias, Carmen Llorca, Carmen Díez de Rivera, Concepción Ferrer i Casals, Barbara Dhürkop, Ana Miranda de Lage, Elena Flores Valencia y Dolores Renau. Resulta de particular interés verificar cómo el tema de la igualdad de las mujeres fue, como sigue siendo hoy en día, uno de los principales asuntos en los que trabajaron las europarlamentarias españolas de los primeros tiempos.

Todos los relatos enunciados sirven como testimonio de mujeres que, desde las artes, la cultura, los medios de comunicación, los movimientos sociales y la militancia confesional o política, soñaron y trabajaron por una Europa mejor. Nuestro último capítulo es a la vez un homenaje a una reconocida economista y convencida europeísta. La emotiva descripción que Juan Mascareñas realiza sobre la trayectoria vital y profesional de Sara González Fernández, con quien tuvimos la suerte de compartir proyectos, trabajos e ilusiones los integrantes de la red Euclío, permite seguir al tiempo las múltiples iniciativas encaminadas a reflexionar, promover y divulgar el proceso de integración europea. Sara sobresalió entre una generación de economistas encargados de alentar el europeísmo en España y de arropar los organismos comunitarios con el conocimiento y la praxis de nuestras instituciones empresariales y académicas. Compaginando el conocimiento de la teoría económica con el de la praxis empresarial a través de su actividad en MERCASA, La Caixa o su colaboración con los cursos formativos de la CEOE, la colaboración establecida con el catedrático de Organización Económica Internacional, Manuel Varela Parache, le permitiría extender su obra divulgativa más allá de la Europa comunitaria, desde Latinoamérica a Europa Central, alcanzando la Academia de Ciencias Soviéticas de Moscú, donde, a escasas semanas de la disolución de la URSS, pronunciaría la conferencia "Los determinantes del comercio internacional". Su vocación europeísta se vería consagrada finalmente con la presidencia de la Asociación Universitaria de Estudios Comunitarios (AUDESCO), delegación española de la *European Community Studies Association* (ECSA) y la concesión de la *Jean Monnet Chair ad personam*.

La portada de este libro se presenta con la imagen del monumento que desde 2018 honra en la Plaza del Parlamento de Londres a la sufragista y pacifista británica Millicent Fawcett mientras muestra el lema "El coraje llama al coraje en todas partes"[11]. Las vidas y obras de las mujeres retratadas en estos ocho capítulos muestran valor y coraje en tiempos en los que alzar la voz suponía

[11] Melissa Terras y Elizabeth Crawford: "Courage Calls to Courage Everywhere, 1920: The Women's Victory - and After: Personal Reminiscences, 1911-1918. London: Sidgwick and Jackson Ltd, 66-67", en *Millicent Garrett Fawcett: Selected Writings*, UCL Press, 2022, pp. 365-371.

enfrentarse a poderosos prejuicios y ancestrales resistencias; el mismo valor y coraje resultarán necesarios para afrontar las urgencias del presente y los retos de futuro. Ojalá las vías de investigación abiertas por este libro permitan, no solo poner en valor un legado de experiencias de sororidad que merece la pena reivindicar, sino ofrecer pistas que nos permitan progresar en una Europa de libertades, paz e igualdad.

ARTISTAS ESPAÑOLAS EN LA EUROPA DEL CAMBIO DE SIGLO. MARGARITA AROSA Y ADELA GINÉS

Agustín Martínez Peláez y Sara Núñez de Prado Clavell
Universidad Rey Juan Carlos

DECADENTISMO Y PROGRESO. LA EUROPA CULTURAL EN TIEMPOS DE ADELA Y MARGARITA

Desde el comienzo de la segunda mitad del siglo XIX, el arte en Europa se va a dirimir entre las tensiones derivadas del conflicto entre su propia tradición y su voluntad de expresar las nuevas dimensiones de la experiencia moderna. Frente al Impresionismo, cuyo fundamento era la representación objetiva de una impresión visual, ciertos artistas abogan ahora por recuperar el significado de la obra y convertirla en expresión de su relación subjetiva con el mundo. Medardo Rosso (1858-1928) representa una nueva forma de concebir la escultura, que disuelve la imagen en la materia a través de los efectos de la luz y el movimiento, otorgando a la obra una densidad de significados que va más allá de la síntesis clásica entre tema y valores plásticos. El pintor Pierre Bonnard (1867-1947), por su parte, va a contaminar la representación de lo cotidiano, típico del Impresionismo, con las connotaciones subjetivas de esos entornos, fundamentalmente pertenecientes al universo femenino[1]. La representación de la mujer y sus espacios va a ser uno de los campos de batalla principales en el que se zanjen estos conflictos modernos. La mujer se debate entre el ámbito de lo doméstico, la madre pura y virginal, como lo recogerán en la revista *Camera Work*, artistas mujeres como Julia Margaret

[1] Gloria Moure, *Medardo Rosso, Santiago de Compostela*, Centro Galego de Arte Contemporánea, 1996, p. 49.

Cameron (1815-1879), o Gertrude Käsebier (1852-1934); y el ámbito público en el que triunfa la imagen de la *femme fatale*[2].

En lo cultural, antes del estallido de la guerra, en Europa predominaba una visión y concepción humana optimista. Todavía prevalecía la *belle époque* en la música, en el arte, el Art Nouveau. Era una Europa feliz, una Europa que miraba el porvenir con ilusión y seguridad[3]. Hasta entonces había prevalecido un concepto fundamental de la historia: la idea del progreso indefinido. Esta idea, sostenida principalmente por el Positivismo de Auguste Comte y el sistema evolucionista de Spencer y Darwin, dominaba los ámbitos universitarios, o las ediciones de obras históricas[4]. El progreso era el concepto de la vida que se manifestaba en todas las esferas de la vida espiritual y cultural europea y del mundo occidental. Sus símbolos radiantes, que aparecían en los nombres de los periódicos de aquel tiempo, eran el ferrocarril, el vapor, el comercio, la industria. Era el sueño de un mundo que, se suponía, progresaría continuamente al impulso de los conocimientos científicos, de manera que se podía vislumbrar un porvenir gozoso, de bienestar y de reconocimiento mutuo de derechos y libertades generalizadas en el mundo entero[5].

El tránsito al siglo XX en España mostraba un país en plena encrucijada. En el arte se reunieron diferentes reacciones contra el Positivismo y el Realismo, signos de los nuevos tiempos. La nostalgia del pasado y la angustia frente al futuro se expresaban en una huida hacia la fantasía, lo misterioso o lo inconsciente. Frente a la moral burguesa, se imponía en el arte la vida de la bohemia, en cuyo surgimiento en España colaboraron varios factores: el modelo de la vida artística parisina, el enfrentamiento de un arte joven con los estilos tradicionales, y el incremento de la capacidad adquisitiva de la pequeña burguesía que compraba arte. La miseria y la marginalidad adquirieron

[2] María López Fernández, *La imagen de la mujer en la pintura española, 1890-1914*, Madrid, Machado Libros, 2006.

[3] Jorge Siles Salinas, "Las ideas y la cultura durante el siglo XX en Europa y América", *Revista Ciencia y Cultura*, nº. 17, agosto 2005, p. 32.

[4] Javier Herrera Navarro, *Picasso, Madrid y el 98, Arte Joven*, Madrid, Cátedra, 1997, pp. 69-84.

[5] Jorge Siles Salinas, "Las ideas y la cultura durante el siglo XX en Europa y América", *Revista Ciencia y Cultura*, 17, agosto 2005, p. 39.

un papel central en la poética de la bohemia. Se produjo una versión autóctona del mito erótico internacional de la *femme fatale* que se adaptó a los cánones nacionales. Desde el punto de vista artístico, los denominados noventayochistas españoles reivindicaron una nueva imagen del país, una imagen crítica, que se enfrentase a la búsqueda del ser español. En ese cuestionamiento de la identidad, surgió un nuevo sentimiento frente a los paisajes y a la naturaleza, que pasaron a ser expresión idealizada del alma y la esencia del país. Julio Romero de Torres (1874-1930) y Hermenegildo Anglada Camarasa (1871-1959) realizaron versiones castizas de mujeres como Salomé u Ofelia[6], pero ya antes Adela Ginés, en 1874, había escrito *Apuntes para un álbum del bello sexo. Tipos y caracteres de la mujer*, una más que interesante aportación para conocer el concepto de mujer por una mujer de su época y que puede sorprender al leerlo en el siglo XXI[7], pues no defiende una idea de mujer progresista, precisamente; quizás sea una crítica precisamente a aquellas mujeres que no se dedicaban a trabajos liberales y ni mucho menos artísticos, pues ya en su prólogo escribía "una galería de retratos morales con los caracteres más comunes". Y es que solo en el último tercio del siglo XIX comenzaría, tímidamente aún, a ser la mujer objeto y sujeto literarios y artísticos gracias a iniciativas tan valiosas como el mencionado libro de Adela u otros de índole similar que escribirían otras mujeres como Faustina Sáez de Melgar; estas obras contribuyeron a ampliar la escasa presencia de las mujeres y los tipos femeninos en el arte y la literatura, especialmente, la mujer burguesa, pues la gran mayoría de escritos y obra plástica, normalmente realizadas por hombres en esta época, preferían plasmar la imagen de la mujer castiza, pintoresca y popular[8].

---

[6] Carmen Pena López, *Pintura de paisaje e ideología: la generación del 98*, Madrid, Taurus, 1983.

[7] Adela Ginés y Ortiz, Apuntes para un álbum del bello sexo. Tipos y caracteres de la mujer, Madrid, 1874. Divide su libro en los siguientes capítulos: La mujer de recursos, Las niñas de moda, La simpática, La timorata, La Burlona, La piadosa, La buena... nada más, La mujer fuerte, La embustera, La vanidosa, La fea, La mujer de su casa, La desarreglada, La amiga, La sosita, La soltera, La casada, La viuda, La coqueta, La mujer de negocios, La extraviada, La juiciosa, La madre, La rica, La orgullosa, La varonil, La instruida.

[8] M. Bretón de los Herreros, "La castañera", Los españoles, p. 10, decía: "Lo que llamamos pueblo bajo ha menguado en calidad y en cantidad, como ha decaído en riqueza y en prestigio la aristocracia. Las clases medias absorben visiblemente a las extremas;

Parecía lógico que la mujer de la clase media no se reflejase con variedad de tipos, pues no existían dentro de este grupo social. Los cánones de la nueva sociedad burguesa sólo defendían un prototipo: el de la mujer entregada al cuidado del esposo y el hogar y a las funciones de reproducción biológica, ello conllevaba una mayor invisibilidad del bello sexo. Todo ello, ni que decir tiene que se debía al nivel de educación recibida; tan solo recordar que hacia la primera mitad del siglo XIX el analfabetismo era galopante y la instrucción de las mujeres casi nula. El mundo laboral femenino, por ejemplo, se limitaba a una serie de oficios, que, si bien ofrecían cierta variedad, siempre fueron un número muy inferior a los destinados a los tipos masculinos de la misma colección. Se presentaban en su mayoría con detenimiento y minuciosidad, con el pincel colorista de quien quiere fijarlos en la memoria colectiva. Hay, sin embargo, concesiones a la censura en algunos trabajos domésticos, como el que desempeñan las nodrizas, que estaba mal visto cuando se las contrataba para que las madres jóvenes pudieran dedicarse a brillar y divertirse en sociedad. Se producía claramente, por tanto, un veto al trabajo femenino en los casos en que se transgredía la norma de la sociedad burguesa[9].

En las artes plásticas y en la literatura, todos los trabajos que se reflejaban en las obras eran los desempeñados por las mujeres pertenecientes al pueblo, cosa que no sucedía con los masculinos. Los tipos de la aristocracia y de la burguesía reflejaban las actitudes sociales: coqueta, santurrona; estados civiles como viuda de un militar o niveles culturales, entre otros, pero nada de trabajo, pues no entraba en los esquemas ideológicos de los escritores y pintores de la época. La mujer de cierto nivel social sólo centraba su función en el cuidado del hogar y en la reproducción biológica, como se ha recogido anteriormente. El trabajo estaba "permitido" socialmente[10] a las casadas de baja condición social que debían ayudar al sostenimiento

fenómeno que en parte se debe a los progresos de la civilización, en parte se debe a las instituciones políticas, y cuyas ventajas e inconvenientes no me propongo dilucidar".

[9] María Isabel Jiménez Morales, "Los españoles pintados por sí mismos (1843-1844) Una mirada masculina *al universo femenino*", *Aldaba.* Revista del Centro Asociado a la UNED de Melilla, n.º 28, 1996, pp.: 292-293.

[10] Sin Autor, *Las colecciones costumbristas (1870-1885)*, Alicante, Universidad de Alicante, 1993, p. 30.

de la familia cuando el salario del marido era exiguo o los hombres no querían trabajar, con cuyo sueldo escaso mantenían a esposos y padres; también permitido a las huérfanas y viudas, pero siempre por necesidad; o a las solteras que necesitaban de un apoyo económico para vivir, aunque abandonaban su empleo en cuanto se casaban.

A lo largo del siglo XIX el tiempo se desplegó en el país a dos velocidades, la rápida de las convulsiones políticas y los cambios frecuentes de gobierno y régimen, y la lenta de las evoluciones sociales. Los nuevos preceptos de equidad y meritocracia, si bien se enunciaron y debatieron, tardaron en aplicarse. El cambio de siglo pareció marcar un auténtico renacer en la comprensión de la "cuestión femenina" gracias a las numerosas reivindicaciones, debates y artículos sobre el tema, que permitieron hacer evolucionar muchas de las reglas de exclusión tácitas hasta entonces vigentes. Pero también es cierto que el avance fue muy lento[11]. Así, aunque vieran la luz exposiciones feministas, su efecto fue ínfimo debido a diferentes circunstancias. Justo cuando las mujeres lograron hacerse con un hueco en el sistema, resultó que muchas lo abandonaron para nutrirse del aire fresco de las vanguardias. Las que abrieron ese camino fueron, entre otras, Inocencia Arangoa, Lluïsa Vidal, María Luisa de la Riva, Marcelina Poncela, Adela Ginés, Margarita Arosa o María Luisa Puiggener, cuyo trabajo ha llegado hasta la actualidad, aunque no siempre se han sabido ver y valorar.

Las exposiciones internacionales y los congresos feministas fueron importantes lugares de intercambio entre las artistas. María Luisa de la Riva, por ejemplo, que había vivido en Roma, Berlín y París de 1889 a 1914, estuvo muy integrada en los circuitos internacionales. Participó en más de setenta exposiciones por toda la Península Ibérica y el extranjero y formó parte de varias asociaciones feministas de Francia, Alemania y Austria[12]. Lluïsa Vidal, durante su estancia parisina, se familiarizó con el movimiento feminista europeo gracias a su amistad con Marguerite Durand, directora del periódico

[11] Carlos G. Navarro, *Invitadas. Fragmentos sobre mujeres, ideología y artes plásticas en España (1833-1931)*, Madrid, Museo del Prado, 2020, p. 64.

[12] Mary Nash, "Feminisme català i presa de consciencia de les dones", *Literatures*, n.º 5, Barcelona, 2007, pp. 104-15.

militante *La Fronde*, fundado en 1897. Adela Ginés enseñó en varias entidades cuyo objetivo era mejorar la suerte de las mujeres. A pesar de esos ejemplos de artistas talentosas y comprometidas, la España del siglo XIX no alumbró ninguna asociación artística femenina de importancia[13].

Tanto en España como en el resto de Europa, la historia de la incorporación de las mujeres en el sistema artístico parece una sucesión de «excepciones», en la que la perorata de las «ninguna» se repite una y otra vez: ninguna medalla de oro, ninguna pensionista aceptada por concurso en la Academia de España en Roma[14], ninguna socia en los cuadros de dirección de las más importantes asociaciones artísticas del momento y, por supuesto, ninguna directora de instituciones, y ninguna responsable de decisiones en los ministerios. En cada escalón, desde la formación hasta las exposiciones, desde las recompensas honoríficas hasta la venta de las obras, un techo de cristal pareció separar inevitablemente a las mujeres del resto de artistas profesionales. Con todo, ellas desempeñaron un papel activo en el circuito del arte en España, sobre todo a través de su participación en exposiciones locales, nacionales e internacionales, por más que esta se diera en una proporción muy limitada.

CORRESPONDENCIAS ARTÍSTICAS Y SOCIALES

En 1869 se creó el Ateneo Artístico y Literario de Señoras, también llamado más tarde Asociación para la Enseñanza de la Mujer; asociación de enseñanza universal, científica, religiosa y recreativa. Fernando de Castro apoyó la creación de este Ateneo de señoras que fue fundado y presidido por Faustina Sáez de Melgar, en un momento histórico

[13] Se crearon otros clubs y asociaciones feministas (no específicamente dedicadas a las bellas artes) que organizaron exposiciones, pero ya bien entrado el siglo XX. El Lyceum Club Femenino, por ejemplo, fundado en 1926, presentó las obras de, entre otras, Helena y María Sorolla, Victorina Durán y Matilde Calvo Rodero, Marisa Roësset y Ángeles Santos.

[14] Carlota Rosales fue pensionista en 1887, en deferencia a su difunto padre, Eduardo Rosales. Carlos G. Navarro, *Invitadas. Fragmentos sobre mujeres, ideología y artes plásticas en España (1833-1931)*, Madrid, Museo del Prado, 2020, p. 65.

en que a partir de la Revolución de 1868 la educación empezaba a estar influida por las ideas de krausismo, que predicaba la coeducación. Se pensaba en la educación como instrucción y formación para conseguir la finalidad de dar un medio de vida a la mujer; así, se empezó a dar importancia y a considerar necesaria la educación de las mujeres y a ver a la mujer como individuo con derecho a una educación, como ciudadanas[15]. Al Ateneo de Señoras le siguieron otras iniciativas en favor de la educación de la mujer como medio para alcanzar la igualdad de derechos. *Las Conferencias Dominicales para la Educación de la Mujer* comenzaron a celebrarse en el paraninfo de la Universidad Central de Madrid entre febrero y mayo de 1869, organizadas por Fernando de Castro que fundó ese mismo año la Escuela de Institutrices, punto de partida para la creación de la Asociación para la Enseñanza de la Mujer (AEM) constituida en 1870. En los años siguientes se irá implantando un plan de estudios cada vez más amplio y orientado a la práctica profesional, se crearán las Escuelas de Comercio para Señoras (1878-1879), la Escuela de Correos y Telégrafos (1883) y las escuelas de Primera Enseñanza y Preparatoria, además de ofrecer clases de Idiomas, Música, Artes Aplicadas, Corte y Confección y, ya en el siglo XX, se incorporará una Escuela de Mecanógrafas y otra de Delineantes[16].

Teniendo en cuenta estos datos es fácil imaginar las dificultades que tenían las artistas para ocupar un lugar de reconocimiento en los ambientes sociales artísticos, culturales y sociales en España. Tanto Adela como Margarita lucharon por dos prioridades claras: la primera, demostrar la valía de su talento creativo ocupando un espacio en la escena artística y obtener reconocimientos en forma de galardones. La segunda, obtener el beneplácito de la crítica y alcanzar un posicionamiento consolidado en el mercado que refrendase el carácter profesional de su actividad. Sin embargo, precisamente la crítica de arte oficial no siempre tendrá justas y merecidas recompensas hacia

[15] P.J. de la Peña, *El Correo de la Moda: álbum de señoritas: periódico de literatura, educación, labores, teatros y modas*, Madrid, Hemeroteca Municipal. Ayuntamiento de Madrid, 1851, A.H.19/5 (3236-3237).

[16] Guadalupe Gómez-Ferrer Morant, *Historia de las mujeres en España: siglos XIX y XX*, Madrid, Arco Libros, 2011, p. 38.

su trabajo artístico, dándole más peso a su condición de mujer que a la de artista[17]. En la exposición de 1884 algunos críticos tomaron conciencia de la discriminación que afectaba a las artistas: "Por último, y este es el pecado más feo del Jurado, no ha habido un premio, ni un recuerdo, ni una mención siquiera, para las distinguidas artistas que tan brillantes muestras han dado de su talento. No queremos, ya lo hemos prometido, señalar los que han obtenido medalla sin merecerlo; pero el juicio público pronto nota la diferencia que media entre algunos lienzos galardonados y los retratos de Concha Figurera, los bustos de María Mendeville, la figura de Margarita Arosa, las frutas de Emilia Menassade y las flores de Adela Ginés. Esta vez la galantería de la mujer y la justicia a la artista se conciliaban perfectamente[18]".

Para conseguir esas dos prioridades marcadas anteriormente, las estrategias seguidas por estas dos y otras artistas de su generación fueron múltiples, siendo el camino más directo competir utilizando las mismas herramientas que sus colegas masculinos, sin cuestionar los criterios establecidos, demostrando que su capacidad técnica y creativa se situaba en un nivel de igualdad con respecto a ellos y, por lo tanto, adoptando las temáticas dominantes en el momento. En este sentido, ha de situarse un asunto que puede parecer contradictorio respecto a la mentalidad feminista de estas creadoras, como es el tratamiento del desnudo, un tema que cosificaba a la mujer como elemento erotizado y que respondía a un modelo hegemónico machista[19]. No obstante, dicho tratamiento solía tener dos consecuencias inmediatas para una artista: en primer lugar, al ser un tema bien posicionado en los criterios decimonónicos para juzgar el talento de un artista, se constituía como baza fundamental para las mujeres en la demostración de su capacidad para lograr visibilizarse en la escena cultural y para ser valoradas por la crítica y el mercado; en segundo lugar, era contemplado como una actitud valiente y

[17] Ana Galán Sanz, "Empoderamiento femenino en la obra de Uemura Shöen", *Las mujeres y el universo de las artes,* Concha Lomba Serrano (ed.) Madrid, Zaragoza, Diputación, 2020, p. 286.

[18] Estrella de Diego, *La mujer y la pintura del XIX español. Cuatrocientas olvidadas y alguna más*, Madrid, Cátedra, 2009, p. 361.

[19] Concha Lomba Serrano, Carmen Morte García y Mónica Vázquez Astorga, *Las mujeres y el universo de las artes*, Zaragoza, Universidad, 2019, p.: 111-112.

subversiva por parte de las artistas –que se enfrentaban al modelo establecido de "pintora de flores" o de otros géneros considerados "femeninos"–, lo que no estaba exento de corrosivas polémicas y habituales reacciones de censura.

MARGARITA AROSA Y DEROLLE

Nació en París, hija de Zoe Devolle y de Gustavo Arosa, arqueólogo que se movía en el círculo de los pintores impresionistas, comenzó su formación en Madrid, estudiando pintura en la Escuela de Bellas Artes de San Fernando y volvió a París para completarla estudiando en los talleres de Félix Joseph Barrias, Armand Gautier y Constant Mayer. Gracias a esta flexibilidad de viajar entre Francia y España, Margarita tuvo la oportunidad, por contactos sociales y predisposición reivindicativa feminista de impulsar importantes iniciativas que se repitieron por toda Europa y América entre las que destacan asociaciones[20] como, la *Verein der Berliner Künstlerinnen* en Berlín (1867), *le Cercle des Femmes Peintres* en Bruselas (1888), el *Woman's Art Club of New York* en Nueva York (1889), o el *Koło Artystek Polskich* en Cracovia. Esas agrupaciones favorecieron la eclosión de importantes y numerosas exposiciones oficiales consagradas a las mujeres, como los Pabellones de Mujeres en las Exposiciones Universales de Filadelfia (1876) y Chicago (1893). Gracias al fomento de estas actuaciones de Arosa, algunos periódicos españoles como *El Globo* o *El Liberal* se preguntaron entre sus secciones cómo un Estado que aceptaba a las mujeres en los estudios artísticos superiores, les negaba el acceso a los concursos asociados a esos mismos estudios y a sus recompensas, tanto económicas como de reconocimiento profesional nacional e internacional[21].

---

[20] Artl@s Bulletin, 2019. Extraído de Carlos G. Navarro, Invitadas. *Fragmentos sobre mujeres, ideología y artes plásticas en España (1833-1931)*, Madrid, Museo Nacional del Prado, 2020, p. 60.

[21] Mathilde Assier, "Las mujeres en el sistema artístico español: 1833-1931", Carlos G. Navarro, *Invitadas. Fragmentos sobre mujeres, ideología y artes plásticas en España (1833-1931)*, Madrid, Museo Nacional del Prado, 2020, p. 42.

La retroalimentación de ida y vuelta entre Europa y España por medio de artistas mujeres como Margarita Arosa se encuadra claramente en la participación permanente de ésta en medios como el periódico *El Globo*, donde expuso sus obras de manera casi permanente, aunque acusando igualmente el sesgo machista de la crítica. Ya, en 1883 participó por primera vez en la Exposición Nacional de Bellas Artes, contribuyendo así a visibilizar el talento de las artistas y a cuestionar el sistema establecido en España en estos certámenes defendido por la crítica artística y en la prensa cultural española. Aunque no pasó nunca de conseguir algún premio más allá de una medalla de bronce, tanto con sus obras como con sus declaraciones a la prensa, procuró hacer ver la distancia social, profesional y política existente entre España y Francia en esos momentos.

Hasta finales del siglo XIX, a las mujeres les estuvo vedado el acceso a las Academias de Bellas Artes en toda Europa y, cuando las admitieron, se les prohibió el aprendizaje de dibujo del natural, por lo que no pudieron pintar desnudos. En España, la primera vez que se permitió a las mujeres estudiar en la Escuela Especial de Pintura, Escultura y Grabado de Madrid, fue al inicio del curso 1878-79, aunque con la misma particularidad europea, la de no poder asistir a clases de dibujo del natural. Incluso, en las clases privadas, como las del Círculo de Bellas Artes, las enseñanzas estaban también diferenciadas, ya que las mujeres recibían sus lecciones, que eran las tradicionalmente femeninas, por la mañana y los varones por las tardes, donde aprendían de modelos del natural. Esta educación impidió a las mujeres poder realizar pintura de historia y desnudos.

Los prejuicios de la sociedad patriarcal no eran exclusivos de España sino que estaban presentes en los circuitos artísticos europeos, como lo demuestra la reacción de la crítica cuando expuso en 1884 la obra *La Baigneuse*, tanto en el Salón de Paris como en la *Exposition générale des Beaux-Arts* de Bruselas; en ambas valoraciones, la crítica[22] adoptó un tono jocoso y despectivo, diciendo que la artista poseía "un pincel viril y enérgico". El cuadro tenía un tamaño de 1,70 m

[22] Armand Gouzien, "Exposición de Bellas Artes de París III", *La Ilustración*, 15 de junio de 1887, p. 367.

Imagen 1 Margarita Arosa. *La bañista*, óleo sobre lienzo, 1884.
Fuente: https://maes.unizar.es/project/margarita-arosa-la-banista/

de alto por 1,25 m de ancho; la joven desnuda, sentada en una rama, mete los dedos de sus pies en el agua, entre flores y plantas acuáticas; mira su reflejo en discreta actitud narcisista, nada que no se hubiese presentado desde centurias pasadas por artistas hombres. Tres años más tarde, la presentación de la misma obra, ya con el título "La Bañista", en la Exposición Nacional de Bellas Artes celebrada en

Madrid, obtendría una mención espacial, pese a la polémica suscitada. La crítica invitaba a la artista a que renunciase a abordar la temática del desnudo "poco apropiada para la virtud y creatividad femenina[23]", defendiendo que sus paisajes y el tratamiento de las olas del mar en otros cuadros eran impecables y que bien podía continuar por esas otras temáticas.

Margarita presentó en la Exposición de Bellas Artes de Cholet, en 1888, la obra *Papillons*. En la de Madrid de 1892, con motivo de la celebración del IV Centenario del Descubrimiento de América, obtuvo una tercera medalla. En 1897 participó en las Exposiciones de Bellas Artes de *Arcachon* con el pastel *La Verité* y de Túnez con el panel decorativo *La caza*. En 1902 obtuvo el segundo premio en la Exposición de la Unión de las Mujeres Pintoras de Paris, que había sido fundada en 1881 por la escultora francesa Hélène Bertaux desafiando la prohibición de acceso a las mujeres a la Academia de Bellas Artes; una asociación que pronto fue reconocida de utilidad pública, tanto en París como en el resto de Francia[24].

Arosa fue además de artista, una gran activista del feminismo pacifista. Formó parte del núcleo fundador del grupo de mujeres artistas *Les XII*, creado en 1899 para visibilizar a las artistas a través, sobre todo, de la organización de exposiciones feministas. Igualmente, formó parte del patronato de la *Ligue Internationale des femmes pour le désarmement général*, fundada en 1900, con la que colaboró de diferentes formas, entre ellas, recolectando fondos con las ventas de sus obras para la difusión de su mensaje pacifista[25]. Sus obras siempre estuvieron impregnadas de ese feminismo pacifista cuyos objetivos concretos respondían a las exigencias feministas del momento que contemplaban, fundamentalmente, reivindicaciones laborales, como el reconocimiento de la actividad profesional de las

[23] Revista *Beaux-Arts, L'Univers*, 24 de marzo de 1893, n. p.

[24] Marjan Sterckx, "La escultora invisible: esculturas de mujeres en el espacio público urbano del siglo XIX", Nineteenth-Century Art Worldwide: revista sobre la cultura visual del siglo XIX, New York, n.º 21, 2023, p. 37.

[25] «Les XII», La Fronde, 27 de mayo de 1901, s. p., extraído de Magdalena Illán Martín, *Artistas Españolas en Francia: Del Salón Académico a las Exposiciones Feministas (1852-1914)*. Las aportaciones de Margarita Arosa, Magdalena Illán Martín; Rafael Gil Salinas y Concha Lomba (coord.), *Olvidadas y Silenciadas. Mujeres artistas en la España contemporánea*. Universitat de València, 2021, pp. 131-164.

Imagen 2. Margarita Arosa. *Marina*, óleo sobre lienzo, 1902
Fuente: https://maes.unizar.es/project/margarita-arosa/

artistas, la promoción igualitaria de las mujeres en la escena creativa o el acceso a las oportunidades de formación, profesionalización y de mercado que les habían estado vetadas[26]. Pero también hay que reconocer que, de hecho, un examen de las obras mostradas en dichas exposiciones demuestra que el mayor porcentaje de piezas no solo no abordaban las cuestiones que reclamaban los movimientos feministas en los que militaban estas artistas, sino que se adscribían a las temáticas consideradas por el sistema patriarcal como idóneas para la creatividad de las mujeres: floreros, bodegones, retratos infantiles y femeninos o interiores, por lo que las autoras de esas obras, se implicaron intensamente en la lucha por los objetivos feministas que perseguían estas exposiciones, sobre todo, en la dignificación del trabajo de las artistas y en exigir la igualdad de oportunidades con respecto a sus colegas varones[27].

[26] Denise Noël, Les femmes peintres au Salon: Paris, 1863-1889, París, Université de Paris 7, Tesis doctoral inédita, 1997.
[27] Magdalena Illán: "Mujeres artistas y discursos contrahegemónicos. Otras miradas sobre iconografías y estereotipos femeninos en el siglo XIX", C. Lomba y C. Morte (eds.) *Las mujeres y el universo de las artes, Zaragoza*, Universidad, 2020, pp. 107-126.

La trayectoria individual de Margarita Arosa es un ejemplo revelador de las circunstancias que condicionaron el recorrido profesional de aquellas artistas españolas que, en la segunda mitad del siglo XIX y en las primeras décadas del XX, se atrevieron a pugnar por conseguir el éxito en la escena cultural internacional, y ello desde el centro neurálgico del mundo artístico: París. Unas aspiraciones legítimas que, sin embargo, eran observadas por la sociedad bajo una mirada patriarcal. Las representaciones de mujeres desempeñando responsabilidades profesionales fuera del espacio doméstico y, por lo tanto, en un ámbito masculinizado, se constituyó como otras de las vías a través de las cuales las artistas se enfrentaron a los discursos hegemónicos[28]. Lógicamente, adquirieron especial relevancia las representaciones protagonizadas por mujeres artistas –a veces, autorretratos o retratos de colegas– que cuestionaban los roles tradicionales asociados a las creadoras y que servían como instrumento para la reivindicación de un estatus plenamente profesional.

El año de la muerte de Margarita Arosa, 1903, se celebró una subasta póstuma de sus cuadros y apuntes en el Hotel Drouot. La venta incluía una numerosa colección de obras de *Harpignies*, cerámicas hispano-moriscas, bronces y muebles antiguos. La casa *Braun y Cia* de Paris le publicó los cuadros *Andromede, Sous-bois, Chez le docteur Beni-Barde* y *Le bain dans la serre*. No todos los artistas conseguían pasar a la historia siendo sus obras subastadas estando tan cercana la fecha de su muerte. En definitiva, Margarita contribuyó a la creación, impulso y reconocimiento profesional español de mujeres artistas en espacios determinados y controlados, o exclusivamente enfocados hasta finales del siglo XIX para los hombres como el intercambio cultural entre artistas españoles y europeos, o el protagonismo de actividades de marcado carácter feminista. Después de ella llegarán a la esfera artística española y europea algunas mujeres artistas como Maruja Mallo, Ángeles Santos, María Blanchard o Remedios Varo, entre otras; todas exponentes fundamentales dentro del movimiento feminista español y consideradas (desgraciadamente olvidándose las

---

[28] Magdalena Illán Martín, "Mujeres artistas y discursos contrahegemónicos. Otras miradas sobre iconografías y estereotipos femeninos en el siglo XIX", C. Lomba y C. Morte (eds.) *Las mujeres y el universo de las artes*. Zaragoza, 2020, p. 117.

protagonistas de nuestro artículo) en la actualidad como pioneras dentro de los movimientos de emancipación femenina.

ADELA GINÉS Y ORTIZ

El caso de Adela Ginés es el ejemplo del talento de una artista española que permaneciendo en España la mayoría de su vida, consiguió abrir espacios y reconocimiento internacional para el arte femenino español en las artes pláticas. Nacida en 1846 en Madrid, hija de Saturnino Ginés Vallés, de origen manchego y de Gala Ortiz Berrendero, familia acomodada de ganaderos de La Mancha, estrechamente unida a la aristocracia e, incluso, a la familia Real, fue discípula del bodegonista Sebastián Gessa, quien sería su compañero sentimental hasta su muerte, y docente en la Asociación para la Enseñanza de la Mujer, el proyecto educativo ya mencionado con el nombre de Ateneo Artístico y Literario de Señoras impulsado por el pedagogo krausista Fernando de Castro. En esta institución impartió clases de modelado, pintura, dibujo y estampa durante veinte años.

Adela estudió en la Escuela Especial de Pintura, Escultura y Grabado en Madrid; hay que recordar que su formación pictórica le vino de la mano de uno de los mejores paisajistas españoles del momento, Carlos de Haes. Fue una artista notable que dedicó parte de su vida a la educación de las mujeres en un momento en que tales esfuerzos eran revolucionarios y su legado ha sido como un recordatorio de la importancia de la igualdad de género y la valentía necesaria para luchar por ella. Presentó obras, tanto pinturas como esculturas, en las Exposiciones Nacionales desde el año 1881 y, aunque como en el caso de Margarita Arosa no consiguió medallas principales, sí que obtuvo varias menciones y cinco terceras medallas, que si bien no se puede confirmar si le sirvieron o no para ser aceptada en certámenes internacionales, se sabe que participó en la *Internationale Kunstausstellung* de Múnich en 1883. Su reconocimiento como escultora se fragua a partir de la Exposición Nacional de Bellas Artes de 1887, donde presentó un alto relieve en barro, *Amor de madre*, por el que recibió mención honorífica. Ese año la crítica dejaba patente la situación de las escultoras: "Sería impolítico no consignar el caso extraño de una señorita, exponiendo en la sección de escultura: doña Adela Ginés y Ortiz"[29].

En París, con su participación en la Exposición Universal de 1889, recibió las siguientes palabras por su obra *Gallo muerto*, realizada en barro cocido: "La artista no se ha limitado a copiar el natural, sino que lo ha hecho con una prolijidad, con un cariño, con una minuciosidad de detalles que hacen honor a su conciencia artística. La parte anatómica está perfectamente entendida y el plumaje tiene tales condiciones de verdad que el espectador se siente tentado de soplar en él seguro de que ha de agitarlo"[30]. Y comentarios similares obtuvo con su obra *La Vanidad,* representada por un pavo y presentada en la Exposición Nacional de 1890.

En el año 1891 presentó obra en la Exposición Internacional de Arte de Berlín, y en la Exposición Nacional de Bellas Artes en Madrid de 1892 expuso tres obras, provocando con una de ellas, denominada *Canto de Victoria*, un barro cocido con el que representaba una pelea de gallos, uno vivo y otro muerto, comentarios en este orden: "El jurado elegido por sufragio en la Exposición de Bellas Artes no ha debido hacerlo muy bien, cuando ya han empezado las protestas, pues no es otra cosa la renuncia que, fundada en falta contra el Reglamento, ha hecho del premio que la han concedido Adela Ginés"[31]. A pesar de ello, la artista decidió donar el grupo premiado al Museo de Arte Moderno de Madrid.

La obra nunca ha figurado en los catálogos de dicho museo ni en los documentos de esa institución; tampoco ha sido localizada y se sabe de ella porque Adela regaló un yeso de la misma a la familia del crítico de arte y coleccionista Félix Boix y Merino, ya que la hija de su segunda esposa, Yvonne Henriette, Augusta Latil, fue alumna de

[29] Fernández Bremón 1887, p. 2. Extraído de Carlos G. Navarro, *Invitadas. Fragmentos sobre mujeres, ideología y artes plásticas en España (1833-1931)*, Madrid, Museo Nacional del Prado, 2020, p. 357.

[30] Revista Dumas 1889, n.º 157, p. 77 y *Exposition Universelle* 1889, n.º 157, p. 171. Extraído de Carlos G. Navarro, Invitadas. Fragmentos sobre mujeres, ideología y artes plásticas en España (1833-1931), Madrid, Museo Nacional del Prado, 2020, p. 357.

[31] Revista El Siglo Futuro, 1892, p. 3. Véase además *La España Artística*, 1892, p. 3. Extraído de Carlos G. Navarro, *Invitadas. Fragmentos sobre mujeres, ideología y artes plásticas en España (1833-1931)*, Madrid, Museo Nacional del Prado, 2020, p. 357.

Imagen 4. Adela Ginés. *Canto de Victoria*, Bronce, 1892.
Expuesta en la Exposición Universal Chicago 1893. ©Museo Nacional del Prado

pintura de Ginés. Así pues, no sería exagerado decir que, si ser pintora era una verdadera excepción en la España de las primeras décadas del siglo XX, ser escultora rozaba lo grotesco[32]. Concepción Jimeno (también como Gimeno) de Flaquer, en su obra *La mujer intelectual*, 1901, ya criticaba y reivindicaba la escasez de escultoras en Francia en la Academia de Bellas Artes de París, y apuntaba que en España no se conocía a ninguna artista escultora[33]. Concepción Jimeno fue escritora y conferenciante, y justo en año 1901 dio una conferencia en el Ateneo de Madrid con el título *El problema feminista*, donde desglosaba todo lo escrito en *La mujer intelectual*. Es el caso más claro en España donde se habla abiertamente de mujer feminista en público por una mujer, pero lo cierto es que su escrito no ocasionó muchos

[32] Isabel Rodrigo Villena, "Escultoras en un mundo de hombres y su fortuna en la crítica de arte española (1900-1936)", *Revista Arenal*. Universidad de Castilla-La Mancha, 2016, p. 148.

[33] Concepción Jimeno de Flaquer, *La mujer intelectual*, Madrid, Imprenta del Asilo de Huérfanos del Sagrado Corazón de Jesús, 1905, p. 149.

comentarios, incluso ella misma como escritora cayó en el olvido, no siendo hasta finales del siglo XX cuando se volvieron a reivindicar sus méritos de ensayista y oradora, primero por M.C. Simón Palmer que sacó a la luz su obra y, más recientemente, por M. Pintos, que le ha dedicado una monografía. Pero tanto en esta obra como en la mayoría de los trabajos recientes dedicados a su figura, excepto el de G. Arbona-Abascal, se han interesado más por su condición o no de feminista, que por la novedad del término que proponía[34].

La exposición internacional más importante para el reconocimiento internacional de Adela Ginés fue la Exposición Universal (también llamada Colombina) de Chicago de 1893, donde no solo expuso en el llamado Pabellón de Mujeres, espacio que se destinó exclusivamente a mujeres artistas consideradas fuera del circuito artístico oficial, sino también en el Pabellón Oficial de Bellas Artes, donde expuso dos cuadros que a día de hoy se encuentran en paradero desconocido y que sería muy interesante investigar y rastrear su posible destino. En cualquier caso, hay que recordar que las once artistas españolas que expusieron de una manera u otra en esta exposición, entre ellas, Julia Alcayde, Fernanda Francés, María Pirala, Elena Brockman, María Luisa de la Riva o la propia Adela Ginés, lo hicieron por recomendación y gusto de la familia real, especialmente las del gusto de la reina María Cristina de Habsburgo, elegidas porque en España tenían ya reconocimiento público, tenían un estilo muy parecido al académico y sus temas estaban bien vistos para el género femenino, es decir, que no fuesen transgresoras tanto en temática como en estilo[35].

Otras exposiciones internacionales en las que participó Adela fueron la *Exposition Internationale et Coloniale de Saint-Étienne* de 1895, en la que recibió una mención de honor, la Exposición de la Real Academia de San Carlos de México en 1898 y la Exposición Universal de París de 1899 y de 1900, en la que fue galardonada con dos menciones de honor en cada ocasión.

---

[34] María del Carmen Simón Palmer, *Las escritoras españolas del siglo XIX*. Catálogo bio-bibliográfico, Madrid, Castalia, 1991, pp. 363-374.

[35] Conferencia impartida por Inés Serrano Arnal, investigadora predoctoral en Historia del Arte de la Universidad de Zaragoza titulada *Las artistas españolas ante el cambio de siglo (XIX-XX)* 6 de mayo de 2024 en el Colegio de España en París.

Imagen 3. Adela Ginés. *Un presidio suelto*, óleo sobre lienzo, 1897.
©Museo Nacional del Prado

Desgraciadamente, a pesar del interés actual por la aportación femenina en los círculos internacionales de exhibición que se viene realizando desde hace más o menos unos diez años en España, impulsando los estudios sobre mujeres artistas y su participación en exposiciones, museos como El Prado, el de Bellas Artes de Córdoba, la embajada de España en Viena o diferentes universidades, entre ellas la de Granada, tienen entre sus fondos obras de Adela Ginés sin exponer y sin saber su estado de conservación[36].

El interés por la retroalimentación de las mujeres artistas españolas y su influencia en Europa y América no lo aporta Adela Ginés solo por estar presente en los circuitos artísticos, sino por su función social y política que llegó a otros círculos, también dominados por los hombres en esos momentos, pero donde la opinión de mujeres como Adela tuvo una transcendencia y determinación que abrió nuevos caminos y esperanzas de igualdad y visibilidad a las mujeres de España

[36] Pilar Díaz Sánchez, "El final del siglo XIX y las mujeres artistas", Leopolda Gassó y Vidal (1848-1885): pintora y escritora, Biblioteca Virtual Miguel de Cervantes. https://www.cervantesvirtual.com/obra-visor/leopolda-gasso-y-vidal-1848-1885-pintora-y-escritora-998820/html/a6cb8061-8973-438a-8abb-61ca39e746a7_4.html (Recuperado 16/09/2024).

en Europa y en el mundo para las siguientes generaciones. Así lo demuestra, en este sentido, el que en 1872 aparecía su nombre entre las componentes de la asociación masónica madrileña "Las hijas del Sol", presidida por la condesa de Priegue, Pilar de Losada y Miranda, que junto a las Hijas de Minerva, dieron impulso a la intelectualidad de las mujeres durante el Sexenio Democrático, aunque hay que dejar claro que estas asociaciones no eran logias, sino justamente eso, asociaciones de mujeres laicas con fines progresistas de educación a las que dieron los masones fundadores, como atractivo , un tinte cosmológico y esotérico[37]. También, en 1877 figura entre las catorce mujeres socias, todas ellas artistas o escritoras, de la Asociación de Escritores y Artistas de Madrid, que tenía por entonces registrados más de seiscientos socios.

Un referente para ella será Faustina Sáez de Melgar[38] a quien se debe el proyecto fracasado de la creación de un asilo de huérfanos y viudas de escritores y artistas. Junto a Ángela Grassi, Pilar Sinués o Gimeno de Flaquer, perteneció al grupo de directoras de revistas femeninas que, se sabe, sintieron una admiración mutua. Sáez de Melgar fue adaptándose a la situación política de cada momento, de manera que en el reinado de Amadeo I dirigió *La Mujer* (1871), y en la Restauración *La canastilla de la infancia* (1882) y *Paris Charmant*, en París (1884) Tradujo a Pedro Arnao, Pierre Zaccone y María Federica Brener. La biblioteca del Palacio Real de Madrid conserva un ejemplar con dedicatoria autógrafa de Faustina a la infanta Isabel de Borbón. Autora de varias obras dedicadas a la infancia y la juventud, con carácter didáctico, sus *Páginas para las niñas, ejercicios de lectura en prosa y verso*, que se editaron en 1881, fueron declaradas obra de texto. Dirigió la obra colectiva *Las mujeres españolas, americanas y lusitanas pintadas por sí mismas* (1885), en la que participaron autoras americanas, portuguesas y españolas, y donde la mujer aparece como objeto y sujeto literario. En 1893 la dirección de Instrucción Pública

[37] Françoise Randouyer, "Presencia femenina precoz en las logias españolas (1868-1898)", *La masonería española en el 2000. Una revisión histórica*. Coordinado por José Antonio Ferrer Benimeli, Zaragoza, Gobierno de Aragón, 2001.

[38] BNE, Faustina Sáez de Melgar. https://www.bne.es/es/autores/saez-melgar-faustina (Recuperado 16/09/2024).

de Estados Unidos la nombró vicepresidenta honoraria de una de las secciones de la Exposición de Chicago, en la que participó Adela Ginés colaborando en el *Álbum de señoritas*, *La Aurora de la vida*, *La Violeta*, *La Mujer*, *El Correo de la Moda*, *La ilustración de los niños*, *La edad dichosa*, y en obras colectivas en honor de Isabel II y María de las Mercedes, entre otras[39].

En definitiva, Adela Ginés fue pionera en la lucha por la formación artística femenina desde España. En 1894 recibió el primer premio concedido a una mujer en la historia de la Escuela Especial de Pintura, Escultura y Grabado, en la asignatura de Anatomía, de la que aún tenía que examinarse por libre; este dato es significativo, porque todavía en 1908 se reclamaba al Ministerio de Instrucción Pública que las mujeres pudieran asistir a dicha Escuela cuando se trabajaba del natural con un modelo desnudo, ya que les estaba prohibido. Su última escultura conocida presentada en una Exposición Nacional fue en el año 1904, y desde entonces, su trabajo cayó en el olvido para la crítica y revistas de arte y cultura, convirtiéndose este caso, en un ejemplo paradigmático del papel de las escultoras españolas que sobresalieron de alguna manera solo en vida[40]. Su decisión de retirarse voluntariamente del circuito artístico a San Agustín de Guadalix, en Madrid, con su pareja sentimental, el también pintor Sebastián Gessa, quizás también tuviera algo que ver.

ARTISTAS MUJERES EN ESPAÑA Y EUROPA. RECONOCIMIENTO DE IDA Y VUELTA

La profesionalidad desde la plástica que desarrollaron y fomentaron en sus campos Margarita y Adela no fue aislada, sino que se expandió a todas las profesionales intelectuales reservadas hasta entonces a los hombres: literatura, periodismo, comercio, educación y magisterio,

[39] Carmen Simón Palmer, La prensa periódica entre 1833 y 1895, Madrid, Cátedra, 2000. Extraído de la web de la Real Academia de la Historia. https://dbe.rah.es/biografias/5570/faustina-saez-de-melgar (recuperado 16/09/2024).

[40] Carlos G. Navarro, *Invitadas. Fragmentos sobre mujeres, ideología y artes plásticas en España (1833-1931)*, Madrid, Museo Nacional del Prado, 2020, p. 358.

viajeros, asociacionismo, entre otras. El trabajo conjunto de ida y vuelta entre las influencias llegadas de Europa hizo que España se impregnase de nuevos conceptos, saberes y técnicas, algunas de las cuales también llegaron a algunos países de Europa asimilando la impronta y el carácter español que aún perdura en la actualidad. Profesionales que dirigieron de una manera u otra, a través de sus profesiones, la modernización de la mujer española con sus ensayos, artículos periodísticos, conferencias, también desde la radio y, de modo muy eficaz, en la literatura y en el Arte que sirvieron de guía a otras mujeres que vinieron detrás. Gracias a ellas, los problemas y necesidades de las mujeres, en general en España se hicieron visibles para la sociedad en general y para las propias mujeres que eran sus principales receptoras, a quienes incitan a seguir ese camino innovador. Este didactismo de la mujer dirigido a la mujer se inicia en las últimas décadas del siglo XIX.

Hasta hoy, la historiografía ha recogido como principales protagonistas a las muy conocidas contribuciones de Concepción Arenal, de Emilia Pardo Bazán y de otras pioneras no tan conocidas para la sociedad en general como Concepción Jimeno de Flaquer[41], narradora, ensayista y defensora de los derechos de la mujer desde un concepto de "feminismo moderado", sin soluciones violentas, planteando las bases de la modernización de la mujer española y denunciando desde la injusta situación de la mujer ante leyes como la de matrimonio, patria potestad de los hijos, limitaciones laborales y mejor remuneración en sectores como la banca, bibliotecas, museos, administración, trabajos artísticos, literarios o científicos, entre otras. Las revistas orientadas a un público específicamente femenino fueron una herramienta de principal importancia en la retroalimentación entre Europa y España en el ámbito artístico del que participaron Adela y Margarita, incluso aquellas que trataban de temas "propios para la mujer", aparentemente herederas de algunas publicadas de inicios de la segunda mitad del siglo XIX que reflejaban nuevas ideas sobre la casa, la higiene, la dieta, la moda o la educación de los hijos[42].

[41] S. Mangini, *Las modernas de Madrid*, Barcelona, Península, 2001, p. 88.
[42] Marián L. F. Cao (coord.), *Creación artística y mujeres. Recuperar la memoria, Madrid, Nancea*, 2000.

Imagen 5. Adela Ginés. *Flores,* óleo sobre lienzo, 1910.
©Museo Nacional del Prado

Estas dos artistas demostraron que también podían "practicar una especialidad contraria a lo que se esperaba de sus manos delicadas, a lo que permitía su reclusión doméstica, al espacio que les dejaban sus padres, hermanos o compañeros sentimentales, también artistas[43]".

[43] Luis de Charle, "Notas de Arte. Lola Mora", *Blanco y Negro*, 801, Madrid, 8 de septiembre de 1906, p. 10.

El mérito de todas ellas fue el de poner resistencia a su marginalidad y hacerlo con la calidad suficiente para generar expectación en una crítica de arte que habitualmente silenciaba a las mujeres, reduciendo los comentarios sobre mujeres artistas a meras citas que hacían de testigo de su participación en certámenes y exposiciones e incluso, omitiendo su presencia en el circuito artístico.

El lugar que iba ocupando en la sociedad la mujer, como sujeto u objeto, fue motivando que la prensa general del momento publicase secciones fijas dirigidas a la mujer, donde no solo se hablaba de moda, cocina o de la infancia[44]. La mujer irá conquistando poco a poco, cada vez más espacio en la sociedad, no ya solo como simple espectadora, sino por medio de su activa presencia en esos nuevos espacios. No es casual que un centro como el Ateneo de Madrid, al que no había accedido una mujer hasta 1882, inaugurase la nueva centuria concediendo, en 1905, el primer carnet de socia de número a doña Emilia Pardo Bazán, a la que, en el mismo año, seguirían las también escritoras Blanca de los Ríos, Carmen de Burgos y la pintora Rafaela Sánchez Aroca. El número de socias iría en aumento, de modo que la presencia femenina se fue normalizando, aunque siempre en minoría, en las tribunas, tertulias y salones de la Institución[45].

Contemporáneo al Ateneo madrileño sobresale la corriente burguesa, laica, liberal progresista, que cristalizaría en la Institución Libre de Enseñanza, creada en 1876 por Francisco Giner de los Ríos y un grupo de profesores universitarios. La Institución supuso la renovación de los métodos pedagógicos, contribuyendo a la creación del intelectual de tipo europeo. De aquellas políticas educativas del siglo XIX, la mujer sería beneficiaria en las primeras décadas del siglo XX. Hay dos datos significativos: el descenso del analfabetismo en España, también entre las mujeres, particularmente, en las zonas urbanas y, por otro lado, el progresivo aumento de la presencia de la mujer en los estudios universitarios[46]. Los organismos nacidos al amparo de

[44] Luis García de Valdeavellano, *La Época*, abril de 1892, Madrid, p. 34.
[45] Ángeles Ezama Gil, *Las nuevas musas suben a la tribuna. Visibilidad y autoridad de las mujeres en el Ateneo de Madrid (1882-1939)*, Logroño, Geneuve, 2018, p. 68.
[46] Rosa Capel, *El trabajo y la educación de la mujer en España (1900-1939)*, Madrid, Ministerio de Cultura, 1986.

la Institución Libre de Enseñanza contribuyeron a la formación de la mujer intelectual, sin duda. La Junta para Ampliación de Estudios, creada en 1907, puso en marcha centros de reconocimiento internacional en los que participaron numerosas mujeres, con un programa de becas para estudiar o investigar en el extranjero, como el Centro de Estudios Históricos y el Instituto Nacional de Ciencias Físico-Naturales, o la Escuela de Estudios Superiores de Magisterio, fundada en 1909, para observar los planes educativos de otros países, fomentando el intercambio de estudiantes e investigadoras españolas con otras extranjeras.

Las artistas procedentes de entornos aristocráticos o de clase social muy elevada asociados al cosmopolitismo, se beneficiaron del acceso a una formación en bellas artes mucho más completa que aquella que recibían sus compañeras de la Academia de Bellas Artes de San Fernando. Muchas de ellas tendrían la suerte de completar su formación y educación artística en Roma o París, sin necesidad de esperar medallas, menciones o becas, pudiendo acceder asimismo a conocer y desarrollar géneros pictóricos de consideración superior a los considerados menores, que eran a los que podían optar como máximo las artistas españolas, como el paisaje o el bodegón.

En conclusión, para una mujer española de finales del siglo XIX o de comienzos del XX, ser artista implicaba por lo general asumir un alto riesgo que, en su parte positiva, conllevó en ocasiones una distinción, aunque fuese solo conseguida por cumplir unos criterios concretos como pintar o esculpir, entendiendo éstos como aceptados socialmente, bien vistos, siempre que su práctica se entendiese como muestra de habilidad manual y de la sensibilidad hacia la belleza que se les suponía, en principio, a todas las mujeres. La práctica del arte debía por tanto supeditarse a las funciones propias del ama de casa, situación que se prolongó durante buena parte del siglo XX, y no solo en España, sino también en Europa[47]. Por tanto, si la práctica del arte por parte de la mujer se desviaba de ese camino, si comenzaba a ser objeto de comentarios y, por tanto, a amenazar la discreción que se debía a toda señorita y a toda madre de familia, se

[47] Witney Chadwick, *Mujer, arte y sociedad*, Barcelona, Destino, 1992

convertiría en un hábito sospechoso que podía influir muy negativamente en su reputación, hasta el punto de tener que esconderlo al público o abandonarlo por completo. Un ejemplo muy elocuente en ese sentido es el que protagonizó la pintora granadina Aurelia Navarro Moreno[48] (1882-1968), coetánea de Picasso cuyo éxito en las Exposiciones Nacionales de Bellas Artes, lejos de ser interpretado por sus padres como una confirmación del talento de su hija, se vivió como peligro de su inminente perdición. Desgraciadamente, y presionada por su propia familia, se desconectará de los círculos intelectuales madrileños perdiendo así la historia del arte una magnífica artista capaz de modificar y transformar los cánones tradiciones en temas como el desnudo femenino, como bien lo demuestra su lienzo *Desnudo femenino*, de 1908, custodiado en la actualidad en la Diputación Provincial de Granada[49], que recuerda claramente a la *Venus del Espejo* de Velázquez.

No todas las mujeres que pintaban en la España de Adela, Margarita o Aurelia corrieron una suerte similar, aunque es importante siempre manifestarlo para denunciar el contexto de violencias, dificultades y limitaciones a las que se podía someter no solo a la mujer que decidía ser artista, sino también a su formación y sus posibilidades de desarrollar libre y plenamente sus capacidades, por no hablar de su proyección crítica o comercial. Todo ello explica, aunque en ningún caso justifica, que el lugar de muchas artistas españolas, en la narración tradicional de la historia del arte sea casi invisible. El ejemplo contrario a Aurelia Navarro se puede ver en la trayectoria artística de María Blanchard[50] (1881-1932), formada como Aurelia en la Academia de San Fernando de Madrid y que, animada tras recibir una tercera medalla en una Exposición Nacional y en este caso con el apoyo de su familia, marchó fuera de España para superar las lagunas que le dejaba su formación española; acudió en París a la *Academia*

[48] Aurelia Navarro obtuvo una mención honorífica en 1904 y medallas de tercera clase en 1906 y 1908. Extraído de Bernardino de Pantorba, *Historia y crítica de las Exposiciones Nacionales de Bellas Artes celebradas en España*, Madrid, 1948, p. 447.

[49] Museo Virtual Online de Colecciones de la Diputación de Granada. https://www.desvio21.com/proyecto/diseno-museo-virtual .

[50] Extraído del Catálogo María Blanchard, cubista. Exposición retrospectiva, Madrid, Museo Nacional Centro de Arte Reina Sofía, del 16 octubre 2012 al 25 febrero 2013.

Vitti, donde asistió a las clases del pintor mallorquín Hermen Anglada Camarasa. Solo en centros como este, de tipo privado, podían las artistas acceder al posado de modelos desnudos para entender su anatomía. Blanchard reconvirtió la tradicional pintura de géneros, destacando el tema de la pintura de historia, por un nuevo movimiento que fijó en la naturaleza muerta el mejor territorio experimental para la modernidad, todo ello, como no podía ser de otra manera porque ella, como las artistas que tuvieron la suerte de conocer París, conocieron de primera mano el ambiente cultural europeo y participaron, por supuesto, en varias ediciones de las Exposiciones Nacionales de Bellas Artes en España, pero también colgaron obras en las grandes exposiciones parisinas del momento, aunque en círculos muy diferentes. En cualquier caso, estos ejemplos son excepciones porque el número de pintoras españolas que entre finales del XIX y comienzos del XX conseguían salir del país, o incluso de su ciudad, en busca de inspiración o de estímulos para su arte fue muy escaso.

La denominada Primera Exposición de Pintura Feminista, que se celebró en el *Salón Amaré* de Madrid[51] en junio de 1903, presentó obras de unas cuarenta artistas, unas consideradas profesionales y otras aficionadas, según la prensa de la época. Se estaba desarrollando una dura polémica en torno a la emancipación femenina y algunas de las pintoras que presentaron sus obras se habían formado en la Escuela Especial de Pintura, Escultura y Grabado y se habían atrevido a profesionalizarse[52]. El *Salón Amaré* estuvo situado en el piso bajo del número 23 de la calle Alcalá, propiedad de la familia Amaré, ricos comerciantes de elegantes muebles para las clases sociales más altas. Se mantuvo durante diez años. La crítica dirá del espacio expositivo que frente al penoso estado de conservación en el que por aquella época se encontraban los Palacios del Retiro, donde se celebraban las Exposiciones Nacionales de Bellas Artes y cualquier exposición relevante en Madrid, el Salón Amaré ofrecía a los artistas y público

[51] Mª Dolores Barreda Pérez, Salón Amaré. La Familia Amaré y la primera Exposición Feminista de Madrid https://apintoresyescultores.es/recordando-salon-amare/ (recuperado 27-09-2024).

[52] María Dolores Cid Pérez, “Las dos caras de una misma moneda: la mujer en la pintura de principios del siglo XX”, *Ogigia. Revista electrónica de estudios hispánicos* 23, 2018, pp. 97-115.

visitante un decoro acorde a su categoría. Se trataba de servir de estímulo para los artistas, ya que exponer en él sería una distinción más preciada aún que las recompensas oficiales. El Salón Amaré fue considerado como la mejor exposición; es decir, continente para exponer, presentada en Madrid en el último cuarto de siglo XIX favoreciendo el mercado artístico y la mejor adquisición de las obras[53].

En esa transición entre el siglo XIX y XX comenzaba pues a abrirse tímidamente algo así como una vía alternativa de protección y transmisión de los saberes de y para las mujeres. Esa función la cumplió el ya mencionado *Lyceum*[54] que fomentaba el sentido de colectividad femenina, si bien exigía para acceder a él que las futuras socias hubieran cursado estudios superiores o destacado en las artes, las ciencias u obras sociales, algo que, de entrada, situaba sus iniciativas en un determinado estrato social. Pero también comenzaron a aparecer otras vías de solidaridad más informales, a menudo protagonizadas por artistas vinculadas por lazos familiares, todas ellas artistas, cultas, modernas y plenamente comprometidas con su actividad creativa.

CONCLUSIONES

Margarita Arosa y Adela Ginés, como otras mujeres de su generación, se convirtieron en referentes para otras jóvenes aspirantes a artistas, y ello, no solo en relación al difícil acceso de las mujeres a una formación y profesionalización en el espacio artístico, sino impulsando una actitud ambiciosa que la sociedad decimonónica había intentado silenciar en las mujeres a través de estereotipos basados en valores como la modestia, la humildad y el pudor, cercenando, con ello, las legítimas aspiraciones profesionales de las artistas.

Estas situaciones adversas descritas no eran para nada anecdóticas; hoy día serían imposibles de aceptar tanto en España como en otros países centrales europeos. En este sentido, está siendo muy positiva

---

[53] Mª Dolores Barreda Pérez, Salón Amaré. La Familia Amaré y la primera Exposición Feminista de Madrid https://apintoresyescultores.es/recordando-salon-amare/ (recuperado 27-09-2024).

[54] A Hurtado, "El Lyceum Club Femenino (1926-1939)", *B.I.L.E.*, n.º 36, 1999.

la labor que están realizando instituciones como la universidad que intenta recuperar y recordar el trabajo de aquellas y otras artistas que, de muy diversas formas y desde distintas posiciones reivindicaron en los años finales del siglo XIX y primeros del XX formar parte de la esfera cultural de España. Solo de este modo su trabajo podrá ser integrado en el lugar que le corresponde en la historia del arte. Resulta prioritario, por tanto, revisar las fuentes archivísticas y hemerográficas, especialmente estas últimas, pues permiten por un lado ir ampliando la nómina de mujeres que trabajó de forma activa en la cultura española durante las últimas décadas del siglo XIX y las primeras del siglo XX del siglo pasado, y por otro, la recopilación, estudio, análisis y clasificación de los textos según el tema abordado, para su incorporación a la correspondiente disciplina, des la Historia del Arte al periodismo, pasando por la Pedagogía o ciencias Políticas, entre otras.

En definitiva, y desde el ámbito de la investigación académica, hay que reivindicar el conocimiento de estas artistas que se atrevieron a cuestionar las reglas establecidas por un entorno especialmente hostil; queda pues, mucho por hacer en cuanto a establecer una justa valoración de las capacidades de las artistas de esta época. Afortunadamente, son cada vez más las investigaciones que se están implementando para paliar ese profundo desconocimiento, vigente aún en la sociedad actual, sobre una parte imprescindible de la historia de la cultura en general, y española en particular, como son las aportaciones de las mujeres artistas. Por ello, es preciso y urgente impulsar la realización y la difusión de esos necesarios estudios, que contribuirán a valorar de forma justa, al margen de prejuicios y de informaciones tendenciosas, el talento creativo de las mujeres artistas.

LA MIRADA AMERICANA. RUTH CRANSTON Y LAS MUJERES DE LA EUROPA PREVIA A LA GRAN GUERRA

Ángela Pérez del Puerto
Universidad Autónoma de Madrid

A las puertas del cambio de siglo, en 1896, Woodrow Wilson, por entonces profesor en la Universidad de Princeton y futuro presidente de Estados Unidos, realizó el primero de cuatro viajes por Gran Bretaña desde donde fue narrando sus impresiones del país por correspondencia a la que fue su esposa hasta 1914, Ellen Louise Axson Wilson. Tanto su viaje como el relato de este son reflejo de una tendencia de la época entre la población norteamericana acomodada y residente en las grandes urbes de la costa Este y el Midwest; viajar al otro lado del Atlántico en busca de sus orígenes como individuos, de mitos sobre el viejo continente y de experiencias que reflejasen el lugar de predominancia de Estados Unidos en el mundo. Sus cartas están llenas de referencias bucólicas a un país en el que encuentra sus raíces ancestrales y al que ve plagado de rasgos medievales, con aromas shakesperianos y casi sin rastro de urbes vibrantes o de modernización tan definitorias de su lugar de origen. En un momento de claro crecimiento y expansión de Estados Unidos, en el que su papel como potencia mundial se iba configurando y en el que su influencia se consolidaba, estos viajes se convirtieron no solo en una forma de ocio para una población igualmente en apogeo económico, sino también en una manera de construir identidad individual y nacional, en base a un discurso de contraposición del nuevo y el viejo mundo. Narraciones de viajes en las que Europa era retratada como un museo donde se mezclaban ideas obsoletas, exuberancia de cultura y arte y modos de ser extravagantes y exóticos. Se omitían los rasgos de lo común o de lo que también se podía encontrar en Norteamérica, así como aspectos de una Europa que vivía su propio desarrollo industrial y su camino hacia la modernidad. Europa era la tierra idealizada del viejo mundo y, por lo tanto, "tenía que parecer vieja"[1].

PRÓXIMA PARADA, EUROPA

Tanto el viaje de Woodrow Wilson como el de Ruth Cranston, protagonista de este estudio, así como el de muchos/as de sus compatriotas, son ejemplos de cómo desde la segunda mitad del siglo XIX Estados Unidos combinó el crecimiento de las exportaciones de materiales y bienes de consumo, fruto de su bonanza industrial, con un aumento de ciudadanos influyentes y pudientes que se lanzaban a hacer turismo trasatlántico. Eran viajes de placer, de negocios y educativos, que traducían la riqueza antes mencionada en estatus social y cultural para sus protagonistas. De este modo, la experiencia del viaje al otro lado del Atlántico se convirtió en el rito de paso para entrar en la elite social al que año tras año se le sumaban más interesados. Además, mediante estas aventuras hacían alarde de ostentar una especie de título de nobleza cultural que dibujaba una relación directa entre los viajes, el tiempo para llevarlos a cabo y el privilegio social. De hecho, de los 35.000 turistas americanos registrados en 1870 se pasó a unos 250.000 en 1914, testigos muchos de ellos de las primeras movilizaciones militares en Europa. En líneas generales, eran tours que duraban entre cinco y diez días, que solían iniciarse en Gran Bretaña como puerto principal de llegada y que tenían como objetivo recorrer las principales ciudades británicas, francesas e italianas. Con menor frecuencia, también había recorridos que incluían experiencias por Suiza, Bélgica y Alemania, e incluso algunos lugares de Europa del Este, Escandinavia y la Península Ibérica[2]. En el caso concreto de nuestra protagonista, Ruth Cranston, su viaje siguió esta tendencia, seleccionando tanto capitales de las zonas tradicionalmente más visitadas como Londres y París, hasta lugares

[1] Christopher Endy: "Travel and World Power: Americans in Europe, 1890-1917". *Diplomatic History* (1998) 22.4, p. 572.
[2] Ibídem, pp. 567-569.

menos frecuentados como Viena o Madrid. Hay que puntualizar que, al menos para el caso de España, estas preferencias de destino fueron cambiando y el viaje de Cranston es un buen ejemplo de ello. Ya para finales del siglo XIX se aprecia un claro acercamiento cultural entre Estados Unidos y España, resultado de la popularidad de lecturas como *Tales of the Alhambra* (1832) entre otras muchas obras del autor Washington Irving sobre sus viajes por la Península Ibérica, de la presencia de círculos culturales hispanistas cada vez más afianzados, de la influencia de la Exposición Universal de Chicago de 1893 o del movimiento panamericanista en torno a la inauguración en 1914 del canal de Panamá[3]. Eso sí, sin obviar que todo este interés fue habitualmente acompañado, sobre todo tras la guerra Hispanoamericana de 1898, de una lectura *orientalizada* de España como un país arcaico, anclado en tiempos pasados, en decadencia y marcado por un orgullo necio que le llevaba a, por ejemplo, perder su flota antes que admitir su desventaja.

Dada la importancia de los viajes como experiencias personales y sociales, se desarrolló una gran cobertura mediática y una destacada producción literaria que, en forma de diarios de viajes, guías de turismo o relatos ficcionales, contenían las experiencias y las reflexiones de sus protagonistas en la aventura de descubrir nuevos lugares, sus gentes y sus culturas. La presencia cada vez mayor de este tipo de publicaciones hizo que aumentara a su vez el interés popular por el género literario de los *travelogues*, lo que inspiró la fundación de círculos y tertulias en torno a su lectura e incluso clubes de viajes[4]. Narraciones, como la de Ruth Cranston, dirigidas a la clase media-alta de Estados Unidos, en las que se vertían impresiones y juicios sobre los países, las formas de vida que se iban encontrando, los sistemas políticos vigentes o las infraestructuras de sus ciudades y que inevitablemente posicionaban a Estados Unidos como referencia comparativa. Se reflejaba no sólo el punto de vista del que escribía, sino también un propósito innegable de influir en

[3] Ángel Roldán Carreño: "Joe Mitchell Chapple. Un viajero estadounidense en la España de Primo de Rivera". *Naveg@mérica. Revista electrónica editada por la Asociación Española de Americanistas* [en línea] (2023) 31, p. 2.
[4] Ídem, p. 2.

la opinión pública respecto a Europa como el "otro" y, en contraste, construir una identidad nacional estadounidense del "yo". Todas estas publicaciones se convirtieron, por tanto, en parte de la vida cultural del país y de los debates sobre política exterior e identidad nacional. Esto dio lugar, por ejemplo, a la aparición de revistas que incluían frecuentemente noticias y reportajes sobre los americanos/as al otro lado del Atlántico, lo que convirtió estos viajes en una parte importante del imaginario popular y en una herramienta de movilización de la opinión pública de gran calado. Revistas como *Atlantic Monthly*, *Literary Digest*, *North American Review*, *World's Work*, o *Outlook*, de la que fue editor asociado Theodore Roosevelt después de su salida de la presidencia de los Estados Unidos, son ejemplos de la importancia de las plataformas desde las que se evidenció lo que se podría considerar para el país como "the age of travel *par excellence*"[5].

Dadas las características de los viajes y su impacto en el mundo periodístico y editorial norteamericano, se puede afirmar que el turismo en Europa en los años del cambio de siglo y hasta la Primera Guerra Mundial traspasó la barrera de lo vacacional. Se convirtió, por tanto, en casi una actividad de alta política y en un elemento más del proceso de definición nacional. Tanto las identidades y opiniones personales del viajero como la identidad y la opinión pública de los consumidores se perfilaban en estos relatos y se construían en torno a la idea de la "otredad", vislumbrando a la vez debates complejos como, por ejemplo, la necesidad o no de Estados Unidos de asumir un papel protagonista en la esfera internacional o el potencial de estos viajes como oportunidades *pseudo-misioneras* para expandir por Europa los valores americanos[6] y trabajar por una paz duradera en el mundo. Respecto al primer debate mencionado, era habitual que a partir de las impresiones de los viajes por Europa se pasaran a elaborar argumentos a favor o en contra del imperialismo

[5] Christopher Endy: "Travel and World…", pp. 568-569.

[6] Es importante matizar que los "valores americanos" a los que nos referimos en este texto y que estos/as turistas pretendían difundir respondían a conceptos muy vinculados con la cultura de la clase acomodada, blanca y protestante de las grandes urbes de la costa Este y del Midwest de Estados Unidos.

estadounidense y, en consecuencia, del rol internacional más o menos activo de Estados Unidos. Las posturas más minoritarias partían de un tradicionalismo republicano y usaron el turismo para abogar por políticas antimperialistas y de repliegue que evitasen el "contagio" de lo europeo; la vieja y corrupta Europa era un lugar para observar, pero no para copiar. Esta postura, aunque no fue la más habitual, encontró también resonancia en voces femeninas que, sin negar el gusto por viajar, culpaban a estos viajes de traer de vuelta a Norteamérica vicios, lujurias y ademanes imperiales europeos que hacían flaquear los valores patrios. Respecto a las mujeres que viajaban a Europa por placer o por estudios, hubo voces como la de la escritora y crítica social Aline Gorren que reprocharon, por ejemplo, el deseo de estas turistas de emular y exponerse a nuevas costumbres foráneas y alababa el tiempo pasado en el que, a riesgo de ser retratadas como ignorantes o ingenuas al estilo *Miss Daisy Miller*[7], al menos las chicas mantenían su energía, inocencia y virtud americanas[8].

Sin embargo, la opción mayoritaria era la que historiadores como Christopher Endy han denominado *internacionalista*, entendiendo el uso de este término para denominar la postura que defendía un rol más activo de Estados Unidos, y de la sociedad americana en

[7] *Daisy Miller* es una novela de Henry James escrita en 1878. Se narra el viaje a mediados del siglo XIX a Suiza e Italia de Miss Daisy Miller, una joven acomodada estadounidense, hermosa, espontánea y desenfadada de costumbres. En Italia, un americano afincado en el país se enamora de ella pero no puede sobreponerse a las presiones sociales y las habladurías de sus círculos sociales sobre el comportamiento relajado y supuestamente poco apropiado de Miss Miller con otros hombres. La muchacha rechaza cambiar su comportamiento a pesar de las advertencias que recibe sobre la mala reputación que esto le puede generar y finalmente muere enferma. Henry James elabora en esta novela una retrato de las normas sociales de la época, la lucha entre el deseo y la convención, y los choques culturales.

[8] Christopher Endy: "Travel and World...", p. 577. Las preocupaciones sobre la calidad moral de la sociedad estadounidense invadieron gran parte del discurso de muchas de activistas y agrupaciones femeninas que intentaron abordar problemas reales del momento como el futuro de la familia tradicional americana, la naturaleza de la vida en comunidad, el aumento de la violencia, el materialismo y el militarismo en su país, etc. Para autoras como XX, el conflicto estuvo en que para abordar estos retos usaron un vocabulario repleto de sentimentalismos y moralismos que, aunque fue exitoso en reclutar a un mayor número de militantes, no aportó una mejor ni más profunda comprensión de los problemas. Para más información ver Judith Papachristou: "American Women and Foreign Policy, 1898-1905: Exploring Gender in Diplomatic History". *Diplomatic History* (1990) 14.4, p. 508.

general, en los asuntos internacionales y en la supuesta mejora del mundo mediante su intervención. Esta propuesta usaba el turismo y los relatos que surgían de dichas experiencias para ensalzar las similitudes y posibles lugares de encuentro entre el viejo y el nuevo mundo, sin que ello estuviera exento de claros trasfondos imperialistas y de ensalzamiento de Estados Unidos. De hecho, como señala José Antonio Sánchez Román, estas posturas internacionalistas no estaban libres de importantes trasvases y conexiones con posturas nacionalistas. Es más, internacionalismo y nacionalismo no eran de por sí términos opuestos y ser internacionalista no significaba necesariamente creer en la igualdad de los pueblos o las razas, lo cual hizo que imperialismo e internacionalismo se solaparan desde finales del siglo XIX y siguieran haciéndolo después de la Primera Guerra Mundial[9]. Los viajes tomaban, por tanto, un matiz de misión por la libertad y la extensión de determinados valores americanos, así como la apertura de oportunidades económicas para Estados Unidos. De esta forma, los ciudadanos que viajaban al extranjero cumplían con su misión de buenos patriotas, pues esta acción les permitía enriquecer sus conocimientos, sus gustos y su visión del mundo. Se rechazaba así la idea tradicional republicana del aislamiento como virtud y se ensalzaba la adquisición de conocimientos y valores internacionales. Estas propuestas se hicieron llegar con especial énfasis a la juventud norteamericana que, en su etapa de estudiantes, eran animados a pasar un tiempo en Europa, sobre todo para fortalecerse en campos como Bellas Artes o como complemento ideal de su formación ciudadana. Dentro de este colectivo cabe destacar las muchas mujeres en edad estudiantil que, como Ruth Cranston, viajaron a París para educarse y aprender en una de las cunas del arte mundial[10]. De hecho, el discurso internacionalista respecto a los viajes trasatlánticos dominó la mayoría de las voces femeninas que escribían sobre Europa y/o viajaban a Europa. En primer lugar, defendían la necesidad de las mujeres americanas de superar el estereotipo de simplicidad e inocencia tan típica de retratos ficcionales como el mencionado *Miss Daisy Miller*.

[9] José Antonio Sánchez Román: *La sociedad de Naciones y la reinvención del imperialismo liberal*. Marcial Pons, 2021, pp. 15-16.
[10] Christopher Endy: "Travel and World…", pp. 578-580.

Es más, impulsaban la idea de aprender de los viajes y experiencias, formarse y salir al viejo mundo representando y difundiendo con firmeza el estilo de vida moderno de las mujeres americanas que podían permitirse estas aventuras. En otras palabras, los viajes de estas mujeres se resignificaban hasta convertirse en una misión por la mejora del estilo de vida de las europeas, ofreciéndoles con su ejemplo referentes de vidas más libres, variadas e independientes. La *American girl* sería el máximo exponente de los valores de emancipación que supuestamente definían a los Estados Unidos y, con sus viajes, igual que sus compatriotas masculinos, democratizarían el continente y lo mejorarían mediante la difusión de determinados valores americanos llegados a través del contacto con los viajeros, todo acompañado de un trasfondo innegable de sentimiento de superioridad moral que marcaba esta supuesta misión civilizadora[11].

Dentro de estas propuestas internacionalistas, también hubo aproximaciones al turismo como oportunidades para trabajar por la paz mundial. Estas propuestas emanaban indudablemente del espíritu misionero cristiano que, ya desde siglos atrás, había empujado a religiosos y fieles a viajar supuestamente en busca de un mundo mejor, eliminar prejuicios y promover la paz entre los pueblos. A partir de esta idea, los viajes y el contacto con otras sociedades y culturas aportaban una visión y una perspectiva mucho más justa y un juicio más sano, algo que, junto con la interdependencia económica y comercial, dificultarían los conflictos y los harían menos beneficiosos[12]. De hecho, se llegaron a organizar asociaciones con ese espíritu pacifista y conciliador como la *L'Association de Conciliation Internationale,* liderada por el diplomático francés y premio Nobel de la paz de 1909 Paul Henri d'Estournelles de Constant o el *International Peace Bureau* presidido desde 1907 por el belga Henri La Fontaine[13]. Bien con fines imperialistas/intervencionistas o pacifistas, lo que parece común a estos discursos mayoritarios fue la creencia de que el crecimiento y mejora individual, económica y

[11] Ibídem, pp. 581-582.
[12] Ibídem, p. 589.
[13] Sandi E. Cooper: *Patriotic Pacifism: Waging War on War in Europe, 1815-1914*. Oxford UP, 1991, pp. 73-83.

social se lograría a través del contacto con otros modos de ser, con otros mundos y con otros valores. Además, la idea de ampliar horizontes permitía tener una noción algo más certera y total del mundo en el que vivían. Aventureros y aventureras como Ruth Cranston, la protagonista de este estudio, se lanzaron a conocer otras culturas y a observarlas para, mediante la experiencia y las narraciones que construyeron a partir de ellas, acercarse a ver más allá de sus contextos de partida, difundir sus descubrimientos y sus impresiones y revelar otras piezas del complejo mosaico del mundo a sus contemporáneos. Para la historia, por tanto, el estudio de los viajes internacionales y los relatos que en torno a ellos surgieron permite conocer mejor las inquietudes y las normas que marcaban el pulso de ciertas sociedades, así como algunas de las conexiones entre cultura, identidad nacional y relaciones exteriores que configuraron el mundo occidental previo a la Primera Guerra Mundial.

Con esta idea como punto de partida, este texto pretende estudiar el viaje por París, Viena, Madrid y Londres de Ruth Cranston a través de su novela *My Cosmopolitan Year* (1913) para, en primer lugar, identificar a una de las muchas estadounidenses que recorrieron e interpretaron partes del continente y, de esta manera, conocer estas ciudades de la mano de una mujer protestante proveniente de un contexto nacional, social y cultural diferente, privilegiado e influido por su claro perfil internacionalista. En segundo lugar, analizar su crecimiento y progresiva toma de conciencia de lo diferente y lo común en las sociedades que iba visitando, su exposición a estereotipos, expectativas y prejuicios en esas primeras experiencias de juventud y cómo construyó un relato que buscaba satisfacer la demanda existente de este tipo de publicaciones entre una élite urbana estadounidense que quería descubrir nuevos lugares y, a la vez, reafirmar y/o desmentir ideas preconcebidas. Por último, se hará hincapié en su visión de las mujeres de parte de esa Europa previa a la Primera Guerra Mundial pues, en ellas, la autora detuvo en ocasiones su mirada más incisiva y sus críticas más duras dentro de su interpretación de las sociedades que iba descubriendo. Esto reafirma sus intereses y su compromiso respecto a la cuestión femenina y el sufragismo de principios de siglo, pero, además, pone de manifiesto su deseo de evidenciar las virtudes o las deficiencias y retos sociales que acusaban los países que recorría, todo desde la supuesta parcialidad que se suele otorgar a la mirada extranjera. Su literatura, llena de interpretaciones y conclusiones, permite en general dar cuenta de un proceso que la autora estaba empezando desarrollar; un camino que en las primeras décadas del siglo xx estaba en sus etapas más iniciales pero que, según se fue exponiendo a mayores contextos y diversas realidades, hizo de ella una de las pioneras en la concepción del mundo en términos globales.

RUTH CRANSTON: LA VIAJERA DE LAS MIL MIRADAS

Ruth Cranston nació en 1887 en Cincinnati en una familia metodista. Su padre, pastor de dicha iglesia, había viajado por Estados Unidos como misionero y, en esos viajes, había ido dejando constancia de su interés por las letras y por la educación. Por ejemplo, en su tiempo en Colorado fue uno de los promotores de la Universidad de Denver y dirigió una editorial, la *Western Book Company*. Además, cuando en 1896 asumió la dirección de la diócesis de Portland, tuvo que gestionar las misiones metodistas en China, Japón y la península de Corea, lo que hizo que la familia entera viajara y pasara temporadas al otro lado del Pacífico. Todo lo cual tuvo su clara impronta en la inclinación hacia la literatura en su hija Ruth y en su gusto por explorar el mundo, viajar y estudiar sus gentes a través de la observación de su cultura y de las prácticas religiosas y sociales. Ruth vivió todos estos viajes y experiencias con su familia y en 1908, tras haber pasado por lugares tan diferentes como Francia, Suiza, China o México, terminó sus estudios universitarios en Estados Unidos, en el *Women's College of Baltimore* (futuro *Goucher College*). Desde su juventud mostró un claro compromiso por el sufragismo y el feminismo de primera ola y, junto con su activismo, inició una extensa producción literaria con la publicación en 1911 de su primer libro *Compensation*, firmado con el pseudónimo de Ann Warwick y con el que provocó gran revuelo en las altas esferas sociales y políticas de Washington DC al hablar de la relación extramatrimonial y los tratos de favor entre un conocido funcionario del Departamento de

Estado y su amante. En los años siguientes pasó por Londres, vivió en París con motivo de su fugaz matrimonio con William Newlin y realizó el viaje por Europa que inspiró en 1913 su segundo libro, protagonista de este estudio, *My Cosmopolitan Year*, con el título *The Meccas of the World* en su primera edición. No fue ni de lejos su último libro, de hecho, en los siguientes lustros publicó casi un libro por año, lo que confirmó una destacable producción literaria que se extendió hasta la década de los 50.

Fig. 1. Retrato de Ruth Cranston tras su gira por Europa.
Fuente: *Oregon Daily Journal* (09/09/1914)

Con el estallido de la Primera Guerra Mundial, combinó la faceta de escritora con sus labores como delegada de la Cruz Roja Americana. La experiencia de la guerra reafirmó en Cranston su compromiso con el sufragismo, lo que la llevó a participar en 1920 en el Congreso Internacional en Ginebra en favor de sufragio femenino y la condujo también hacia nuevos propósitos, relacionados tanto con la defensa de la paz y de la libertad como con la búsqueda y difusión de vías de renovación espiritual. Estos nuevos compromisos hicieron de Cranston una de las pioneras de las propuestas mundialistas que alcanzaron gran acogida en Estados Unidos a finales de los años veinte y que encontraron gran apoyo entre grupos asociados al protestantismo ecuménico, los cuáqueros, o corrientes de la *New Age* y, en general, todos aquellos grupos que tras los horrores vividos en la guerra se sintiesen llamados "a contribuir a la causa de la paz y trabajasen por conformar una conciencia ciudadana mundial que, superando los mitos nacionales y las confesiones tradicionales, fundamentase sus pilares en una especie de sincretismo liberal ecuménico"[14]. El liderazgo y la proyección internacional de las labores de Ruth Cranston en este sentido le permitieron, por ejemplo, participar en numerosos encuentros internacionales relacionados con la cooperación internacional o las religiones en el mundo y viajar por diversos países, sobre todo de Asia. Todas estas experiencias la convirtieron, entre otros méritos, en la primera y única mujer en el consejo directivo de la Conferencia Religiosa Universal por la Paz (URPC) constituida en Ginebra en 1928. Además, su colaboración con estas organizaciones e instituciones internacionales la llevó en 1930 a organizar un encuentro en Londres, apoyado por la Fundación Carnegie, con el fin de promover el diálogo y la cooperación entre confesiones y etnias, que fue su iniciación en su futura campaña por el mundialismo, junto a personajes tan relevantes como Salvador de Madariaga, quien en esos momentos era profesor en la Universidad de Oxford. En los años venideros, Madariaga y Cranston continuarían su colaboración e impulsarían la futura *World Foundation*, una de las instituciones clave en el mundialismo de los años treinta[15]. De hecho, el trabajo y amistad entre ambos siguió creciendo, dándoles más oportunidades

[14] José Ramón Rodríguez Lago: "Entre la «Realpolitik» y la utopía evangélica. Pío XII y el proyecto mundialista". *Anuario De Historia De La Iglesia* (2024) 33, p. 113.

[15] José Ramón Rodríguez Lago: *World Citizen. Salvador de Madariaga y las redes pioneras del mundialismo, 1927-1950*. Sílex, 2022, pp. 89-91.

de trabajar a favor de un proyecto de comunidad mundial y de conciencia global que entendiera la sociedad y su mentalidad espiritual y humana por encima de las particularidades e intereses religiosos, raciales o nacionales y que trabajase a favor de un supuesto bien común al que debía tender toda la comunidad internacional.

Explorar este proyecto ya puesto en marcha en la década de los veinte y treinta no es el propósito de este texto, pero sí que es importante haber llegado hasta aquí para entender hacia dónde se dirigieron los esfuerzos de una Ruth Cranston ya más adulta, pues permite saber el punto de llegada de una evolución que empezó en esos primeros viajes por ciudades europeas, de los que sí que se ocupa este estudio, y da cuenta de su crecimiento y su progresiva toma de conciencia y cómo gestionó lo diferente y lo común, sus propios estereotipos, expectativas y prejuicios en esas primeras experiencias internacionales en el periodo previo a la Primera Guerra Mundial.

LA VIDA ES UN VIAJE Y EUROPA UN ESPECTÁCULO

Una vez identificada la protagonista de este texto y esbozada su trayectoria vital, es el momento de pasear por París, Viena, Madrid y Londres de la mano de Ruth Cranston. Solo así se puede ver esta pequeña muestra del mundo a través de sus lentes y se asiste, entre líneas, al desempeño de su labor de observadora privilegiada y de autora que satisface no solo un deseo de contar sus vivencias por Europa, sino también la demanda de este tipo de relatos en su país de origen. *My Cosmopolitan Year* es una novela de 1913 que narra un trayecto con varias paradas, un viaje que la autora articula en torno a la idea de una gran representación teatral en la que las ciudades son presentadas como actrices, como actos intermedios para los más pequeños e incluso como críticos de una obra sobre el viejo continente. Su punto de partida, lo que ella titula "el ensayo" antes del supuesto gran estreno, es Nueva York. Esta cosmopolita y vibrante ciudad, llena de grandezas y de bajezas a juicio de la autora, marca el referente tanto en lo positivo como en lo negativo para lo que luego se va encontrando en las capitales europeas que visita: París o la ciudad del gran estreno de la obra, el momento en el que el telón se levanta y la más aclamada actriz entra en acción; Viena, la representación infantil en el intermedio; Madrid, o el momento en el que toma la escena el actor venido a menos; y Londres "in review", o la mañana siguiente en el que todo el mundo corre a los quioscos a comprar el periódico para leer la opinión del crítico sobre el estreno de la noche anterior.

PARÍS: LA ACTRIZ QUE ACAPARA TODAS LAS MIRADAS

Lista la obra y los actores después del ensayo final en Nueva York, la autora llega a París donde, desde asientos privilegiados, comienza su viaje asistiendo a la gran noche de estreno teatral. La ciudad la recibe levantado el telón y ofreciendo para ella y para todos/as los asistentes su mejor representación y la actuación de la actriz más aclamada. Eso es París, una noche tras otra te muestra, según la autora, lo que has venido a buscar, lo que quiere que recuerdes de ella y nada más. No hace funciones personalizadas y no deja que veas lo que no está dispuesta a enseñar, te recuerda tu rol de espectador en cada rincón, en cada mirada y te invita a que disfrutes del espectáculo. Como todo teatro, todo está preparado para ser tan placentero como artificial, la ciudad está repleta de historia y belleza que deslumbran al que la observa con lo sublime del arte arquitectónico, del arte de la moda, del arte pictórico, etc., pero en todo teatro hay escenario y bambalinas y la autora está decidida a experimentar el show completo.

Los parisinos en concreto y los franceses en general despiertan en Cranston bastante desconfianza, son gente falsa, actores al fin y al cabo que hacen su papel sin reparar en el forastero, que no se esfuerzan en ser hospitalarios y de quienes lo único que puedes recibir es una mirada de curiosa superioridad que te recuerda que nunca serás uno de ellos. Cínicos e histriónicos, condición que provoca que "el artista, incluso en la muerte, se mire a sí mismo y a la escena, por así decirlo, desde la posición crítica de los bastidores"[16].

[16] Ruth Cranston: *My Cosmopolitan Year*. Mills & Boon, Londres, 1913, p. 97.

Es más, el gusto por las apariencias, la grandilocuencia de lo que se ve, el drama y el fatalismo permea la cultura incluso religiosa de los franceses quienes, agnósticos de corazón, practican el catolicismo solo como acto de devoción a la grandeza y la hermosura del rito, seducidos por su verdadera religión que es la adoración a la belleza y a lo estético[17]. Pero, en general, nada de esto es un problema demasiado importante, ya que en París lo que menos hay es franceses y, si los hay, están rodeados de extranjeros que han venido a ver el espectáculo. Y es que, como ya se ha dicho, París para Cranston es la ciudad de la puesta en escena, donde todo el mundo a la hora indicada juega su papel, todo el mundo debe estar listo para, a la señal, salir a actuar en el teatro del día a día, sabiendo que miles de ojos examinan con lupa la calidad de la actuación. Una lupa que separa el "yo" del "otro" pues, como puntualiza Cranston, mientras que en la Quinta Avenida de Nueva York la lupa significa un escrutinio monetario, en París es de belleza y estilo. Ciudadanos y ciudadanas de todas las clases que, dentro de sus posibilidades, lucen sus mejores ropas siempre a la moda, asisten a los teatros, pasean por las avenidas y conversan inteligentemente de arte y cultura. Pareciera, según las impresiones de Cranston, que París emana estilo y educación en cada transeúnte, desde el chófer hasta el burgués, y que todos los que se suben al escenario, protagonistas y secundarios, hacen su papel con la mejor de las disposiciones, sin resentimiento o lucha, desde la más profunda satisfacción de ser parte de la obra o de poder poner su granito de arena en encumbrar a lo más alto a la musa de turno. Así lo describe la autora cuando habla de las costureras que llenan la ciudad y que pasan horas interminables en los talleres de las trastiendas de las muchas boutiques de alta costura: "Por todas partes hay gente cosiendo, colocando minúsculos trozos de delicadas telas [...] forzando la vista en oscuras salas de trabajo, [...] Sin embargo, ninguna de las trabajadoras parece impacientarse o desanimarse por ello; sus rostros inclinados absortos sobre sus tareas están brillantes de interés, alerta y llenos de impaciencia por hacer algo que cautivará

[17] Ibídem, p. 105.

a la difícil señora"[18]. Trabajadoras que además en sus ratos libres se gastan los pocos francos que ganan en museos, teatros y tertulias donde discutir temas culturales. Una visión idealizada de la realidad parisina que Ruth Cranston valida con su novela y que refuerza a la gran actriz que es París que, gracias a espectadores como ella, puede seguir saliendo noche tras noche al escenario a dar su mejor versión sin revelar lo que se esconde detrás del telón de fondo.

Ruth sugiere al lector sorprender a la actriz antes de salir al escenario y ver, así, el lado más humano de la diva. Para ello, se aventura a recorrer la ciudad y sus diferentes zonas antes y después de que se hayan abierto las puertas del teatro y poder, de este modo, escuchar al panadero gritar por las calles todavía sin luz el precio del pan, u observar a la vendedora de manzanas montando su puesto. También se detiene a ver a las mujeres yendo a misa a iglesias nada glamurosas, al joven que lee el periódico en el café, el tráfico denso y caótico de la ciudad, a los niños que disfrutan del espectáculo de guiñoles en Champs-Élysées, el Bosque de Boulogne y sus zonas de casas millonarias, sus restaurantes de lujo y sus parejas de enamorados que, sin pudor alguno, viven su amor en público a plena luz del día y con mayor intensidad cuando llega la noche, una demostración pública de afecto, en su opinión, tan inmoral que la autora afirma escandalizaría a cualquier anglosajón[19], o la Rue des Acacias repleta de chicas que lucen la última moda y que miran con altanería e indiferencia, como la actriz que sabe que el público la observa pero debe actuar como si estuviera sola en el escenario. En busca de la rara autenticidad de París no puede pasar sin caminar por el Boulevard Raspail para ver a los bohemios y los cafés repletos de artistas trasnochados y empobrecidos pero opulentos en orgullo e indiferencia hacia el visitante, o a los escandalosos estudiantes de Bellas Artes estadounidenses, fruto de ese impulso antes mencionado entre los universitarios de la época de viajar a París para completar estudios de arte. Por último, se percata de las muchas parejas de amantes, hombres y mujeres que se escapan de sus matrimonios y que, con

[18] Ibídem, p. 101. Traducción propia.
[19] Ibídem, p. 114.

la complicidad de camareros y chóferes, llenan la ciudad de amores prohibidos y a la vez públicamente sabidos pues, como apunta la autora, en Francia los matrimonios de conveniencia son muy comunes, lo que hace que sus integrantes, sabedores de la ausencia de amor en sus enlaces, consientan y asuman con naturalidad las relaciones extramatrimoniales. Eso sí, nunca ponen en cuestión la continuidad de la familia que han formado. Es, de nuevo, el gran teatro parisino, la puesta en escena en el plano más íntimo de las relaciones humanas.

Todo observador es esclavo de las lentes que utiliza en la tarea de mirar e interpretar el mundo que le rodea y Ruth Cranston no es una excepción en esto. Condicionada por sus intereses e ideas, la autora detiene inevitablemente la mirada en las mujeres de París para intentar explicar al lector las diferentes realidades a las que estas mujeres se enfrentan, sus modos de vivir, de ser y de entender su lugar en el gran escenario. En su empeño por ver el lado humano de la actriz, Ruth Cranston retoma la marcha en dirección a Montmartre, a los cabarés donde se encuentra cara a cara con esas *otras* mujeres que, aunque no salen de las boutiques como divas vistiendo la última moda, no dejan de ser musas de otros escenarios. Una vez dentro del cabaré, el aire para Ruth Cranston casi desaparece, se vuelve espeso y lleno de olores a maquillaje, perfume barato y comida. Las bailarinas entretienen en el centro de la sala a una multitud que se comporta como marionetas encadenadas, como autómatas que ríen, cantan y jalean todos a la vez y de la misma forma. Ellas, expresa la autora con gran consternación, son niñas de catorce, diecisiete y dieciocho años que parece que hace tiempo pasaron la barrera de los cuarenta; ellos, ingleses rojos pasando lo que creen es un fin de semana de juerga, brasileños jóvenes tratando de invitar a la bailarina más joven a privadas botellas de champagne, alemanes de ojos cansados o americanos de barra con miradas de niños obscenos pasando unas vacaciones prohibidas[20]. Entristecida e indignada por la vida de estas mujeres, intenta entablar conversación con la única mujer que no participa directamente del grotesco espectáculo, la camarera, tratando de saber por qué una chica "elegiría" este lugar para ganarse la vida.

---

[20] Ruth Cranston: *My Cosmopolitan…*, pp. 137-138.

La realidad dará un toque de atención a la autora cuando esta joven le recuerde que estas son las bambalinas del teatro que Cranston iba buscando. Con una madre ciega, padre desaparecido, dos hermanas pequeñas y un hermano con discapacidad, ella, a su todavía temprana edad, es la única que puede sustentar a su familia. Ruth insiste en averiguar por qué la elección del lugar y la chica le recuerda que, en París, en ese gran espectáculo, no te llaman para entrar a escena si no tienes las "herramientas" necesarias[21]. Sin belleza o sin estatus social previo, no hay musas que adorar ni divas que sean invitadas a subirse al escenario.

El valor de las "herramientas" que señala la camarera será determinante para entender a ese otro modelo de mujer que va a analizar la autora: las maniquís. Chicas casaderas que Cranston observa salir de las más importantes tiendas de modistos de la Rue de la Paix, un desfile de juventud, faldas, broches y sombreros que se abre paso entre un séquito de ojos masculinos que dedican miradas y piropos a las modelos, las cuales responden con tímidas sonrisas y asentimientos de cabeza. Chicas que "venden" su belleza y sus cuerpos a los modistos de la ciudad para que les pongan sus mejores diseños y los paseen por la ciudad a la crítica hora del *rendez-vous*. Esta es la mujer que para Cranston encarna la feminidad máxima: mujeres llenas de estilosa simpleza y gusto estético, que lucen impecables y que en su sencillez deslumbran al que las mira. Aquí de nuevo, como en la comparativa con la Quinta Avenida de Nueva York antes mencionada, se vuelve a apreciar la construcción del "yo" y del "otro" en el relato de Cranston. Frente a la supuesta implacable feminidad de las francesas, en París el contrapunto lo marcan las estudiantes y artistas norteamericanas que la autora encuentra en restaurantes y cafés, chicas con atuendos masculinos y voces con acento de Kansas que nunca alcanzarán el refinamiento y el estilo de las maniquís que llenan las calles de París[22]. Esta no será la primera vez que la autora reflexiones sobre las carencias de la feminidad estadounidense. Como recoge en su artículo Mariea Caudill Dennison, en 1909 una Ruth

[21] Ruth Cranston: *My Cosmopolitan...*, p. 139.
[22] Ibídem, p. 133.

Cranston recién graduada del *Women's College of Baltimore* publicaba un artículo titulado "The European Idea of the American Girl" donde, como parte de su análisis, recogía el testimonio de un diplomático que acusaba a la chica americana en París de ser "una composición bien arreglada, asertiva, totalmente analfabeta, de buena apariencia y malos modales"[23]. De todos modos, volviendo a su mirada sobre las mujeres francesas y su supuesta encarnación de la feminidad, la autora no deja de apuntar que toda esta feminidad y exhibiciones de moda y estilo hacen esclavas a estas mujeres de su propia divinidad. Se convierten en musas que viven para ser observadas, caprichosas *fashion victims* que de un día para otro renuevan atuendos para nunca estar desfasadas, que se vuelven adictas a la adulación y que, inevitablemente, compiten por ser la maniquí preferida del modisto del momento y por tener los admiradores más poderosos e influyentes entre su séquito.

Todas ellas, maniquís y cabareteras, no dejan de ser en última instancia partes imprescindibles de la gran actriz que es París, mujer a todos ojos irresistible, la tentación de cada persona que se atreve a mirarla, la mujer que te llama y te seduce por cada poro de su piel, con el brillo de sus joyas y de sus atuendos, que te atrapa y te hace sentir que te llama a ti y solo a ti, aunque llame a todo el mundo por igual. El/la visitante sucumbe y se acerca buscando lo mismo que buscaron los que sucumbieron antes y sucumbirán después y, poco a poco, inevitablemente por el uso y el paso del tiempo, el maquillaje de la diva se va deteriorando, dejando entrever que la gran actriz es también humana.

VIENA, LA PAUSA PARA EL RECREO Y EL REFRIGERIO

Exhausta de la intensidad de la representación a la que se acaba de asistir, la narración se toma un respiro dejando que los ojos críticos de la autora se relajen y disfruten del intermedio y de la pieza infantil

[23] Mariea Caudill Dennison: "The American Girls' Club in Paris. The Propriety and Imprudence of Art Students, 1890-1914". *Woman's Art Journal* (2005) 26.1, p. 32.

que llena sin mayor complejidad el *entre-temps*, antes de que la gran obra del mundo continúe. Así llega Viena, "The Children's Performance", el lugar donde según la autora hay que tener siempre 18 años o al menos querer tenerlos y actuar como tal. En el escenario, una ciudad que encarna una especie de eterno parque infantil; un jardín de recreo donde siempre suena la música, donde las tazas de chocolate caliente constituyen la base de la alimentación y donde todos sus integrantes disfrutan de una aparente vida sin preocupaciones y con inagotable espíritu jovial. De la mano de Patsy, la joven norteamericana pizpireta e inocente que protagoniza las aventuras en Viena, se recorren los escenarios que componen esta obra infantil donde todo lo que se va representando está marcado por un claro estilo de vida próspero, armonioso y juguetón, ajeno a cualquier pesar o responsabilidad típicas de la vida adulta. Ciudadanos y ciudadanas que, como infantes en el patio del colegio, viven gozosos y tranquilos sabedores de que están bajo la atenta y protectora mirada del eterno cuidador del recreo, el octogenario emperador Francisco José I de Austria, el *pater familias* del que emanan a la par, según la narración, cuidados y autoridad y del que se acepta su posición privilegiada como algo natural e inherente a la sociedad austriaca: "La gente a veces se ríe de sus excentricidades y se impacientan con sus ideas anticuadas respecto a ciertas cosas, pero el tono en el que pronuncian su título –*Unser Kaiser*, transmite su aceptación de su divino derecho como eje de su universo"[24].

En la obra infantil no hay argumento, solo se asiste a un devenir de escenas en las que individuos armoniosos y complacientes, hombres y mujeres por igual, eternamente jóvenes, de edad o de espíritu, viven compartiendo ocio, gustos y despreocupaciones en un continuo de paseos por jardines bucólicos, tazas de chocolate caliente en cafés de aires imperiales, conciertos de los grandes compositores en localizaciones inigualables, prácticas deportivas de alta exigencia física y bailes de máscaras y disfraces en salones reales: "No son en absoluto un pueblo con un propósito, como los americanos; no tienen ni el deseo, ni la astucia, ni la ambición de hacer algo notable

[24] Ruth Cranston: *My Cosmopolitan*..., p. 146. Traducción propia.

de sí mismos. Más bien retozan por la vida como niños irreflexivos; riendo, llorando, cayéndose y levantándose –solo para volver a caer; pero siempre de buen carácter, amables y alegres, con una alegría despreocupada que resulta tan atractiva como contagiosa mientras uno se encuentra entre ellos"[25].

A diferencia de la obra para adultos y de la gran actriz del momento que es París, aquí no hay realidad entre bambalinas, es pura trasparencia e ingenuidad lo que impregna cada rincón de la representación y, como en todo mundo infantil todavía libre del peso de las construcciones sociales y culturales que marcan las fronteras entre lo masculino y lo femenino, lo infantil y lo adulto, e incluso lo adulto y lo senil, Viena ofrece un espectáculo donde los actores y las actrices desempeñan con igualdad de intensidad o desinhibición bailes, deportes y ocio. Este supuesto equilibrio de género hace que se destaquen en la escena desde mujeres que fuman en los cafés, hasta expertas escaladoras, pasando por mujeres de todas las edades que bailan sin complejos hasta el último vals de la noche o que patinan sobre hielo disfrazadas de geishas o arlequines y que, ante la atónita mirada extranjera, cuestionan al observador y se preguntan si por el hecho de tener hijos deben comportarse como si estuvieran muertas, o si por el hecho de haber pasado ya por muchas pruebas en la vida deben deprimirse en un rincón y no conocer la alegría de la vida[26]. Pero, a pesar de esta aparente armonía entre géneros, clases y generaciones, la mirada infalible de Ruth Cranston no deja pasar por alto un tímido, pero significativo detalle de la sociedad vienesa respecto a las mujeres. Es cierto que, comparado con otros "escenarios teatrales" en *My Cosmopolitan Year*, Viena sale casi ilesa de las críticas que la autora suele centrar en el colectivo femenino del país que visita, pero, incluso en este aparente mundo de fantasía clásica, se narra a través de la incomodidad y alarma de la joven Patsy el uso del cuerpo femenino como espacio de exhibición para el disfrute masculino y factor clave de aprobación social. En el escenario, la inocente norteamericana invitada a un baile de la alta sociedad

[25] Ruth Cranston: *My Cosmopolitan...*, p. 154. Traducción propia.
[26] Ibídem, p. 168.

vienesa se ve obligada a hacer una suerte de paseo forzoso para todas las que asisten a la celebración. Sola, a través de una multitud de monóculos que la observan, escrudiñan su aspecto y asienten con aprobación si así lo ven necesario, Patsy experimenta con desagrado el ritual de presentación femenina ante el público masculino. Todo un tribunal de evaluación que clasifica a las jóvenes para, más tarde, durante las piezas musicales, intercambiarse entre ellos a las féminas danzantes que pasan de brazo en brazo sin ser consultadas: "Todos los hombres que no tienen pareja permanecen en el centro de la sala, y cuando has bailado una ronda o dos con un hombre, otro muy cortés pero firmemente te para y reclama su turno [...] son como niños en torno a algo nuevo"[27]. Como en la Rue de la Paix en París, de nuevo el cuerpo femenino se resignifica para convertirse en lugar de admiración, adulación y juicio ajenos.

Sin negar la intención crítica o al menos de sorpresa que se intuye en el episodio del baile, es llamativa la escasa presencia que adquieren las mujeres en el relato sobre Viena. Mientras en París o, como se verá más adelante, en Madrid Ruth Cranston plasmó su preocupación por la causa femenina y la condición desigual de las mujeres en estas sociedades, en la capital austriaca hay una atención muy tímida y velada a estos aspectos y una visión muy idealizada de la armonía de géneros imperante en dicha sociedad. Quizás Austria despertaba menos preocupaciones en este sentido en Cranston, pues tampoco se pueden negar las grandes diferencias socioeconómicas que existían entre la Viena o el Madrid de la época, así como el hecho de que estamos ante un país que escasos cinco años después de la publicación de *My Cosmopolita Year* aprobó en 1918 el sufragio femenino, mientras que las parisinas, por ejemplo, tuvieron que esperar hasta 1944 y las madrileñas hasta 1931. De una forma u otra, lo cierto es que las mujeres austriacas no provocaron en Cranston la necesidad de diseccionar sus realidades, criticar las posibles desigualdades y señalar los retos sociales a los que podían estar haciendo frente. Quizás la autora, seducida por la jovialidad de la representación teatral del intermedio, relajada en el ambigú

[27] Ibídem, pp. 164-65. Traducción propia.

del teatro disfrutando de las risitas infantiles de fondo y las escenas de juegos, decidió tomarse un respiro antes de que la gran obra del mundo retomase su intensidad en el escenario.

MADRID, ORGULLO Y DECADENCIA DEL VIEJO ACTOR

Tras la pausa y la amenización de la obra para los más pequeños, Ruth Cranston vuelve a la sala principal del teatro a ver la segunda parte de la representación. Aplaude la subida del telón que la lleva a un nuevo escenario, Madrid. Dado que su viaje es un continuo espectáculo teatral, Madrid es para la estadounidense el "broken-down actor", un actor venido a menos, en horas bajas, al que ya casi no llaman pero que se resiste a aceptar que su tiempo pasó y se aferra a su momento de gloria caduco, cuando su nombre llenaba teatros y su persona era sinónimo de éxito. La visitante puntualiza que Madrid es la menos española de todas las ciudades de España y sentencia que su estatus de capital se debe únicamente a los beneficios que el clima madrileño ofrecían para la gota del monarca Carlos I. Eso sí, hay una cosa que es representativa de toda la nación y que se encuentra en Madrid en cada esquina como se puede encontrar en cada rincón de cada lugar de España, lo que ella llama "el orgullo ilimitado e incondicional respecto a las glorias del pasado"[28]. A partir de aquí, inicia un paseo narrativo en el que a ratos confirma sus propios estereotipos y a ratos desmiente otros y evalúa lo que esperaba encontrar y no encuentra. El actor venido a menos sale a escena y ofrece a la espectadora un recibimiento desconcertante con la estación central de trenes de Atocha como escenario principal, lugar que juzga como pequeño, provinciano y anticuado, primer ejemplo de la ciudad que la esperaba al otro lado. La misma decepción y crítica se lee en su novela cuando asiste al Teatro Real o pasea por la Avenida de la Castellana y se detiene en la Puerta del Sol. El atraso de la ciudad respecto a su vecina París o a la Viena de cuento no deja de sorprender a Cranston, quien dedica las primeras páginas de su

[28] Ruth Cranston: *My Cosmopolitan...*, pp. 193-194.

texto para señalar la decadencia de Madrid y su retraso respecto a las otras capitales europeas. La ausencia de carros a motor o la presencia de animales de tiro como principal medio de transporte, que llenan las calles y las plazas, hacen de Madrid una ciudad cargada de una atmosfera medieval y vacía de la modernidad propia de una ciudad cosmopolita del momento[29].

Le molesta el ruido de las calles y bromea con la buena impresión que los madrileños tienen de su propia ciudad donde, según la autora, se pone de manifiesto ese orgullo cegador apegado a un pasado glorioso y que hace que el viejo actor no vea ni quiera ver la ruina del presente. Por ejemplo, a su llegada a la Puerta del Sol, la que dice que se conoce como la plaza más concurrida y ocupada del mundo, ironiza con esta idea y asegura que definitivamente es la más ruidosa y la más concurrida, sí, pero de ladrones y estafadores, a los que denomina "la plaga de Madrid". De sus gentes, además, le incomoda la presencia de enfermos y pobres en las calles, reflexiona sobre la pobreza del gobierno y la necesidad de mantener a estos individuos en asilos, una necesidad que no se puede satisfacer en la ciudad[30]. Critica duramente a los hombres y las mujeres de Madrid que va viendo en su rutina diaria, les acusa de vivir para aparentar, de puertas para afuera, siempre proyectando una supuesta clase social y riqueza a pesar de que la mayoría están en la ruina, poco delicados en las formas, que miran sin discreción la vida de los otros. Por ejemplo, cuando describe la hora del paseo por la Avenida de la Castellana, momento en el que las familias más acomodadas recorrían esta zona con sus carros de caballos, mientras que las familias de clase más humilde salían a pasear a pie y a observar el desfile de carros de las clases más pudientes, dice Cranston que es un momento de mera apariencia, pues esas familias dejarían a todos sus miembros sin comer con tal de mantener el sitio en el paseo diario de la Castellana. Por su parte, la aristocracia/burguesía empobrecida se viste con sus mejores galas de cintura para arriba, mientras que debajo de la manta que cubre sus piernas llevan faldas y pantalones raídos.

[29] Ruth Cranston: *My Cosmopolitan...*, pp. 194-195.
[30] Ibídem, pp. 195-197.

La prosperidad para esta gente, apunta Cranston, es poder salir a lucir una mentira y mantener sus dos caballos que tiren del carro y que garanticen a la familia el estatus que intenta proyectar porque sin esto, son "outcast"[31]. Lo peor para la autora no es que vivan una vida de apariencia, ni que haya pobreza generalizada, ni las formas rudas de sus gentes en general, para ella lo que más acusan los españoles es de nuevo ese orgullo que hace que no solo no conozcan los progresos de otros mundos, sino que además ni los crean ni les interesen cuando se los cuentan. Ahí es donde ella ve al viejo actor salir de forma evidente, "El viejo actor se sienta con los ojos pegados a sus propias fotografías, hipnotizándose en la creencia de que son ahora como siempre lo fueron: representativas de la mayor estrella de todos los escenarios"[32].

Pero, de nuevo, de todos los grupos a los que Cranston dedicó su mirada y su afilada pluma, las mujeres españolas fueron las que recibieron las críticas más duras. A ellas, todas, clase baja, clase media y clase alta, las juzgó con firmeza. Esto pone de manifiesto la importancia que tenían los intereses de los diferentes viajeros americanos que visitaron Europa desde el siglo XIX pues, según sus motivaciones, sus relatos posteriores destacaban o no aspectos de la sociedad y la cultura que visitaban. Por ejemplo, el periodista, escritor, editor y viajero del mundo, Joe Mitchel Chapple, tras su paso por la España de los años 20, plasmó sus impresiones en el libro *Vivid Spain* (1926) y dejó constancia de su fascinación por los que consideró eran los grandes hombres de la España de la época: el rey Alfonso XIII, el general Miguel Primo de Rivera y el pintor Ignacio Zuloaga[33]. Cranston, por su parte, y con anterioridad a Chapple, comprometida como estaba con el sufragismo y el feminismo de primera ola, detuvo su mirada con mayor detalle en el modo de vivir de la sociedad, los códigos de género que marcaban el ritmo de la sociedad española y, en concreto, de las mujeres. Por esto y por el peso de sus propias construcciones culturales, Cranston expresó su perplejidad ante lo que consideró la mediocridad de la mujer española, evidenciada, por ejemplo, en la

[31] Ruth Cranston: *My Cosmopolitan...*, p. 202.
[32] Ibídem, p. 205. Traducción propia.
[33] Ángel Roldán Carreño: "Joe Mitchell Chapple...", p. 12.

baja calidad de sus ropas. Mujeres, decía la autora, que ya no lucen mantones de seda y color excepto en las grandes fiestas, sino ropas baratas camino a su misa diaria y cuya vulgaridad les hace indignas de los nombres que les han puesto. Nombres de linajes cristianos y de herencia árabe y judía (Gertrudis, Águeda, Raquel...) que recaen sobre mujeres cuyo aspecto, según Cranston, no hace justicia a su nombre de pila. Las observa y las juzga duramente por la vida de reclusión que llevan, preguntándose si su existencia, recluidas de la vida pública a manos de sus maridos y de sus padres, les toca porque son estúpidas o si son estúpidas por aceptarlo. Una supuesta estupidez que hacía de España un país de hombres que silenciaban a las mujeres, de modo que su vida quedaba reducida a un breve deambular por las calles de Madrid camino a misa o a algún recado o paseo, para pasar la mayoría de su día encerradas en una casa sin esplendor ni gracia alguna, sin ningún estímulo cultural ni lectura para amenizar el tiempo y plenamente dedicadas a tareas domésticas. Su vida y su profunda ignorancia, dice Cranston, despierta en el que las observa pena más que condena. Esta vida además las afea, las envejece de forma prematura y esto, junto a sus ropas empobrecidas, son aspectos que producen rechazo en la escritora. Critica sus matrimonios a edad temprana y sus partos numerosos, critica la falta de higiene en las madres, en las nodrizas, en las propias casas, motivos que relaciona con la alta mortalidad infantil y le horroriza la naturalidad con la que estas mujeres aceptan que parte de sus hijos no alcanzarán la edad adulta. El relato de Cranston a este respecto conecta con una tendencia general de muchos de estos visitantes americanos que, como ya se ha comentado anteriormente, entendieron sus viajes como oportunidades para difundir su civilización y, en el caso de la higiene y las prácticas de salud doméstica, muchos textos de mujeres o sobre mujeres americanas en Europa reflejaban la labor que estas turistas hacían a modo de misión sanitaria respecto a las nativas del lugar. En este sentido, junto al alegato de Cranston, hay testimonios como el publicado en la revista *Harper's Weekly* donde se reconocía la labor de una mujer estadounidense en París que había "iniciado [a la mujer francesa] en los misterios de la higiene [...] el amor americano por la limpieza ha revolucionado el hotel de París

[...] [resultando en] una gran mejora de las condiciones sanitarias generales, y esto ayudó, sin duda alguna, a reducir la tasa anual de mortalidad"[34]. Que la higiene era mejorable entre las españolas fue evidente para Cranston, como evidente fue que eran mujeres de misa diaria pero que, según la autora, vivían la religión con una fuerte carga de superstición. Y es que la forma en que el catolicismo en España se mezclaba con prácticas de superstición y devoción extravagante es algo que dejó muy inquieta a la autora, consecuencia de prácticas sociales que reflejaban ignorancia y falta de estudio y análisis bajo métodos modernos. Un rasgo más del arcaísmo de la sociedad española.

Pero no todo fueron críticas, en su viaje además de señalar las expectativas frustradas respecto a España y las realidades impactantes, también confirma imaginarios comunes construidos a partir de lecturas previas y compartidas por muchos de los viajeros que se aventuraron a recorrer España en esta época y que iban desde guías de viajes, como las *Guías Baedeker,* hasta la literatura de autores ya mencionados como Washington Irving. En concreto la autora habla por un lado de los toros y los bailes de flamenco o bailes regionales y, por otro, de los elementos que hacen de España parte de una Europa mitificada de imperios, monarquías, castillos llenos de príncipes y de princesas y de cortes medievales y gestos protocolarios, esto es, la familia real y, más en concreto, la figura de Alfonso XIII y la aristocracia del entorno de la corte. Aquí es donde encontramos la mirada más amable en unos casos, o más cargada de exotismo en otros, de Ruth Cranston. De los toros es sorprendente que a pesar de expresar su desacuerdo con una práctica del maltrato animal, aplauda su importancia como lugar de encuentro y alabe que sea un espectáculo en el que el torero asume tal riesgo para su vida. De la familia real le fascina el aura de extranjerismo que la rodea y el refinamiento claramente de importación británica de todos ellos y de Alfonso XIII en particular, así como el aura de divinidad que desprenden sus miembros a la vez que su supuesta conexión con sus habitantes y su forma de vida campechana y cercana. Junto a

[34] Christopher Endy: "Travel and World...", p. 583. Traducción propia.

la realeza, la aristocracia de largo recorrido como la Casa de Alba o los Duques de Medinaceli, son objeto también de su narración más amable pues corroboran un imaginario real, rodeadas de palacios y bailes de salón que Cranston y la mayoría de sus compatriotas estadounidenses asociaban con la idea de las realezas europeas históricas.

LONDRES, EL CRÍTICO IMPLACABLE

Se baja el telón y suenan los aplausos, aunque en *My Cosmopolitan Year* todavía queda espacio para la crítica del gran estreno en los periódicos de la mañana siguiente en Londres. La capital inglesa encarna en esta obra teatral un papel lejos de escenarios y focos, es el distante crítico que, noche tras noche, asiste a los estrenos del mundo para observar y enjuiciar el desempeño de actores, actrices, guionistas y directores. La ciudad es ese experto evaluador metódico, ordenado y fiel a su rol en el mundo del espectáculo del que vive, pero en el que nunca pierde de vista su sentido del deber ni de servicio. Su lugar en el patio de butacas no está destinado a disfrutar de la obra, sino a observar sin despistarse cada detalle, cada actuación, cada giro de guion para, al día siguiente, producir su mejor texto, una crítica tan certera como imparcial. Así, como el crítico se concentra en su propósito, Londres emana en cada transeúnte ese deseo de cumplir con el deber asignado, evitar las distracciones en el camino y avanzar hacia el único propósito que alimenta el motor de la ciudad y del país: producir grandes hombres que sigan cumpliendo el deber y observando desde el palco el desempeño teatral de los otros actores del mundo. De esta forma, la narración nos advierte que estos hombres "no se reúnen en las esquinas o en cafés, discutiendo y gesticulando, sino que se dedican metódicamente a sus asuntos"[35]. El crítico no se mete entre bambalinas a vivir el teatro desde dentro, no sueña con ser actor, ni con dirigir obras teatrales, ni siquiera se mezcla con el espectador medio en el bar del teatro en el intermedio. En su orden social, igual que la sociedad londinense que describe Cranston, el

[35] Ruth Cranston: *My Cosmopolitan...*, p. 263. Traducción propia.

crítico nace crítico y muere crítico, se mantiene en su "clase social", vive dentro de los límites que su grupo marca, desempeña las funciones asignadas con el mayor virtuosismo y dedicación posible y pone en valor las características que definen su comunidad blindándolas de interferencias. El inglés, por tanto, como el crítico de teatro, no se asimila, allá donde vaya reproduce sus modos de vida y exporta su rutina cual devoto que cumple con su rito religioso sin importarle las prácticas religiosas que le rodean y que, con altanería y creedor de la superioridad de su fe, mira por encima del hombro al resto. Así, los ingleses "viajan por el mundo, pero ellos viajan para observar y criticar; no para asimilar elementos foráneos. [...] el británico, donde sea que va, permanece británico [...] no importa dónde esté, él ha cargado con su té y su tazón y su punto de vista con él"[36].

Pero no todo serán críticas a esta forma de vida de los londinenses. La narración reconoce virtud en esta forma de entenderse en el mundo y, sobre todo, apunta el efecto que esto produce en el resto y analiza sus consecuencias. El día del estreno de la obra, actores, directores, montadores y productores sudan nerviosos y miran entre los pliegues del telón al patio de butacas y al palco intentando localizar al crítico; ¿dónde estará sentado?, ¿se puede leer en su rostro si llega contrariado o agradado por los primeros minutos en el teatro?, ¿saldrá satisfecho con la representación? Todos los esfuerzos se ponen inevitablemente en ganar la aprobación del crítico teatral, por lo que cada frase irá indirectamente dirigida a él, cada foco alumbrará el rincón del escenario al que quieren que mire y cada aplauso se deseará en el fondo que aúpe su espíritu y logre su evaluación positiva de la obra. De la misma forma que el crítico concentra toda la atención del teatro en busca de su aprobación, los países del mundo, según la autora, aúpan a esta posición a Inglaterra convirtiendo este rincón de Europa en el epicentro de todas las miradas. Y es que, en el teatro de la vida, el crítico establece los estándares de lo bueno y lo malo según su único y personal criterio, permanece fiel a sus valores e instintos y, desde su rigidez, conviene lo que merece la pena ser visto y lo que nunca debió representarse en un escenario, el actor o

[36] Ruth Cranston: *My Cosmopolitan...*, p. 269. Traducción propia.

la actriz que debería atesorar todos los papeles y los que debieron dedicarse a otra cosa y eso, por encima de todo, es poder. "Pero ¿por qué querría uno ganarlo, ya sea estadounidense, francés, español, alemán o cualquier otro egoísta que se precie? ¿por qué uno siempre quiere ganar la crítica? Porque establecen el estándar. Inglaterra ha marcado los estándares desde que existen"[37].

El crítico establece estándares que todos siguen o buscan satisfacer y ejerce su dominación de forma sutil pero contundente. Pero, justo el país del crítico, del orden y el deber, el que marca los referentes de comportamiento para el resto, es el espacio narrativo donde las mujeres son casi inexistentes pues, según la autora, la poderosa Inglaterra, como cualquier otra esfera de poder, es espacio reservado para los hombres: "Inglaterra siempre ha sido y será un país de hombres"[38]. A partir de esta idea, el patriarcado se hace visible de forma explícita no sólo en la forma en la que el crítico, hombre, ostenta la autoridad de validar lo que es merecedor de ser visto o no, lo que debe dominar la escena pública teatral y lo que mejor debería permanecer en la intimidad de un cajón del escritorio, sino que se hace patente en cómo el resto de la sociedad, beneficiada o no por esas construcciones artificiales, asume el discurso y vive en base al mismo. Según Cranston, las mujeres inglesas participan como las que más del sistema de poder patriarcal e interpretan el mundo y su lugar en él con mirada masculina: "las mujeres miran las cosas a través de la visión masculina y, en cierta medida, comparten las prerrogativas masculinas". Pero no hay reproche aquí, el crítico no es criticado ni siquiera por la autora que, incluso ante la evidencia, quizás víctima a la vez de sus propios constructos culturales y sociales o seducida por el poder del que marca los estándares, no emite juicio alguno y justifica las normas patriarcales vigentes. Cranston atribuye esta forma de sumisión femenina no a cuestiones de sexo, sino a motivos de posición social y de estirpe, de respetar las categorías y los límites de las mismas tal y como fueron y serán: "Es una cuestión de posición, no de sexo; y se remonta –el privilegio moral,

[37] Ruth Cranston: *My Cosmopolitan...*, p. 271. Tradudcción propia.
[38] Ibídem, p. 281. Tradudcción propia.

quiero decir– al núcleo de toda institución inglesa: la estirpe”[39]. Lo cual, a pesar de ser una situación que relega a las mujeres inglesas e impone los valores masculinos vigentes, a la vez garantiza, según la autora, que aquellas afortunadas cuyos maridos consienten ciertos comportamientos y reclamos, gocen de libertades que otras mujeres ni siquiera se acercan a alcanzar. Lo que el marido, el crítico en el teatro de la institución familiar, apruebe y dé por bueno nadie más lo podrá cuestionar, porque solo él ostenta la autoridad de determinar lo que se puede o no representar en el escenario de su casa: “Mientras el marido de una mujer acepte lo que hace, todo el mundo la acepta; lo que explica cómo en el país donde las mujeres claman más frenéticamente por la igualdad de privilegios, un gran número de mujeres disfrutan de privilegios desconocidos para sus hermanas «libres» de otras tierras”[40].

LAS CONCLUSIONES AL VIAJE

Con la crítica del estreno publicada y los periódicos de la mañana paseándose por la ciudad bajo el brazo del lector camino al café o al trabajo, el teatro a puerta cerrada ultimará los detalles de la próxima representación. Buscará ofrecer una noche más a los asistentes un viaje por el mundo y dejará que la gran actriz salga de nuevo a escena, que el intermedio infantil amenice la pausa a los que buscan un refrigerio en el ambigú del teatro y que el viejo actor busque sus últimos minutos de gloria en algún rincón del escenario. Ruth Cranston, espectadora privilegiada del estreno, finaliza así su viaje dejando testimonio de sus aventuras por el viejo continente en *My Cosmopolitan Year*, una muestra, a su vez, muy contundente de cómo los viajes de turismo a Europa por parte de pudientes estadounidenses, desde mediados del siglo XIX hasta la Primer Guerra Mundial, determinaron la visión y la percepción global de cientos de americanos de clase media-alta respecto a Europa. Viajar a Europa, asistir a este teatro del mundo,

[39] Ruth Cranston: *My Cosmopolitan…*, p. 281. Traducción propia.
[40] Ídem, p. 281. Traducción propia.

por tanto, se convirtió en una característica común de sus vidas, tanto personales como profesionales y los escritos de viajes difundieron interpretaciones y opiniones de los países que visitaban y, como resultado, de la posición internacional que Estados Unidos tenía o debía tener, la mayoría en defensa de un rol de su país más activo e imperial, en los asuntos europeos. Del mismo modo, influyeron en la construcción de una identidad nacional americana en relación y oposición al "otro", narraciones que difundían otras culturas y facilitaban, mediante la táctica de la comparativa, un entendimiento del rol de Estados Unidos en el mundo. Esto adquirió mucha más relevancia en el contexto previo a la Primera Guerra Mundial pues, dichos relatos, absorbieron directa o indirectamente el debate sobre la intervención o no de Estados Unidos en la guerra[41]. En el caso de *My Cosmopolitan Year*, los intereses de Ruth Cranston y su movilización en torno a la causa femenina la llevaron a detener su mirada más contundente en las mujeres y en su realidad en el contexto previo a la Primera Guerra Mundial. Su examen y evaluación de la realidad, unas veces más acertada, otras más impregnada de sus propias expectativas y mitos, reflejan su interés *misionero* por predicar una forma de ser mujer aprendida e interiorizada en Estados Unidos, en un contexto de privilegio económico determinado y con una base liberal republicana innegable. Un imperialismo "positivo" que buscaba rescatar a estas mujeres, civilizarlas y despertar en ellas el deseo de mejorar su situación mediante la exposición a nuevos referentes y formas alternativas de existir.

Con distintos matices, lo cierto es que la literatura de viajes o *travelogues* adquirió una gran influencia y se convirtió en barómetro de las convicciones del otro y de la identidad nacional imperante. Esto permite a los historiadores que se acerquen a su estudio contar con una magnifica fuente de documentación sobre las relaciones internacionales, sobre la cultura de la élite y sobre la creación de opiniones e imágenes entre las clases dirigentes y la ciudadanía. Pero, estudiar estos relatos no solo permite conocer las imágenes que circularon de lo ajeno y de lo propio, sino que abre la puerta

[41] Christopher Endy: "Travel and World...", p. 565.

a una reflexión mucho más profunda que invita a pensar en las dinámicas de poder y las formas de dominación asociadas con el control del discurso en todas las épocas. Como indica la profesora Beatriz Ferrús, aludiendo a Edward Said, la retórica del Estado, junto con el fuerte desarrollo del capitalismo industrial, dio lugar desde los años 70 del siglo XIX a nuevos imperialismos como el estadounidense que heredaron de los antiguos imperios los principios básicos de la dominación: la capacidad de construir un relato del "yo" pero sobre todo del "otro" y de fundar referentes culturales[42]. El verdadero poder que sustenta al imperialismo, por tanto, y que evidencian los libros de viajes como el de Ruth Cranston, es narrar e impedir que otros narren, ser quien nombra las cosas y "las carga" de significado, a la vez que se imposibilita que otros verbalicen alternativas no solo sobre el "otro" sino sobre sí mismos. El retratado, el dominado, al fin y al cabo, sucumbe en la invisibilidad que el silencio del narrador le impone.

[42] Beatriz Ferrús Antón: *Mujeres y literatura de viajes en el siglo XIX: entre España y las Américas*. PUV, 2011, p. 21.

MUJERES NACIONALISTAS Y CONSERVADORAS CON LA MIRADA EN EUROPA. LA REVISTA *MUJERES ESPAÑOLAS* (1929-1931)

Alejandro Camino
Universidad de Salamanca

La revista *Mujeres Españolas. Revista bisemanal exclusivamente patriótica* nació en abril de 1929 y dejó de editarse en el 23 del mismo mes de 1931, coincidiendo con la llegada de la Segunda República[1]. Impulsada y financiada principalmente por un grupo de mujeres de la alta sociedad madrileña, fue liderada en una primera fase por la vizcondesa de San Enrique (María de la Misericordia de Vejarano y Cabarrús) y Carmen Velacoracho, y en una segunda solo por la vizcondesa. El liderazgo en este caso no implicó solamente dirigir la revista y marcar la línea editorial, sino también realizar un enorme desembolso personal a fondo perdido. Durante las primeras semanas la revista fue editada por la Imprenta Clásica Española, pero pronto pusieron en marcha su propia imprenta operada por mujeres, llamada Imprenta y Editorial Mujeres Españolas, la cual contaba con una escuela profesional para formar en el oficio a jóvenes españolas. Las dificultades que impulsar esta iniciativa conllevaba obligó a que, si bien la revista nació como una publicación que debía tener dos números por semana, adquiriese poco después de la creación de su propia imprenta una periodicidad semanal que mantuvo hasta el fin de sus días, cuando dejó de editarse tras la publicación del número 113. La cantidad de páginas fue muy variante, pues en la mayor parte de los números superó el medio centenar, pero hubo épocas en las que osciló entre las 25 y las 35. Si bien los ingresos por publicidad aumentaron

[1] Los motivos de su repentina desaparición, pues no fue anunciada ni explicada, no están claros, pero, sin duda, el cambio de sistema político tuvo que jugar algún papel.

con el tiempo, estos no bastaron para sostener la publicación y sus lideresas se vieron obligadas a inyectar de forma constante dinero a pérdidas, por lo que los gastos de la revista recayeron fundamentalmente sobre ellas. Por este motivo esperaban un reconocimiento de sus potenciales lectoras, ya que aseguraban que el dinero que podían utilizar para comprar joyas y placeres lo gastaban "en papel... en tinta... en jornales..."[2].

Mujeres Españolas fue una publicación periódica nacida con la finalidad explícita de defender al dictador Miguel Primo de Rivera y a la dictadura que encabezaba (1923-1930), que por entonces se encontraba dando sus últimos coletazos, y reivindicar los derechos de las españolas. En consecuencia, las editoras buscaron exaltar cualquier aspecto que considerasen un logro de la dictadura, como los nuevos, aunque limitados, derechos que Primo de Rivera otorgó a las mujeres. A su vez, tendieron a omitir los traspiés del proyecto político, económico y social del régimen, si bien esto no significa que fuesen acríticas, pues desde *Mujeres Españolas* exigieron en repetidas ocasiones una mayor ampliación de los derechos de las mujeres. Las directoras de la revista marcaron una línea editorial clara, por lo que tanto las articulistas como los temas que abordaban solían ser elegidos por ellas, aunque desde el equipo editorial también aceptaban propuestas temáticas de colaboradores habituales y externos, tanto mujeres como hombres.

En cualquier caso, esta fue la principal revista femenina alineada con el programa de la dictadura de Miguel Primo de Rivera y con la Dictablanda del general Dámaso Berenguer, al cual alabaron mucho al principio por pensar que seguiría la obra del primero, pero poco a poco se fueron desencantando de su labor de gobierno. Además, medio año después de la creación de la revista, en el otoño de 1929 fundaron la Agrupación Nacional de Mujeres Españolas (ANME), con el objetivo –fallido– de que se convirtiese en el principal partido femenino nacional[3]. Desde ese momento la revista pasaba a operar

[2] *Mujeres españolas*, 9-6-1929, p. 18.

[3] *Mujeres españolas*, 15-12-1929, p. 7 y 11-12. No confundir con la Asociación Nacional de Mujeres Españolas, organización de mayor trayectoria y reconocimiento con la que compartía siglas.

en teoría como órgano de la agrupación, aunque se dio la paradoja de que *Mujeres Españolas* siguió teniendo mayor relevancia pública, pues la ANME nunca llegó a despegar del todo.

La dictadura primorriverista en su primera etapa se apoyó en el catolicismo para dar sustento y legitimidad al régimen. Sus ideólogos valoraron que la religión católica era un elemento intrínseco a la nación española y que, por tanto, formaba parte de la esencia patria. Sin embargo, a la hora de la verdad el dictador antepuso constantemente los intereses de la nación española a los de la religión, por lo que planteó que el Estado y la nación española estaban por encima, respectivamente, de la Iglesia y del catolicismo[4]. Esto provocó que en la segunda parte de la dictadura se produjera un distanciamiento, aunque ni mucho menos total, entre la Iglesia católica y el régimen.

Las españolas afines a la dictadura de Primo de Rivera habitualmente fueron mujeres católicas y conservadoras que tenían un enorme sentimiento nacionalista. La gran mayoría de las activistas conservadoras del periodo, no obstante, seguían los principios de las derechas católicas españolas y en ellas la identidad religiosa estaba normalmente por encima del resto de sus identidades. Es decir, solían ser mujeres cato-patrióticas, siguiendo el término acuñado por Luis Cano, que hace referencia a los sectores y a las personas en las que primaba la religión sobre la nación[5]. Por el contrario, en la dirección de *Mujeres Españolas* convergieron las activistas conservadoras más destacadas del periodo que priorizaban la nación a la religión, quienes eran minoritarias en comparación con las cato-patriotas. De hecho, las lideresas de la revista no participaron activamente en la Acción Católica de la Mujer ni tuvieron una relación institucional con dicha organización, aunque sí con muchas de sus integrantes (como María López de Sagredo), quienes a título individual colaboraron con la revista. Asimismo, si bien *Mujeres Españolas* no estuvo al margen de la jerarquía eclesiástica, recogió en sus páginas las directrices

[4] Alejandro Quiroga, "Nation and reaction: Spanish conservative nationalism and the Restoration crisis", en F. J. Romero y A. Smith (eds.), *The Agony of Spanish Liberalism*, Londres, Palgrave Macmillan, 2010, pp. 205-213.

[5] Luis Cano, *Reinaré en España: la mentalidad católica a la llegada de la Segunda República*, Madrid, Ediciones Encuentro, 2009.

actualizadas que emanaban del Vaticano y reiteró su sumisión al papa, la Iglesia no tuvo ningún tipo de control sobre la revista. Es más, ni siquiera el título de la revista contenía, como era habitual en la época, la etiqueta de católico.

Desde esta revista constantemente hicieron gala de un elevado patriotismo y se definieron como nacionalistas "hasta la exageración"[6]. Sin embargo, fue el medio femenino católico y conservador del periodo entreguerras que más interés y esfuerzo puso en conocer el panorama internacional, sobre todo en lo que respecta a la situación de las mujeres. Y no solo eso, *Mujeres Españolas* fue la revista dirigida por españolas conservadoras con mayor espíritu internacionalista, algo frecuentemente soslayado en la historiografía por la corta vida de la publicación, su escasa difusión y porque no es lo que *a priori* se espera de las españolas afines a la dictadura.

ANTECEDENTES

Las mujeres europeístas han existido desde la segunda mitad del siglo XIX, si bien por entonces eran muy pocas. Entre ellas se puede destacar a la suiza Marie Goegg-Pouchoulin (1826-1899), quien activa miembro de la Liga Internacional para la Paz y la Libertad llegó a ser editora de la revista de la liga, llamada no por casualidad *Les États-Unis d'Europa*[7]. También a la pacifista austrohúngara Bertha von Suttner (1843-1914), quien obtuvo el premio Nobel de la Paz en 1905. Ella defendió en 1892, junto al inglés Samuel Capper y al italiano Teodore Moneta, la propuesta denominada Capper-Moneta-Suttner, en la que planteaban crear una confederación europea[8]. Tampoco fueron muchas más las mujeres europeístas de las primeras décadas del siglo XX, entre las que destacan la periodista francesa Louise Weiss

[6] *Mujeres españolas*, 23-2-1930, p. 35.

[7] Leo Schelbert, *Historical Dictionary of Switzerland*, Nueva York, Scarecrow Press, p. 616.

[8] Anita Ziegerhofer, "Austrian Ideas for a United Europe (1789-2004)", en M. Gedeon y I. Halász (eds.), *The Development of European and Regional Integration Theories in Central European Countries*, Budapest, Central European Academic Publishing, 2022, pp. 25-43.

(1893-1983) y la política socialista alemana Anna Siemsen (1882-1951), muy involucrada en la Liga Internacional de Mujeres por la Paz y la Libertad (WILPF, por sus siglas en inglés)[9].

Estas mujeres, ya fueran liberales, progresistas y socialistas, o cristianas y conservadoras, desarrollaron sus ideas europeístas mientras estaban en contacto con organizaciones internacionales de mujeres, en particular (aunque no solo) aquellas centradas en la defensa del pacifismo[10]. En el caso de España, la participación de hombres y mujeres en organizaciones internacionales favoreció la europeización del país, según la opinión de algunos contemporáneos. Por ejemplo, en 1930 Francisca Bohigas, quien tres años después se convertiría en la primera parlamentaria de derechas elegida democráticamente de la historia de España, escribía en *Mujeres Españolas* que la alta cantidad de intransigentes había convertido a España en un país singular en Europa durante mucho tiempo. Sin embargo, aseguraba que, afortunadamente, en lo que iba de siglo "La consideración y respeto del prójimo va adquiriendo un valor, y limitando el abusivo desarrollo de nuestro individualismo. Nos hemos europeizado. Hemos ingresado en varias federaciones internacionales y allí aportamos un admirable concurso"[11].

Las mujeres europeístas españolas eran en esta época muy pocas, al igual que ocurría en la mayoría de los países del continente. Asimismo, no hubo durante el periodo de entreguerras grandes referentes de europeístas españolas. Es cierto que María Zambrano es considerada

---

[9] Antonella Braga, "The Origins of the European Project after the First World War (1919-1930)", *Annals of the Fondazione Luigi Einaudi*, 55 (2021), pp. 9-48, especialmente pp. 20-22; Angela Kershaw, "Women's Writing and the Creation of Political Subjectivities in interwar France. Louise Weiss: Novelist, Autobiographer and Journalist", en A. Kershaw y A. Kimyongür (dirs.), *Women in Europe between the Wars. Politics, Culture and Society*, Aldershot, Ashgate Publishing, 2013, pp. 55-70. Para un repaso de las principales mujeres europeístas del periodo y sus aportaciones: Luisa Passerini, *Women in Europe, Women in Love: in Search of New Forms of Subjectivity*, Florencia, European University Institute, 2005.

[10] Sobre las conexiones entre las mujeres españolas y los movimientos de mujeres internacionales de las distintas culturas políticas, véase, por ejemplo: Sandra Blasco, "The international council of women in Spain during the first third of the twentieth century: reception, influence and exchanges", *Women's History Review*, 32, 2 (2023), pp. 228-241.

[11] *Mujeres españolas*, 8-6-1930, p. 5.

una pionera en el europeísmo español y ya tuvo presencia intelectual en este periodo, pero su papel marcadamente europeísta vino en la época posterior[12]. Algunos trabajos también han retratado a Isabel Oyarzábal como una mujer europeísta[13], aunque es necesario que nuevos estudios profundicen sobre la cuestión de forma monográfica para confirmarlo. Al fin y al cabo, el europeísmo fue normalmente más implícito que explícito en este periodo y, en muchas ocasiones, lo que se buscaba al movilizar la idea de Europa o europeización era ante todo una apertura de mente, como queda claro en la anterior cita de Bohigas. Por último, me gustaría destacar que *Mujeres Españolas* no fue el primer medio femenino de talante conservador con la mirada puesta en Europa. Años antes, una de las principales feministas del periodo, Carme Karr, quién aparte de tener una ideología liberal conservadora poseía una visión ciertamente europeísta, fundó y dirigió la revista *Feminal* (1907-1917)[14]. Desde esa revista, que tenía entre sus principales objetivos defender los derechos de las mujeres, se prestaba mucha atención a lo que ocurría a las europeas[15].

LA REIVINDICACIÓN DEL VOTO PARA LAS MUJERES CON LA MIRADA PUESTA EN EUROPA

En la actualidad no es novedoso afirmar que se podía ser profundamente nacionalista y tener constantemente una mirada puesta

[12] María de la Paz Pando Ballesteros, "La presencia femenina en los orígenes del proceso de construcción europea. María Zambrano como pionera en el europeísmo español", *Hispania*, 83, 273 (2023), pp. 1-17.

[13] Amparo Quiles Faz, "Periodismo y mujer: Isabel Oyarzábal y *El Sol* de Madrid (1917-1919)", en VV. AA., *Patrimonio literario andaluz, II*, Málaga, Universidad y Fundación Unicaja, 2008, pp. 111-132; Matilde Eiroa San Francisco, "Entre el espacio latino y anglosajón: pensamiento y acción en la trayectoria de Isabel Oyarzábal", *Transatlantic Studies Network*, 15 (2023), pp. 36-46.

[14] La revista se publicaba como un suplemento del semanario *La Illustració Catalana*. Puede consultarse online en el Arxiu de Revistes Catalanes Antigues.

[15] Ana Muñoz, "La revista Feminal: paradigma de las publicaciones feministas españolas de principios del siglo xx", *El Futuro Del Pasado*, 3 (2012), pp. 91-105. De entre las actitudes europeístas de Karr ha tendido a destacarse que firmase el famoso Manifest del Comitè d'Amics de la Unitat Moral d'Europa: Maximiliano Fuentes Codera, "La particular dimensión europea de Eugeni d'Ors durante la Primera Guerra Mundial", *Ayer*, 76 (2009), p. 229.

en Europa. Sin embargo, en la historiografía poco (o nada) se ha trabajado sobre la estrategia que utilizaron las mujeres católicas y conservadoras, afines a la dictadura de Primo de Rivera, para combinar su hondo sentimiento nacionalista y la siempre amplia perspectiva que mantuvieron. En la estrategia de *Mujeres Españolas* a la hora de reivindicar derechos para las mujeres Europa era fundamental. Desde la revista, al comparar la situación de las españolas en relación con las mujeres de otros países frecuentemente sostuvieron un análisis catastrofista, muchas veces sin razón. La fórmula por la que apostaron es la siguiente: rebuscaban aquello que les convenía para su discurso, hacían reportajes en los que las europeas de un determinado país conseguían o disfrutaban de determinados derechos políticos, económicos, sociales o laborales y, después, se lamentaban de que las españolas no y de que España estaba muy atrasada en lo que respecta a esa cuestión específica.

Para las dirigentes de la revista era fundamental dar la voz de alarma sobre esto, pues estaban muy preocupadas por que España quedase equiparada (o superase) a los países de su entorno. El motivo es que, influidas por el regeneracionismo y por los debates del periodo acerca de si España era semejante a la Europa avanzada o era una excepción, sentían ansiedad de que algunos grupos de opinión extranjeros no percibiesen al país como parte de Europa. Esta preocupación es lógica si se tiene en cuenta que desde el siglo XIX diversos sectores sociales del extranjero representaban a España como un país más cercano a lo oriental que a lo europeo, lo que acarreaba la idea de que África empezaba en los Pirineos[16]. Esto es, precisamente, lo que desde *Mujeres Españolas* se quería evitar. En este medio plantearon una constante dicotomía entre Europa, que presentaron como un conjunto de territorios civilizados, y África, que caracterizaron como un continente plagado de colonias donde

[16] Xavier Andreu Miralles, "La mirada de Carmen: el mite oriental d'Espanya i la identitat nacional", *Afers: Fulls de recerca i pensament*, 48 (2004), pp. 347-367; Xavier Andreu Miralles, "El triunfo de Al-Andalus: las fronteras de Europa y la «(semi) orientalización» de España en el siglo XIX", *Saitabi*, 55 (2005), pp. 195-210; Gemma Torres, La reivindicación de la nación civilizada: masculinidad española en el discurso colonial sobre Marruecos (1900-1927), *Cuadernos de historia contemporánea*, 39 (2017), pp. 59-81.

reinaba el salvajismo[17]. La postura que sostenían era que, si España no pasaba a formar claramente parte de esos territorios civilizados y europeos mediante una legislación moderna (sobre todo en lo que respectaba a la situación de las mujeres), tendría que conformarse con ser percibido desde el exterior como un país oriental.

Al equiparar a España de forma sistemática con los países europeos en los que las mujeres (supuestamente, pues a veces mentían descaradamente) tenían más derechos políticos y sociales, desde *Mujeres Españolas* se trataba de herir el orgullo nacional de los gobernantes, ya fuese Primo de Rivera o alguno de sus sucesores, y que de esta forma tratasen de mejorar los derechos de las españolas. Esta estrategia se consideraba adecuada porque el régimen había mostrado cierta sensibilidad por estas cuestiones. Durante la dictadura se produjo el primer intento de la historia de España por parte del Estado de convertir a un sector de las mujeres en ciudadanas con voz y voto en la política formal mediante una legislación limitada de derechos políticos. La medida estrella fue la inclusión de parte de las mujeres en el censo electoral de las elecciones municipales, aunque nunca llegaron a celebrarse comicios de esta índole durante la dictadura. El motivo de esta decisión es que para el proyecto de Primo de Rivera las españolas debían convertirse en uno de los ejes fundamentales del régimen, pues preveían que esto estabilizaría la dictadura, aumentaría su base social y pondría a España a la vanguardia de los países europeos en esta cuestión[18]. Al fin y al cabo, las mujeres de países del entorno como Francia, Italia y Portugal (desde 1926) carecían de muchos derechos políticos y sociales.

Siguiendo la mencionada línea de actuación, la vizcondesa de San Enrique aseguraba que debía ser prioritario poner a España al nivel de los países europeos, pues argumentaba que en ellos las mujeres ya se habían incorporado a la esfera pública y política, generando muchos beneficios:

---

[17] *Mujeres españolas*, 15-12-1929, p. 23; *Mujeres españolas*, 12-12-1930, pp. 30-31.

[18] Teresa Ortega (ed.), *Mujeres, género y nación en la dictadura de Primo de Rivera*, Madrid, Sílex, 2022.

> Más allá de las fronteras de España no hay persona que se precie de culta, ni hombre de Estado que considere las necesidades de su época, que le nieguen a la mujer la personalidad que merece y que no busquen la ayuda de su sensibilidad y de su formación cultural [...]. Este país ha sido víctima hasta hace poco tiempo de una incomprensión [hacia las mujeres] que nos acercaba casi a los tiempos medioevales[19].

La idea de que ninguna persona culta negaba los derechos de las mujeres era falsear la realidad, sí, pero implicaba alabar la acción y el pensamiento de los hombres y de las mujeres extranjeras de muy distintas culturas políticas, no solo de los líderes y de las lideresas conservadoras. Por ejemplo, ante las reivindicaciones igualitarias de las socialistas francesas, desde *Mujeres Españolas* aseguraron que estas demostraban "que la idea de justicia en que se apoyan la mayoría de las reivindicaciones femeninas, está considerada como legítima en todas partes"[20]. Asimismo, la precisión de "hasta hace poco" que aparece en la cita anterior no es baladí, pues hacía referencia a la idea de que la labor del dictador Primo de Rivera había empezado a acercar a las españolas a sus homólogas europeas con más derechos.

Sin embargo, la caída del general puso freno a este incipiente pero siempre restringido proceso. Meses después las mujeres fueron eliminadas del censo electoral y, en consecuencia, no pudieron sufragar en las elecciones municipales del 12 de abril de 1931. Tampoco se les permitió hacerlo en los comicios constituyentes de ese mismo año, con la república ya instaurada, a pesar de que en estos últimos pudieron ser elegibles por la reforma que se hizo en la Ley electoral de 1907[21]. Esta situación generó un gran enfado en la vizcondesa de San Enrique y en la redacción de la revista, pues implicaba que las españolas perdían los (limitados) derechos políticos que habían obtenido durante la dictadura. El programa de la ANME, y las páginas de *Mujeres Españolas*, sostuvieron fervientemente que las mujeres tenían capacidad suficiente para ocupar cargos políticos.

[19] *Mujeres españolas*, 31-8-1930, p. 5.
[20] Ibídem, 30-11-1930, p. 33.
[21] *Gaceta de Madrid*, 10-5-1931, p. 640.

Por ello, desde ambas plataformas sus miembros actuaron de forma intensa en contra de la exclusión de las españolas del censo electoral, tratando de liderar varias campañas de oposición[22]. A su juicio, el sufragio universal dotaba a las elecciones de mayor legitimidad, lo que convertía en incomprensible que se privase a las mujeres del voto en los comicios municipales. Además, entendían que era algo sumamente injusto porque consideraban que las mujeres ya habían demostrado durante la dictadura de Primo de Rivera capacidad para intervenir, al menos con el mismo nivel que los hombres, en la vida política del país[23].

Como el voto de las mujeres no se restauró, la vizcondesa de San Enrique, a pesar de su manifiesto patriotismo y de que sus argumentos estaban bastante alejados de la realidad del entorno europeo, siguió insistiendo en una idea que había difundido desde 1929: que España era un país atrasado porque el voto "es ya un postulado que no se discute en ninguna nación adelantada del mundo"[24]. Su argumento era falaz en 1929 y lo seguía siendo en 1930 y en 1931. De hecho, podía ser fácilmente cuestionado con datos empíricos. A tenor de lo dicho parecería que, salvo en España, las mujeres de toda Europa, o al menos de la Europa occidental, disfrutaban del derecho al voto. Sin embargo, la realidad era que, en los países más cercanos a España, como Portugal, Francia o Italia, las mujeres no poseían todavía ese derecho. Esto no fue un descuido inocente, sino una forma de intentar ejercer presión sobre los gobernantes y conseguir sus objetivos. Desde *Mujeres Españolas* eran plenamente conscientes de la situación que había en el resto de Europa, precisamente por su continua mirada internacional. Cuando a finales de 1930 se reunió en Marsella el Congreso de la Liga francesa para los Derechos de la Mujer, organización presidida por la socialista Marie Vèrone, la lideresa, al dar las gracias a las personas asistentes, aseguró que solamente cinco países europeos negaban todavía el voto a las mujeres:

[22] *El Adelanto*, 4-5-1930, p. 6; *La Voz de Aragón*, 11-4-1931, p. 6. De esta campaña se hicieron eco hasta en Cuba: *Diario de la Marina*, 7-4-1931, p. 11.
[23] *La Voz de Menorca*, 30-8-1930, p. 1; *Mujeres españolas*, 27-4-1930, p. 40.
[24] *Mujeres españolas*, 8-12-1929, p. 7.

Portugal, Suiza, Bulgaria, Yugoslavia y Francia. Ante esto, desde *Mujeres Españolas* expusieron que

> nos permitimos indicar a nuestras amigas francesas un error, repetido [también] en otro momento de las interesantes sesiones que se celebraron. Se habló de España, colocándola entre las naciones que han dado ya el voto a sus mujeres. Honor que agradecemos, por lo adelantadas que nos suponen. Mas, por desgracia, hemos de recordarles, que una de las primeras medidas tomadas por el Sr. Berenguer al encargarse del gobierno, fue negarnos el puesto que su antecesor nos había reconocido en el Municipio y en la Asamblea[25].

Como ha quedado claro, el argumento estrella de *Mujeres Españolas* para hacer más dura la crítica a los gobernantes que habían eliminado a las mujeres del censo electoral y así tratar de que cambiasen de opinión, fue asegurar que no era propio de un país avanzado o europeo. Esta noción enlazaba con la idea, muy extendida en determinadas culturas políticas y que ha sobrevivido incluso hasta hoy en día, que plantea que España no es europea si no implanta determinada legislación o actúa en la esfera internacional de una forma específica. Con este espíritu, Rafael Martínez Alonso, colaborador habitual de la revista opinando sobre todo tipo de temas políticos, económicos y sociales de actualidad, y por entonces Vocal del Consejo Superior Consultivo del Secretariado Nacional Agrario, tras la eliminación de las mujeres del censo electoral en 1930, aseguró que

> Solamente en un país de mentalidad rifeña puede negársele a la mujer su derecho a intervenir en la política, privándola de emitir su voto, tan favorable a las instituciones, como al país. Una vez que se introdujo en España la novedad del sufragio femenino, no debió suprimirse, a pesar de que acaso chocara con el temperamento nada europeo de algunos, poco propicios y refractarios a que nuestras mujeres figuren en política y alternen con los

[25] *Mujeres españolas*, 23-11-1930, p. 41.

> hombres en mítines y Parlamentos, no queriendo entender que el sufragio femenino tiene ya una noble y brillantísima ejecutoria en Europa [...]. España no será Europa, mientras sus mujeres carezcan del derecho de sufragio[26].

Nótese cómo el autor no solo niega a España el estatus de europea, sino que le achaca una mentalidad rifeña, por lo que africaniza al país. Siguiendo esta estrategia, me gustaría destacar que desde *Mujeres Españolas* también trataron de situar a España como un país menos avanzado que Turquía, un lugar que en parte de la Europa occidental se consideraba como el más atrasado de Europa, aunque esto en parte se debía a que todavía no eran muchos los que habían tomado conciencia de todas las transformaciones que estaba experimentando la Turquía de Mustafa Kemal Atatürk desde 1923[27]. En un suelto publicado en repetidas ocasiones se aseguraba desde la revista que

> En Turquía, nación que hasta la fecha se ha considerado como la más despótica y atrasada de Europa, el Gobierno ha concedido a la mujer el voto para las elecciones Municipales, prometiendo ampliar este derecho para las legislativas. Cuando esto ocurre en Turquía el Gobierno español priva a la mujer del derecho que tenía ya concedido de votar en las elecciones de Ayuntamientos y Diputaciones provinciales. Sin comentarios...[28].

Lo que desde *Mujeres Españolas* hicieron en 1930 fue plantear una dicotomía entre dos modelos de gobierno. El primero, el turco, para el que la implicación de las mujeres en todas las esferas de la vida pública constituía uno de sus pilares ideológicos. De hecho, esa promesa de la que se hablaba se acabó cumpliendo poco después y cinco

---

[26] *Mujeres españolas*, 24-8-1930, p. 8.

[27] Sobre los antecedentes históricos de este imaginario sobre la Turquía atrasada que establecía, entre otras cosas, una dicotomía cristianismo versus islám, véase: Houssine Alloul y Darina Martykánová, "Introduction: Charting new ground in the study of Ottoman foreign relations", *The International History Review*, 43, 5 (2021), pp. 1018-1040, especialmente pp. 1026-1027.

[28] *Mujeres españolas*, 4-5-1930, p. 5; *Mujeres españolas*, 11-5-1930, p. 7; *Mujeres españolas*, 25-5-1930, p. 45.

años más tarde las turcas votaron por primera vez en las elecciones generales. El segundo, el español, que no estaba decidido a incluir a las mujeres en todas las esferas de la sociedad. Por suerte para las españolas, el cambio de régimen del año siguiente y la llegada de la segunda república hizo que pudiesen disfrutar del sufragio universal desde finales de 1931 hasta el golpe de Estado del 18 de julio de 1936.

Desde luego, la buena situación de las mujeres turcas indignó a muchas feministas de la Europa occidental. Por ejemplo, la ya mencionada Maria Veròne publicó un artículo en Francia sobre la situación de las mujeres de Turquía que decía, según la transcripción española, lo siguiente: "Mujeres francesas, ¿habéis leído la información de que el gobierno turco admite a las mujeres como electoras en las elecciones municipales? ¿Y no os avergüenza vuestra situación? ¿Consentiréis ser las últimas de Europa en la obtención del voto?"[29]. Desde *Mujeres Españolas* aseguraron que llevaban tiempo preguntando lo mismo a sus lectoras porque esta situación ponía de manifiesto "la situación de inferioridad en que se encuentra políticamente la mujer española respecto a la mujer turca"[30]. Es decir, desde *Mujeres Españolas* se utilizaba la ampliación de derechos en países como Turquía para situar a España discursivamente en una posición de inferioridad que, desde su perspectiva, debía obligar a los gobernantes a reaccionar si querían que España fuese considerada desde el exterior como parte de Europa. Toda esta estrategia desplegada por la revista solo puede entenderse partiendo de la base de que, al menos en lo que respecta a sus lideresas, que eran quienes marcaban la línea editorial, la identidad de género y su ímpetu por defender los derechos de las mujeres se anteponía a las cuestiones nacionalistas, ideológicas y religiosas.

PRESENTANDO A LAS REFERENTES INTERNACIONALES

En *Mujeres Españolas* se vanagloriaban de ser profundamente nacionalistas, pero, como se ha mostrado, no tenían inconveniente

[29] *Mujeres españolas*, 23-11-1930, p. 41.
[30] *Mujeres españolas*, 23-11-1930, p. 41. Para las opiniones de Veròne sobre esta cuestión: *La Dépêche: journal quotidien*, 23-10-1930, p. 5.

en utilizar a Europa, como noción abstracta, o a países europeos específicos, para tratar de probar que ahí las mujeres tenían más derechos y, en consecuencia, estaban más avanzados que España. A través de esta comparación, que habitualmente dejaba mal parado al país peninsular, la revista buscaba presionar a los gobernantes españoles para que concediesen una serie de derechos a las mujeres, siguiendo los ejemplos que ellas ilustraban. Por este motivo, constantemente se explicaron en detalle las actividades políticas, feministas y asociativas de las mujeres, así como la legislación laboral, social y política de otros países europeos, tales como Suiza o Alemania[31]. Incluso, recogiendo lo expuesto en el *Diario Regional de Linares* llegaron a justificar que las modistas españolas se revelasen porque estaban desamparadas en relación con los obreros varones y tenían peores condiciones laborales. Por ello, se pedía a los gobernantes "Que vuelvan sus ojos a Inglaterra, Noruega, Dinamarca, Finlandia y otros muchos Estados, tanto europeos como americanos, los que no han dudado en conceder a la mujer los mismos derechos que al hombre"[32]. De nuevo, esta información era imprecisa, pero servía para sus intereses.

Con la intensificación de los proyectos internacionales que se vivieron durante la década de 1920, desde *Mujeres Españolas* expusieron a mediados de 1930 que entre las nuevas posibilidades laborales que se estaban abriendo a las mujeres, una de las más atractivas era la de prestar servicios en la diplomacia: "Holanda, Finlandia, Bulgaria, Hungría, Checoeslovaquia [*sic*] y Rusia han abierto a la mujer este nuevo camino"[33]. Entre las mujeres que destacaban se encontraba Alexandra Kollontai, embajadora rusa en Noruega, pues en la revista no tuvieron inconveniente en alabar incluso la situación de las mujeres soviéticas, pertenecientes a una cultura política muy diferente a la suya, si con ello conseguían dar mayor empaque a sus argumentos. Por ejemplo, el mencionado Rafael Martínez Alonso escribió un texto, sobre cuyo contenido obviamente estaría de acuerdo la dirección de la revista, en el que afirmaba que en la URSS

[31] *Mujeres españolas*, 18-5-1930, p. 7; *Mujeres españolas*, 1-6-1930, p. 33.
[32] *Mujeres españolas*, 23-2-1930, p. 26.
[33] *Mujeres españolas*, 18-5-1930, p. 35.

> la mujer está considerada, política y socialmente, con una personalidad igual a la que disfruta el hombre, y a tal punto es esto exacto, que la mujer toma activísima parte en todos los asuntos relacionados con la vida pública, pudiendo afirmarse que allí no existe un movimiento feminista bien determinado, porque la mujer tiene logradas todas sus aspiraciones económicas, sociales y políticas, contribuyendo con su valiosa ayuda a los trabajos de edificación de la nueva sociedad socialista[34].

Desde la revista también se hicieron eco de aquellas mujeres (independientemente de su adscripción política y de su país de origen) que hacían cosas relevantes dentro de organizaciones internacionales, especialmente en la Sociedad de Naciones (SdN), pues tenían la esperanza de que esta sirviese para mantener la paz. En *Mujeres Españolas* dedicaron amplio espacio para presentar, o al menos mencionar, a todas las mujeres de los distintos países (europeos o no) que formaban parte de las distintas comisiones de la SdN o de las delegaciones que acudían a determinadas asambleas generales de la SdN. Este fue el caso, entre otras, de la austriaca Emmy Freundlich, la suiza Émilie Gourd, las inglesas Susan Lawrence y Rachel Crowd o las belgas Andrée Colin y Marcelle Renson[35].

Concha Peña informaba en abril de 1930 a las lectoras de la revista que las naciones con representación femenina en la SdN eran Alemania, Australia, Hungría, Gran Bretaña, Bélgica, Canadá, Finlandia, Lituania, Países Bajos, Persia, Siam, Nueva Zelanda y Sudáfrica. Ante este contexto, expuso que "Es de lamentar que España no tenga una representación femenina en ese Parlamento Internacional, habiendo en nuestra patria mujeres capacitadas para ostentar brillantemente cuantas representaciones se le confiaran"[36].

---

[34] *Mujeres españolas*, 23-11-1930, p. 8.

[35] Para algunas de las múltiples noticias que abordaban esta cuestión: *Mujeres españolas*, 23-3-1930, p. 27; *Mujeres españolas*, 9-3-1930, p. 31; *Mujeres españolas*, 17-8-1930, p. 15; *Mujeres españolas*, 21-9-1930, p. 10; *Mujeres españolas*, 9-11-1930, p. 21; *Mujeres españolas*, 16-11-1930, p. 26; *Mujeres españolas*, 21-12-1930, p. 9; *Mujeres españolas*, 15-2-1931, p. 15.

[36] *Mujeres españolas*, 27-4-1930, p. 17. Sobre la actuación de las mujeres en la SdN, véase: Carol Miller, "«Geneva-the key to equality»: inter-war feminists and the league of nations", *Women's History Review*, 3 (1994), pp. 219-245.

En cualquier caso, en *Mujeres Españolas* consideraban insuficiente el aumento de la presencia de mujeres en la esfera internacional. En este sentido, se hicieron eco de la publicación en la revista londinense *Jus Suffragii*, órgano de la International Woman Suffrage Alliance, de un grabado que representaba a un cocinero que tenía una balanza en la mano, estando situados en uno de los platillos los delegados varones y en el otro las delegadas mujeres de la SdN, las cuales estaban mucho más arriba por el menor peso que ejercían. Al pie del grabado se decía "Mejor que antes, pero todavía hay gran desequilibrio"[37]. Por tanto, se puede afirmar que *Mujeres Españolas* demandaba que hubiese una mayor presencia femenina en los proyectos e iniciativas internacionales. Esto explica que desde la revista se alabase al Consejo Internacional de Mujeres (International Council of Women, ICW), una de las principales organizaciones internacionales de mujeres, a pesar de estar en las antípodas ideológicas, pues la consideraban "una especie de «Liga de Naciones» femenina"[38]. Por el contrario, puede resultar curioso que nunca se hiciesen eco de las actividades de la l'Union Internationale des Ligues Féminines Catholiques, la más importante organización internacional de mujeres católicas, que sobre todo era de corte europeo. Sin embargo, esto se debe a que en su identidad no primaba la religión y sí otros elementos, como la nación. Por ejemplo, mientras se hicieron bastante eco de la Exposición Internacional de Barcelona (1929) por entender que elevaba el prestigio de España, ni siquiera mencionaron el Congreso de Pax-Romana de Sevilla (1929).

EL PARTICULAR CASO DE RUMANÍA

En la revista *Mujeres españolas* se prestaba mucha atención a los hitos y conquistas logrados por los movimientos de mujeres (no solo católicos y conservadores) de todo el mundo, sobre todo de Europa. Aunque es materialmente imposible recoger todos los casos, merece la

[37] *Mujeres españolas*, 23-11-1930, p. 9.
[38] *Mujeres españolas*, 9-3-1930, p. 31.

pena desarrollar el singular de Rumanía y de su lideresa, Alexandrina Cantacuzino, quien era una figura con bastante prestigio en la escena internacional. Fundadora y presidenta de la Societatea Ortodoxă Națională a Femeilor Române (Sociedad Ortodoxa Nacional de las Mujeres Rumanas) y del Gruparea națională a femeilor române (Grupo Nacional de Mujeres Rumanas), fue presidenta de la Petite Entente des Femmes (PEF) y estuvo vinculada al ICW y a la SdN. Debido a su relevancia, la revista española se interesó por la situación del movimiento de mujeres rumano y solicitó a su lideresa un detallado informe. Con ella, al igual que con otras lideresas feministas europeas del periodo, como Františka Plamínková, solo mantuvieron contacto por correspondencia, ya fuese con ellas directamente o con miembros de sus organizaciones.

Después de la Primera Guerra Mundial, algunos sectores rumanos empezaron a considerarse claves para cualquier proyecto europeo, al ser la frontera de Europa del Este[39]. Siguiendo esta idea, Alexandrina Cantacuzino, en el reportaje que escribió para *Mujeres Españolas* planteó la necesidad de una mayor unidad entre las mujeres del sur de Europa con el siguiente argumento: "Nuestros corazones laten al unísono. España y Rumanía son las grandes fuerzas civilizadoras de las dos partes del Sur de Europa. Las mujeres rumanas y españolas (enlazadas las manos) conociéndose mejor y estimándose más todavía, han de trabajar en la Unión indisoluble de nuestras naciones"[40]. Como es imaginable, desde la revista se recibió esta idea con entusiasmo, pues situaba a España a la vanguardia del proceso de integración del sur de Europa. El motivo principal es que España era una potencia media que, en muchos sectores sociales, especialmente los conservadores, era percibida todavía como una gran potencia. Que fuese reconocida como tal por la lideresa rumana era motivo de orgullo.

La respuesta de *Mujeres Españolas*, por tanto, fue recoger el guante, diciendo que sentían "simpatía y admiración" hacia "la Nación hermana"[41]. Eso sí, desde la revista se aseguraba que tenían

[39] Valentina Pricopie, "Otherness as a European destiny. Interwar Romanian views on the European idea", *Romanian Journal of Sociological Studies*, 1 (2021), pp. 63-80.
[40] *Mujeres Españolas*, 16-3-1930, p. 9.
[41] *Mujeres Españolas*, 16-3-1930, p. 9.

mucho que aprender de sus colegas rumanas, sobre todo en lo que respectaba a las mejoras de derechos que recientemente acababan de conquistar, así como a las propuestas que el movimiento feminista conservador estaba poniendo encima de la mesa en aquel país del otro extremo europeo, como la que pretendía que

> los bienes ganados durante el matrimonio bajo el nombre de uno de los esposos se presume que son el resultado de un esfuerzo común de los esposos, lo que les confiere derechos iguales sobre dichos bienes en el momento de la disolución del matrimonio [...]. Creemos que una aplicación completa de la igualdad en las relaciones de los esposos lejos de producir la desunión conyugal, es la única forma de hacer la unión más estrecha. La mujer de después de la guerra, capaz de conducir su vida, sus negocios y los de su familia, y consciente de su capacidad, se sentiría vejada por una ley que la subordinaría a su esposo[42].

Respecto a sus proyectos internacionales, Cantacuzino se centró en la Pequeña Entente de Mujeres. Aseguró que su alianza con Polonia, Checoslovaquia, Yugoslavia y Grecia buscaba "crear el gran movimiento de pacificación del Este y del Sur de Europa"[43], aspecto del proyecto que más se alabó desde *Mujeres Españolas*[44]. La PEF tenía entre sus premisas principales desde 1925 la idea de que, dado que los motivos económicos eran una de las principales razones de los conflictos entre naciones, era necesario crear una unión económica entre los países representados en la PEF[45].

Asimismo, en 1927 la PEF acordó oponerse a cualquier alianza, acuerdo secreto o tratado que creara obstáculos a una unión política y económica entre los países miembros de la organización, por lo que a sus ideas integradoras en materia económica, empezaron a añadir la noción de que también era importante lograr una cohesión política.

---

[42] *Mujeres españolas*, 9-3-1930, p. 16.
[43] *Mujeres españolas*, 16-2-1930, p. 19.
[44] *Mujeres españolas*, 16-3-1930, p. 9.
[45] UN Archives Geneva, League of Nations Secretariat, R1604-40-50927-50927. Véase también: UN Archives Geneva, League of Nations Secretariat, R1686-41-30181-49218.

Lo más interesante de esta postura, es que no quedó restringida al ámbito de la retórica y de las buenas intenciones, algo que era muy habitual en la época entre distintas organizaciones. Para lograr esta unión política y económica, las mujeres de la PEF defendieron la necesidad de poner en marcha una serie de medidas concretas: establecer una unión aduanera, abolir la necesidad de pasaportes, mejorar el transporte y las comunicaciones en general (instituyendo una administración centralizada de todos los medios de transporte dentro de los países involucrados), y poner los puertos marítimos al servicio de los intereses de todas las naciones miembros. Esta es la mejor muestra de que la PEF creía en la eficacia de forjar vínculos económicos entre sus miembros[46].

Lo relevante de esta cuestión para el tema que nos ocupa es que Alexandrina Cantacuzino puso mucho empeño en difundir estas propuestas en el extranjero. En *Mujeres Españolas* encontró una plataforma idónea, pues, entre otras cosas, pudo explicar en 1930 que estaba organizando una serie de conferencias económicas que abordaban temas como "La solidaridad económica de la Pequeña Entente y la posibilidad de una unión aduanera del Sur de Europa", "Una moneda única para Europa", "Las convenciones parciales en el género de los trust del acero para asegurar, por medio de una estabilidad económica, una política de paz en el Sur de Europa", "La obra financiera de la Sociedad de Naciones" o "La organización general de la producción en Europa"[47].

No he encontrado documentación específica sobre los términos exactos de la propuesta de la PEF para crear una moneda única para toda Europa ni para diseñar una unión aduanera en el sur de Europa. Sin embargo, el mero hecho de que fueran planteadas y discutidas públicamente dice mucho de la amplitud de miras de la organización, en general, y de Alexandrina Cantacuzino, en particular. Ambas son signos innegables de que algunas de las miembros de la PEF tenían en mente un proyecto de orientación europeísta adelantado a su tiempo, si bien no pudo prosperar por la escasa influencia que tenían

[46] *L'Egyptienne*, 1-10-1927, pp. 31-32.
[47] *Mujeres Españolas*, 23-2-1930, p. 10.

las miembros de la organización sobre sus respectivos gobiernos. El hecho de que *Mujeres Españolas* presentase el proyecto ante la sociedad española es una clara muestra de que veía la iniciativa con buenos ojos.

EL LATENTE PACIFISMO

El pacifismo fue un área particular de las relaciones internacionales en el que los movimientos de mujeres de toda Europa desempeñaron un papel destacado. El motivo es que, desde la segunda parte del siglo XIX, en una tendencia que pervivía todavía en el periodo de entreguerras, tanto en los sectores más conservadores como en los más progresistas era hegemónica una noción esencialista de la diferencia sexual. Una de las premisas que emanaba de este principio era que los hombres por naturaleza eran proclives a resolver los conflictos mediante la guerra mientras que las mujeres estaban especialmente dotadas para evitar los conflictos armados. Esto posibilitó el desarrollo de un entorno discursivo favorable en el que mujeres de diferentes culturas políticas podían cooperar con el objetivo de alcanzar la paz. En consecuencia, como ha quedado demostrado en diversos trabajos, desde el último tercio del siglo XIX las mujeres que miraban más allá de sus fronteras nacionales tendieron a hacer bandera del pacifismo y poco a poco fueron desarrollando un vínculo característico entre pacifismo, europeísmo y emancipación de las mujeres[48], lo cual fue una tendencia que se mantuvo también durante el primer tercio del siglo XX[49], agudizada en el periodo de entreguerras por su percepción sobre que Europa estaba en crisis. Además, las activistas pacifistas

[48] Ruth Nattermann, "Unrecognized Transnationalism. A Counter History of the Early Italian Women's Movement", en V. A. Schaser, S. Schraut y P. Steymans-Kurz (eds.), *Erinnern, vergessen, umdeuten? Europäische Frauenbewegungen im 19. und 20. Jahrhundert*, Frankfurt/Nueva York, Campus Verlag, 2019, pp. 345-366, especialmente pp. 342-343. Durante los últimos años se ha trabajado mucho sobre la cuestión en la historiografía española, especialmente gracias a los trabajos de Blasco y Magallón, entre los que destaca: Sandra Blasco y Carmen Magallón, *Feministas por la paz. La Liga Internacional de Mujeres por la Paz y la Libertad (WILPF) en América Latina y España*, Barcelona, Icaria 2020.

[49] Matteo Tomasoni, "De L'Europe nouvelleal europeísmo violeta: Louise Weiss y los orígenes del activismo feminista europeo", *Investigaciones Históricas.* Época moderna y contemporánea, Extraordinario II (2024), pp. 597-618.

frecuentemente intentaron defender la unidad política de Europa como medio para lograr la paz, lo que fue causa, y a la vez consecuencia, del surgimiento de corrientes europeístas[50]. Por ejemplo, la Alianza Internacional de Mujeres defendió al mismo tiempo el pacifismo, el europeísmo y la emancipación femenina[51].

De estas ideas, por supuesto, estaban completamente imbuidas las lideresas de *Mujeres Españolas*. A pesar de priorizar los intereses de la nación a los de la religión, recogieron en sus páginas las palabras de la feminista, católica y pacifista francesa Germaine Renée Suzanne Malaterre-Sellier, quien consideraba que los católicos y cristianos en general tenían buena parte de la culpa de la Gran Guerra porque habían colaborado en la exageración del sentimiento nacionalista y lo habían antepuesto a los ideales universales que, según ella, debían regir sus acciones[52]. Desde *Mujeres Españolas* compartían la teoría de que era fundamental no exagerar los sentimientos nacionalistas para lograr una paz duradera, aunque era algo con lo que no siempre predicaban con el ejemplo.

A *Mujeres Españolas* de la SdN sobre todo le interesaba su vertiente pacifista, pues aseguraban que la paz mundial era algo que deseaban todas las mujeres del mundo, sobre todo en calidad de madres para que sus hijos no muriesen en conflictos bélicos. Sin embargo, consideraban -y estaban en lo cierto- que la SdN todavía estaba lejos de ser un instrumento de paz internacional de garantías. Por ejemplo, cuando se celebró en el verano de 1929 una reunión del Consejo pro SdN en la capital de España en *Mujeres Españolas* escribieron que

> Aplaudimos sin reservas la idea de paz y de cordialidad que presidió la fundación de la Sociedad de Naciones y aunque nuestro ideal no quede completamente satisfecho con los resultados obtenidos hasta ahora por ese organismo internacional, seguimos

[50] Luisa Passerini, *Women and Men in Love: European Identities in the Twentieth Century*, Nueva York, Berghahn Books, 2012.
[51] Ruth Nattermann, "Unrecognized Transnationalism....", p. 343.
[52] *Mujeres españolas*, 9-6-1929, p. 1. Para su postura sobre varias cuestiones relacionadas: *Gazette de Bayonne, de Biarritz et du Pays basque*, 17-12-1926, pp. 1-2; La Renaissance, 15-12-1928, pp. 9-11.

> atentamente sus actuaciones, deseando que se consolide su influencia en beneficio de la paz del mundo[53].

Medio año después de este congreso se creó, por parte de feministas destacadas como Isabel Oyarzabal de Palencia, Clara Campoamor o Benita Asas Manterola una sección filial de la Liga en la capital española, llamada la Liga Femenina Española para la Paz. *Mujeres Españolas* rápidamente se adhirió a la iniciativa al "simpatizar con sus altos ideales de que la paz sea una *verdad* absoluta entre las naciones y no un tema socorrido para la literatura sentimental ni con que se busque el logro de anhelos no confesados"[54]. Es decir, si bien consideraban que la SdN estaba lejos de cumplir con sus objetivos, apostaban por apoyarla en la medida de sus posibilidades.

LOS ESTADOS UNIDOS DE EUROPA

Los proyectos estrictamente europeístas fueron un tema residual en las páginas de *Mujeres Españolas* si se compara con la atención que recibieron otros asuntos que a sus directoras les parecían de mayor interés, pero siempre obtuvieron difusión y fueron comentados y discutidos. Desde la revista tampoco rehusaron abordar cuestiones espinosas, como la propuesta de los "Estados Unidos de Europa" y sus posibles consecuencias de llegar a ejecutarse. Por el contrario, es verdad que las ideas de Richard Coudenhove-Kalergi's sobre la paneuropa no tuvieron cabida en *Mujeres Españolas*, pero se debe a que, en 1929, cuando se fundó la revista, ya no era un tema de moda.

Aristide Briand, quién, como la PEF, pensaba que la sintonía económica entre los países europeos era fundamental para facilitar la integración del continente y su estabilidad social y política, fue el gran ideólogo del principal proyecto de unidad europea en el periodo entreguerras. Este empezó a diseñarse a partir de 1929, con el objetivo de generar una reconciliación y dar paso a un periodo de

53 *Mujeres españolas*, 23-6-1929, p. 11.
54 *Mujeres españolas*, 15-12-1929, p. 27.

paz en Europa[55]. El proyecto, siempre vinculado a la SdN, estaba concebido como un proceso que debía culminar con la creación de una Unión Europea Federal. Este era un proyecto muy ambicioso que no dio los resultados esperados porque desde el primer Memorándum careció de concreción y de medidas prácticas para su implementación efectiva. De hecho, el planteamiento de Unión Federal Europea, como ha demostrado David Ramiro, no era federal, ni europea y tampoco llegaba a ser, *sensu stricto*, una unión. La falta de interés por diseñar una soberanía compartida entre los Estados miembros y por crear puentes que tendiesen a integrar la economía, sumado a la crisis económica y a la situación política existente en la Europa del periodo de entreguerras, entre otros inconvenientes, acabaron condenando al proyecto al fracaso[56].

La valoración de este proyecto en las páginas de *Mujeres Españolas* quedó en manos de Rafael Martínez Alonso, colaborador habitual. Este autor, con la aceptación de la dirección de la revista, justificó los esfuerzos integradores de Europa a través de un recorrido histórico que empezó con el "Gran Designio" de Enrique IV de Francia, en el que el monarca esbozó una confederación de la Europa occidental. Según Martínez Alonso, el rey francés propuso este proyecto, que aseguraba que era semejante al de Briand, debido a que "en la humanidad, siempre germinaron las semillas de la paz a pesar de los suicidas esfuerzos de la política nacionalista por acarrear guerras y revoluciones en los pueblos"[57]. Su lectura del proyecto, evidentemente, era presentista. Por esta razón, consideraba Martínez Alonso que sus ideas se habían recuperado en esa coyuntura, pues siguiendo sus planteamientos el internacionalismo que definía como moderno necesariamente tenía que aparecer en un contexto europeo de cada

---

[55] Sobre Aristide Briand y su proyecto de unidad europea: Jacques Bariéty, *Aristide Briand, la Société des Nations et l'Europe 1919-1932*, Estrasburgo, Presses universitaire de Strasbourg, 2007; Achille Elisha, *Aristide Briand, la paix mondiale et l'Union Européenne*, Lausana, Ivoire-Clair, 2003.

[56] Sobre los Estados Unidos de Europa, véase: David Ramiro Troitiño, "El europeísmo de entreguerras ¿Un paso hacia la integración? El Memorándum de Briand y la Comisión para el Estudio de una Unión Europea", *Cuadernos de Historia Contemporánea*, 44 (2022), pp. 221-241. Para una defensa del proyecto en la época: Édouard Herriot, *Los Estados Unidos de Europa*, Madrid, Zoila Ascasibar, 1930.

[57] *Mujeres españolas*, 25-1-1931, p. 5.

vez mayor inestabilidad. En su argumento defendía que solo a través de esta herramienta se podía conseguir la "necesidad imperiosa de refrenar la política nacionalista de los Estados y las guerras constantes que se entablan entre los mismos"[58]. De nuevo, el nacionalismo inherente a la revista pasaba a un segundo plano en favor de un claro europeísmo.

Rafael Martínez Alonso aseguraba que desde la revista respetaban tanto la idea de los Estados Unidos de Europa, como al promotor del proyecto, Briand, sobre todo por su objetivo final de pretender alejar los peligros de una nueva guerra mundial. Sin embargo, y a pesar de las buenas intenciones, el autor veía claros problemas en la ejecución de la iniciativa que consideraba necesario no pasar por alto si se quería hacer un análisis riguroso:

> La idea es altamente grandiosa y emocionante; mas el modo de ponerla en práctica es sumamente dificultoso, porque mientras esa idea no prenda en las masas que integran las poblaciones de Europa, no podrá ser una realidad, y menos aún si predominan en el Gobierno de los Estados, tendencias nacionalistas, equivocadas y belicosas[59].

En especial hacía referencia a Alemania, donde había salido triunfante un "nacionalismo exasperado que constituye un gran peligro para la paz de Europa"[60]. No hace falta señalar que el diagnóstico era muy preciso, aunque no fue ningún visionario, ya que eran muchas las personas que por entonces opinaban así. En lo que respecta a la propuesta de los Estados Unidos de Europa, sus pronósticos eran dos: que no iba a poder cuajar en el futuro inmediato, pero que más temprano que tarde las distintas naciones acabarían convenciéndose de los beneficios de este proyecto, que serviría de inspiración a las generaciones venideras:

---

[58] *Mujeres españolas*, 25-1-1931, p. 5.
[59] *Mujeres españolas*, 26-10-1930, p. 5.
[60] *Mujeres españolas*, 26-10-1930, p. 5.

> De lo que no nos cabe la menor duda, es que en un futuro muy próximo, ese proyecto será una realidad, porque los pueblos de Europa se convencerán de que son todos hermanos y de que la guerra es fomentada por las organizaciones secretas capitalistas, valiéndose de una prensa internacional embozada, que negocia con la sangre de los hijos de Europa [...]. La idea de Mr. Briand no saldrá triunfante por ahora, pero nadie le quitará el derecho que tiene a los homenajes de respeto y aplauso otorgados a su preclaro ciudadano por un país que produce, ama, vive y muere colectivamente, llamado Europa, porque las naciones que lo integran, están estrechamente unidas[61].

Este pronóstico, a rasgos generales, no fue exclusivo de Martínez Alonso, pues fue compartido por buena parte de las derechas españolas. Desde *El Debate*, el principal medio católico de la época, se defendía la postura de que los Estados Unidos de Europa era una iniciativa que debía alabarse por sus objetivos de lograr la paz, si bien se seguía considerando que era un proyecto utópico imposible de lograr teniendo en cuenta las condiciones de la época[62]. Sin embargo, en este periódico se mostraban bastante menos partidarios del proyecto de lo que lo que lo hicieron en *Mujeres Españolas*. Sus redactores insistieron en que eran normales las reticencias de muchos países hacia los Estados Unidos de Europa y, de hecho, valoraban que era necesario que España se pensase si le interesaba o no involucrarse en ese proyecto: "Sin duda ese proyecto ofrece a los españoles inconvenientes y ventajas. Es preciso, pues, obrar con la mayor circunspección antes de declararse partidario o adversario de la idea"[63]. Con un espíritu parecido, en otro artículo se expresaba que "nosotros miramos también con recelo esos Estados Unidos. Después de todo, nosotros también nos sentimos europeos tan solo a medias"[64]. Por tanto, era una postura mucho más ambigua que la

[61] *Mujeres españolas*, 26-10-1930, p. 5.
[62] *El Debate*, 19-7-1929, p. 1.
[63] *El Debate*, 19-7-1929, p. 1.
[64] *El Debate*, 22-4-1930, p. 1.

que la vizcondesa de San Enrique y el resto de la plana mayor de la revista mantuvieron.

Para *Mujeres Españolas* también resultó atractiva la idea de los Estados Unidos de Europa por que entendieron que servía para proteger al nacionalismo centralista español del empuje de los nacionalismos peninsulares periféricos. Es decir, desde la revista entendieron que este proyecto podía servir para poner freno al nacionalismo catalán porque le quitaba legitimidad en el sentido de que "Estamos en tiempos de unidad. Y no solamente de unidad nacional, sino de unidad internacional"[65]. Es decir, se planteaba que en tiempos en los que los grandes estadistas estaban tratando de crear una federación europea "que generaliza una orientación unitaria de defensa de Europa y de la civilización occidental" y se trataba de tender hacia la integración, el problema de Cataluña representaba una "distracción de fuerzas, disgregación, disparidad en la vida interna de un país, antagonismo de ideas nacionales, una desgracia en suma tanto por el hecho como por la inoportunidad de su planteamiento"[66].

CONCLUSIONES

La revista *Mujeres Españolas. Revista bisemanal exclusivamente patriótica* nació con la finalidad de defender al dictador Miguel Primo de Rivera y reivindicar los derechos de las españolas. Esta fue la principal revista femenina alineada con el programa de la dictadura, aunque esto no significa que sus integrantes fuesen acríticas con el régimen. En esta plataforma convergieron las activistas conservadoras más destacadas del periodo que en su identidad daban más peso a la nación española que a la religión. Sin embargo, y a pesar de su patriotismo, fue la revista del periodo entreguerras escrita en España por mujeres católicas y conservadoras que más atención puso en el panorama internacional y que tuvo mayor espíritu internacionalista. Estas mujeres se movieron en el marco del internacionalismo del

[65] *Mujeres españolas*, 25-5-1930, p. 4.
[66] *Mujeres españolas*, 25-5-1930, p. 4.

periodo entreguerras al pensar que esta corriente permitía afrontar eficazmente los problemas y los desafíos de un mundo europeo que estaba en una dinámica de modernización.

En un contexto en el que la identidad nacional estaba en debate, y en el que la discusión sobre si España era un país europeo (y por extensión civilizado) u oriental (y en consecuencia salvaje o incivilizado) acaparaba buena parte del debate, *Mujeres Españolas* se aprovechó de esta situación y movilizó estas tramas de significados para reivindicar derechos para las mujeres. La fórmula por la que apostaron fue hacer reportajes en los que las mujeres de determinados países conseguían tales o cuales derechos, según les conviniese para su discurso, para después echarse las manos a la cabeza al "constatar" que, en esos lugares, especialmente europeos, estaban más "avanzados" que en España. De esta manera, se trataba de herir el orgullo nacional de los gobernantes (ya fuese Primo de Rivera o sus sucesores) y que de esta forma tratasen de mejorar los derechos de las españolas. Tomando como base estos principios, uno de los grandes caballos de batalla de *Mujeres Españolas* fue plantear, cuando los gobiernos previos a la Segunda República acabaron con los escasos derechos políticos que las españolas habían obtenido durante la dictadura, que los países en los que las mujeres no tenían derecho a votar no eran territorios europeos ni avanzados.

En *Mujeres Españolas* se vanagloriaban de ser profundamente nacionalistas, pero luego utilizaban a Europa para justificar cualquiera de sus propuestas y se fijaban insistentemente en lo que los otros países hacían para, en la comparación, dejar mal parado al país peninsular. Esto lo hicieron con territorios variados, tales como Rumanía, Checoslovaquia, Suiza o Alemania, pero también con la Rusia soviética, que se encontraba en las antípodas ideológicas de su pensamiento. Todo valía con tal de lograr sus objetivos. Poco importaba si, para ello, era necesario alabar a sus rivales ideológicos.

La revista *Mujeres Españolas*, siguiendo las tendencias europeístas y pacifistas de la época, que por entonces tenían intereses estrechamente entrelazados, se hicieron eco del papel de las mujeres relevantes dentro de las organizaciones internacionales, especialmente la Sociedad de Naciones y la Pequeña Entente de Mujeres, así como de los objetivos de estas iniciativas. Asimismo, prestaron atención a los distintos proyectos europeístas, sobre todo a los Estados Unidos de Europa. El motivo es que entendieron que la iniciativa era beneficiosa para sus intereses sobre todo por dos razones. Por un lado, debido a que era una ambiciosa propuesta de tintes internacionalistas que, de fructificar, podía dar paso a un periodo de paz en el continente, que generase prosperidad económica y desarrollo. Para que el proyecto funcionase, era condición *sine qua non* que los estados abandonasen la política ultranacionalista típica del periodo entreguerras. Este aspecto lo aplaudieron mucho desde *Mujeres Españolas* a pesar de que era un poco contradictorio con su esfuerzo por exaltar la nación española al máximo. Por otro lado, porque desde la perspectiva de la revista, este proyecto podía deslegitimar y frenar al nacionalismo catalán, al carecer de sentido el querer independizarse en un tiempo en el que en Europa se tendía (supuestamente) a la integración. En cualquier caso, eran conscientes de que era difícil que el proyecto fructificara a corto plazo, aunque tenían la esperanza de que, por los beneficios generales de la iniciativa, los Estados Unidos de Europa acabasen cuajando tarde o temprano.

EUROPEAS POR EL MUNDO. DEL PACIFISMO AL MUNDIALISMO. ROSIKA SCHWIMMER Y EDITH WYNNER (1915-1955)

José Ramón Rodríguez Lago
Universidade de Vigo

En un "annus horribilis" para el movimiento pacifista, en noviembre de 1948 el Parlamento de Noruega acordó que el Nobel de la Paz quedase desierto. El comité encargado de otorgar el galardón comunicó que ninguno de los candidatos propuestos con méritos suficientes permanecía con vida. Mahatma Gandhi había sido asesinado el 30 de enero en Nueva Delhi, y, tras una larga enfermedad, una ciudadana húngara residente desde 1921 en Estados Unidos había fallecido el 3 de agosto en el hospital Monte Sinaí de Nueva York. La candidatura de Rosika Schwimmer (1877-1948) había contado hasta ese día con el aval oficial de once diputados del parlamento sueco, seis del parlamento británico[1], el politólogo estadounidense Harold Laswell, la bioquímica suiza Gertrud Woker y el diplomático húngaro Ladislas Gajzago. La muerte de Schwimmer, quien ya había optado en ocasiones previas al premio[2], parecía simbolizar a su vez el ocaso de la primera ola del sufragismo.

Una joven nacida también en Hungría recogería el testigo para reivindicar la dignidad de las causas pendientes. Edith Wynner

[1] La diputada laborista Edith Agnes Wills y sus compañeros de Partido, Victor Collins, Arthur Champion, John Haire, Arthur Palmer y Wilfrid Vernon.

[2] Tal candidatura había sido a presentada ya en 1917 por Anna B. Klein Zipernowsky, como delegada de la Oficina Internacional por la Paz (Permanent International Peace Bureau, IPB). La suiza Marguerite Gobat defendió una propuesta similar veinte años más tarde con la publicación de *World patriot: a biographical sketch. International Committee for World Peace Prize Award to Rosika Schwimmer*, Odhams Press, Londres, 1937.

(1915-2002)[3] venía ejerciendo desde 1934 como secretaria personal de Schwimmer, colaborando activamente en la que sería la última de sus grandes empresas: la primera campaña pública en favor de la conformación de un Gobierno Mundial (Campaign for World Government, CWG). En septiembre de 1937, Schwimmer y la norteamericana Lola Maverick Lloyd[4] habían publicado un manifiesto que concretaba los pasos que deberían darse para culminar tal proyecto[5]. Fallecidas ambas mentoras, Wynner, junto a los cuatro vástagos de la norteamericana –Jessie, Mary, Bill y Georgia[6]– mimarían las redes establecidas entre Chicago, Nueva York, Londres y el viejo continente, participando activamente en el Movimiento Universal por una Confederación Mundial (Mouvement Universel Pour Une Confédération Mondiale / World Movement for World Federal Government, WMWFG) y la Asamblea Constituyente de los Pueblos del Mundo (Assemblée Constituante des Peuples / Peoples' World Convention, PWC).

Las trayectorias biográficas de las húngaras Schwimmer y Wynner han merecido recientemente la atención de la literatura de ficción[7], pero continúan pendientes de un análisis historiográfico en profundidad. Si las corrientes del feminismo pacifista han contado

---

[3] Nacida en Budapest como Edith Weiner. Su padre, joyero, emigró a Estados Unidos tras la Gran Guerra y la familia se instaló en Chicago. Debido a los continuos viajes familiares entre Estados Unidos y Centroeuropa, Wynner hablaba con fluidez inglés, francés, alemán, húngaro y eslovaco.

[4] Lola Maverick Lloyd (1875-1944): Nacida en Texas en el seno de la acaudalada familia Maverick, se casó con William Bross Lloyd, hijo del redactor jefe del *Chicago Tribune*, Henry Demarest Lloyd. Juntos utilizaron la influencia y la riqueza familiar para arropar múltiples causas progresistas.

[5] Rosika Schwimmer y Lola Maverick Lloyd: *Chaos, War, Or A New World Order. What We Must Do to Establish the All-Inclusive, Non-Military, Democratic Federation of Nations*, CWG, Chicago, 1937.

[6] Jessie Lloyd O'Connor (1904-1988): delegada de la Liga Estadounidense contra la Guerra y el Fascismo y la Unión Estadounidense por las Libertades Civiles; Mary Maverick Lloyd (1906-1976): delegada de la CWG ante el WMWFG y la PWC; William Bross Lloyd, Jr. (1908-1995): director de la sección estadounidense de la CWG, promotor de la mediación pacífica en Asia, Cuba o Sudáfrica y activista contra la proliferación nuclear; Georgia Lloyd (1913-1999): secretaria ejecutiva de la CWG desde 1943.

[7] Kirmen Uribe: *La vida anterior de los delfines*, Seix Barral, Barcelona, 2022.

con obras de relevancia[8], el protagonismo asumido por las mujeres en las propuestas mundialistas no ha corrido tal suerte hasta la publicación de la obra de Megan Threlkeld[9]. El estudio de una muy pequeña parte de las voluminosas colecciones documentales legadas por Schwimmer y Wynner a la sección de archivos y manuscritos de la Biblioteca Pública de Nueva York[10], permite ahora adentrarse en la trayectoria del sufragismo y el pacifismo en relación con las propuestas mundialistas; también en la preocupación mostrada por aquellas europeas expatriadas en Norteamérica sobre el destino de un viejo continente forjado a la sombra de las posguerras.

ENTRE LAS VICTORIAS DEL SUFRAGISMO Y LAS DERROTAS DEL PACIFISMO

Cuando la Campaña por el Gobierno Mundial se presentó en Chicago, Schwimmer contaba sesenta años y atesoraba una dilatada experiencia en los ámbitos del internacionalismo, el sufragismo y el pacifismo. Nacida en el seno de una familia judía de clase media, en 1897 había fundado la Asociación Nacional de Oficinistas Mujeres y en 1903 la Asociación Húngara de Mujeres Trabajadoras[11]. En junio de 1904, con solo 26 años, participó en la II Conferencia Mundial

---

[8] Harriet Hyman Alonso: *Peace As a Women's Issue: a History of the U.S. Movement for a World peace and Women's Rights,* New York, Syracuse University Press, 1993.

[9] Megan Threlkeld: *Citizens of the World: U.S. Women and Global Government*, "4. Rosika Schwimmer, Lola Maverick Lloyd, and a World Government of the People", pp. 81-102; y "8. Edith Wynner and Popular World Government in the Atomic Era". pp. 165-185, Philadelphia: University of Pennsylvania Press, 2022. "Chaos, War, or a new World Order?" a radical plan for peace and world government in the 1930s", *Peace & Change*, vol. 43, 4 (2018), pp. 473-497.

[10] Manuscripts and Archives Division. The New York Public Library. Astor, Lenox, and Tilden Foundations. *Rosika Schwimmer Papers* (RSP): 592 cajas; *Edith Wynner Papers* (EWP): 177 cajas; *Campaign for World Government. Records of the Chicago office* (CWG-Ch): 98 cajas; *Campaign for World Government. Records of the New York office* (CWG-NY): 34 cajas. Para posibilitar la lectura, todas las citas textuales de las fuentes aludidas en este capítulo han sido traducidas por el autor del inglés al español.

[11] Entre sus primeros libros, *Ehe-Ideale und Ideal-Ehen: Aeusserungen moderner Frauen* (Ideales matrimoniales y matrimonios ideales: declaraciones de mujeres modernas, Berlín, 1905), *Zentralhaushaltung* (La administración del hogar, Leizpig, 1907) y *Staatlicher Kinderschutz in Ungarn* (La protección estatal de la infancia en Hungría, 1909).

celebrada en Berlín por la Alianza Internacional por el Sufragio Femenino (International Women Suffrage Allliance, IWSA). Su dominio de diversas lenguas, su capacidad de trabajo y su vibrante oratoria, le hicieron ganarse entonces el aprecio de la norteamericana Carrie Chapman Catt[12]. Tras regresar a Hungría fundó la *Feministák Egyesülete* (Asociación Feminista) y la revista *A Nö* (La Mujer), pero pronto se trasladó a Londres como secretaria de prensa de la IWSA. Su labor resultaría determinante para la celebración de la séptima conferencia mundial en junio de 1913 en Budapest[13].

Tras el estallido de la guerra en Europa, Schwimmer viajó en septiembre de 1914 de Londres a Washington para tratar de convencer al presidente Wilson de una iniciativa en favor del armisticio. Catt le solicitaría entonces que viajase también a Cleveland para participar en la campaña por el voto femenino. Allí pronunciaría el primero de sus numerosos discursos ante el público norteamericano. En enero de 1915, ya en Washington, colaboró con Jane Addams[14] en la fundación del Partido de la Mujer por la Paz (Woman's Peace Party, WPP). En abril de ese mismo año, su intervención en La Haya durante el primer Congreso Internacional de Mujeres resultaría decisiva para aprobar el envío de delegaciones a dirigentes y jefes de Estado[15], pero también a personajes influyentes que pudiesen servir de vía de mediación para alcanzar la paz.

Treinta años más tarde, Schwimmer reprochaba a Catt que no se hubiese sumado a aquella primera oportunidad perdida: "No conseguimos una conferencia neutral porque el Presidente Wilson no quiso cooperar con los neutrales más pequeños pero más sabios de Europa. Ahora sabemos que teníamos razón al exigir ese nuevo

---

[12] Presidenta de la *National American Woman Suffrage Association*. (1900), fundadora de la IWSA (1904) y de la Liga de Mujeres Votantes (1920).

[13] Bosch Mineke y Annemarie Kloosterman: *Politics and friendship: letters from the International Woman Suffrage Alliance, 1902-1942,* Ohio State University Press, Columbus, 1990; Cara Dellatte: "A Vote of One's Own: The International Woman Suffrage Alliance and Rosika Schwimmer", https://live-legacy-admin.nypl.org/blog/2018/04/09/international-woman-suffrage-alliance-rosika-schwimmer

[14] Presidenta del WPP y de la WILPF. Galardonada con el Nobel de la Paz en 1931.

[15] Sandra Blasco Lisa y, Carmen Magallón Portolés: *Feministas por la paz. La Liga de Mujeres por la Paz y la Libertada (WILPF) en América Latina y España*, Icaria, Barcelona, 2020, p. 47.

Fig 1. De izquierda a derecha, trece delegadas del Congreso Internacional de Mujeres celebrado en La Haya en abril de 1915: Lucy Thoumaian (Armenia), Leopoldine Kulka (Austria), Laura Hughes (Canadá), Rosika Schwimmer (Hungría), Anita Augspurg (Alemania), Jane Addams (Estados Unidos), Eugenie Hanner (Bélgica), Aletta Jacobs (Países Bajos), Chrystal Macmillan (Reino Unido), Rosa Genoni (Italia), Anna Kleman (Suecia), Thora Daugaard (Dinamarca) y Louise Keilhau (Noruega). Fuente: LSE Library (Dominio público)

y necesario paso. El comité neutral reunido en la conferencia habría ejercido una fuerte influencia democrática en ese momento y posteriormente, pero perdimos aquella oportunidad de inaugurar un orden mundial mejor... ¡Qué absoluto fracaso obtuvimos entonces las mujeres!"[16].

La negativa de Wilson y Catt contrastó con la respuesta positiva del magnate Henry Ford, quien, convencido por Schwimmer, financiaría y encabezaría una delegación de paz que en diciembre de 1915 cruzaría el Atlántico desde Nueva Jersey a Oslo. El estrepitoso fracaso de la delegación, ridiculizada por la prensa sensacionalista[17], no desanimaría a sus componentes, que, en febrero de 1916, constituirían

[16] Schwimmer a Catt (24/09/1945). RSP: caja 422.

[17] Barbara S. Kraft: *The Peace Ship: Henry Ford's Pacifist Adventure in the First World War*, Macmillan, Nueva York, 1978; Beth S. Wenger: "Radical Politics in a

en Estocolmo la Conferencia Neutral por la Mediación Continua[18]. Lola Maverick Lloyd y Emily G. Balch[19] se integrarían en el comité, mientras Schwimmer regresaría a Estados Unidos en busca de nuevos apoyos. En abril de 1917, la entrada de Estados Unidos en la guerra convertiría definitivamente en irrealizable tal empresa.

Tras la revolución de los crisantemos que proclamó la República Popular Húngara, el presidente Mihály Károlyi designó a Schwimmer nueva embajadora en Suiza en noviembre de 1918. Por vez primera en la historia contemporánea una mujer asumía un cargo diplomático de tal calado. Su compleja misión en Berna contaría desde el inicio con numerosas trabas: "Me emocionó mucho que usted recordase mis servicios a su régimen durante la reunión conmemorativa. Especialmente porque los karolyistas estadounidenses no parecen saber que alguna vez he servido a su gobierno… Decían que yo, como mujer, no podría lograr nada"[20]. En su opinión, ella habría logrado "más que cualquier representante de los países derrotados, pues todos los delegados especiales de los Estados Unidos, Francia e Inglaterra aceptaban cada una de las informaciones que yo les trasladaba". Los diplomáticos franceses y la jefa del servicio de información estadounidense, Vira Boarman Whitehouse, se reunían diariamente con ella, convertida en "la sensación de la Berna chismosa". En febrero de 1919, poco antes de la proclamación de la república soviética de Hungría, Schwimmer fue cesada: "Hubo un gran regocijo en los ambientes anti-Karolyi cuyo lema era: Na, Károlyi végre levakarta a Schwimmert a tronjárol (Bueno, por fin Karolyi ha desbancado a Schwimmer del trono)"[21].

En mayo de ese mismo año, Schwimmer participó en Zúrich en el II Congreso Internacional de Mujeres por la Paz, marco fundacional de la Liga Internacional de Mujeres por la Paz y la Libertad

Reactionary Age: The Unmaking of Rosika Schwimmer, 1914-1930", *Journal of Womens History* 2, 2 (1990): 66-99.

[18] Louis Lochner: "The Neutral Conference for Continuous Mediation at Stockholm", *The Advocate of Peace*, Vol. 78, 8, (1916), pp. 238-241

[19] Presidenta de la sección norteamericana de la WILPF. Nobel de la Paz en 1946.

[20] Schwimmer a Károlyi (25/07/1945). RSP: caja 421.

[21] Schwimmer a Károlyi (25/07/1945). RSP: caja 421.

(Women's International League for Peace and Freedom, WILPF)[22]. Tras asistir a los primeros pasos de la conformación de la Sociedad de Naciones en Ginebra, y con el asentamiento en Hungría del régimen autocrático de Miklós Horthy, Schwimmer decidió exiliarse en los Estados Unidos, contando con el apoyo de Harriet Taylor Upton, vicepresidenta del Comité Nacional del Partido Republicano: "Hizo todo lo posible para ayudarme"[23]. En mayo de 1924 la húngara solicitó por vez primera la ciudadanía estadounidense, pero un tribunal de distrito denegó su petición por su negativa a aceptar la cláusula del juramento que exigía estar dispuesta a tomar las armas en defensa de la nación. Aquella causa se convirtió en un alegato público en favor de la objeción de conciencia y, pese al apoyo mostrado públicamente por el juez del Supremo, Oliver W. Holmes Jr., la Corte dictaminaría finalmente en su contra en mayo de 1929. Schwimmer residiría el resto de su vida como una expatriada húngara en los Estados Unidos.

SUPERAR LA LIGA. LA FE Y LA PRAXIS POR EL GOBIERNO MUNDIAL

La puesta en marcha de la Sociedad de Naciones había despertado durante un tiempo las esperanzas de las pacifistas en un futuro mejor: "Cuando la Liga se creó, le deseamos lo mejor y surgió durante un tiempo la esperanza. Deseábamos que evolucionase hasta convertirse en un gobierno real, revisando su constitución libremente a medida que pasaba el tiempo. No ha sido así. Por el contrario, la Liga se ha vuelto cada vez menos abierta a la demanda de los pueblos. Incluso ahora, cuando las "grandes democracias" controlan completamente la Liga, no observamos ningún esfuerzo por democratizar su estructura o sus procedimientos. La revisión parece ser un tabú" [24].

En mayo de 1924, durante la celebración en Washington DC del IV congreso mundial de la WILPF, Lloyd y Schwimmer propusieron

---

[22] Sandra Blasco Lisa y Carmen Magallón Portolés: *Feministas por la paz. La Liga de Mujeres por la Paz y la Libertada (WILPF) en América Latina y España*, Icaria, Barcelona, 2020, pp. 49-51.

[23] Schwimmer a Catt (24/09/1945). RSP: caja 422.

[24] Lola Maverick Lloyd: "World Government. A Democratic Start ", *Fellowship*, 3, Nueva York, octubre de 1938.

un primer plan que, abogando por la conformación de un Gobierno Federal Mundial, llamaba a la constitución de una Union de Patriotas Mundiales[25]. En los años siguientes, a medida que se extendían los conflictos bélicos y se evidenciaba la incapacidad flagrante de la Liga para afrontarlos, diversos pioneros del mundialismo enarbolaron propuestas alternativas. En septiembre de 1927 se constituyó en Nueva York la World Unity Foundation[26] y en el verano de 1930 las gestiones de la norteamericana Ruth Cranston y Salvador de Madariaga pondrían en marcha en Ginebra el World Institute[27]. La revista World Unity identificaría muy pronto al español como apóstol de la unidad mundial[28] y en marzo de 1935 publicaría un manifiesto en favor de una futura Federación Mundial[29]. En ese contexto de mundialismo efervescente, en mayo de ese mismo año la reunión de la delegación norteamericana de la WILPF aprobó una alegación que dispuso que todos los pueblos tuviesen la oportunidad de exigir mediante la recogida de firmas que sus gobiernos se preparasen para la conformación de una verdadera Federación de Naciones. Las iniciativas norteamericanas corrían en paralelo a las de sus colegas europeas y en septiembre dirigentes destacadas de la WILPF como la austríaca Helene Askanasy, la danesa Ellen Hørup o las suecas Ellin Wägner y Naima Sahlbom, fundaron en Ginebra la Organización de Mujeres para el Orden Mundial (Women Organization for World Order, WOWO)[30]. Junto a una mayor participación de las mujeres en los sistemas judiciales y al control de la natalidad como requisito básico para una maternidad libre, se reivindicó también la limitación de la soberanía de los Estados en favor del futuro gobierno mundial.

---

[25] "How to Achieve World Peace: Outline of a Plan", mayo de 1924. CWG-NY: caja 18; "Union of World Patriots". CWG-NY: caja 31, carpeta 4.

[26] John Herman Randall: "The Ideal of World Unity", *World Unity. A Monthly Magazine interpreting the Spirit of the New Age*, 1, octubre de 1927.

[27] José Ramón Rodríguez Lago: *World Citizen. Salvador de Madariaga y las redes pioneras del mundialismo, 1927-1950*, Sílex, Madrid, 2022.

[28] "Salvador de Madariaga. Apostle of World Unity", *World Unity*, septiembre de 1932, p. 362.

[29] "World Federation Manifesto. Preliminary Draft", *World Unity*, marzo de 1935, pp. 352-353.

[30] Abby Peterson: "Elin Wägner and Radical Environmentalism in Sweden: The Good Earthworm", *Environmental History Review*, vol. 18, 3 (1994), pp. 59-74.

El manifiesto de la World Foundation publicado en diciembre de 1936 en Oxford por Madariaga recibiría la atención de Schwimmer, quien lo tildaría muy pronto de iniciativa inoperante: "Es inútil. Su plan podría fusionarse por su origen con el negocio de la Sra. Catt, ya que la única diferencia entre ambas propuestas, es que, donde Madariaga solicita sensatamente honorarios y salarios, ella impone su noción de mantener el trabajo pacifista como una ocupación amateur y diletante. Por lo demás, ambos consisten en leer, estudiar o rezar una y otra vez, mientras el mundo se va -y no lo digo alegremente- al infierno"[31]. Coincidentes en el diagnóstico de la crisis de la Liga y el porvenir orgánico del mundialismo, sus divergencias en las recetas a aplicar resultaban notables. Mientras Madariaga y Catt concentraban sus esfuerzos en la concienciación progresiva de una ciudadanía vinculada a los principios del liberalismo y de la praxis ecuménica; Schwimmer, próxima entonces al Partido Socialista de Norman Thomas[32]; apostaba por una política que, transitando entre las elites, convocase a una verdadera movilización popular y democrática que alcanzase a todos los pueblos del mundo.

El noveno congreso mundial de la WILPF celebrado en julio de 1937 en Luhacovice, Checoslovaquia, aprobó una nueva resolución en favor del Gobierno Mundial. Fue entonces cuando Rosika y Lola decidieron publicar en Chicago el manifiesto fundacional de la WCG[33]. A su juicio, la diplomacia tradicional había demostrado ser un método obsoleto de abordar las relaciones entre las naciones, que solo generaba confusión y resentimiento. El derecho internacional estaba desacreditado y la Liga de Naciones era ineficaz. Era necesario desarrollar rápidamente algo nuevo, eficiente y más democrático: "El gobierno mundial debe controlar las relaciones internacionales entre los estados. Esta situación será similar a la que existe entre los estados y el gobierno federal de los Estados Unidos de América, o a la que existe entre los cantones y el gobierno federal de Suiza. Los

[31] Schwimmer a Lloyd (20/01/1937). CWG-NY: caja 30.
[32] Ministro de la iglesia presbiteriana y candidato presidencial del Partido Socialista de Estados Unidos de América entre 1928 y 1948.
[33] *World federation now: official organ of the Campaign for World Government*, Chicago: CWG, 1937.

sesenta y cuatro Estados del mundo serán admitidos inmediata e incondicionalmente. Sólo habrá una clase de membresía. La Federación de Naciones debe ser una liga democrática controlada por la representación directa de los pueblos y no por gobiernos y burocracias... La consumación de la unificación mundial, la fecha más importante de la historia, será el punto a partir del cual un mundo adulto contará el tiempo"[34]. Las innovaciones en el campo de la comunicación facilitarían además la conformación de una ciudadanía global: "Con la capacidad de la ciencia actual para mantener a los pueblos del mundo en estrecha comunicación a través del cable, el teléfono, la radio y pronto la televisión, no necesitamos embajadas. Ahora podemos tener un contacto más fácil en todo el mundo que el que las ciudades de la Grecia clásica tenían entre sí" [35].

En las conversaciones mantenidas por las dirigentes de la WILPF con los ministros de Asuntos Exteriores de Finlandia y Noruega ambos mostraron interés por el plan. La sección estadounidense de la WILPF reunida en Minneapolis decidió enviar un alegato al Presidente Roosevelt para convocar una "conferencia internacional de autoridades experimentadas para formular una constitución para una Federación de Naciones no militar, democrática e inclusiva". Se advertía a Roosevelt sobre el riesgo de asumir las posiciones erróneas por las que Wilson se había visto seducido al pensar que: "un gran ejército y una gran armada le ayudarían a reanudar el viejo trato y el viejo juego... Rogamos al presidente que no vuelva a dejarse arrastrar por este pernicioso truco... Deseamos un experimento completamente nuevo. Nada de una "fuerza policial internacional" para librar la guerra de la Liga... Apuntemos hacia la perfección. Pongamos en marcha la mejor organización que podamos conseguir para inaugurar un nuevo orden mundial... Démosle al mundo una maquinaria adecuada y bien diseñada. Mantengámosla engrasada y

---

[34] Rosika Schwimmer y Lola Maverick Lloyd: *Chaos, War, Or A New World Order. What We Must Do to Establish the All-Inclusive, Non-Military, Democratic Federation of Nations*, Chicago: CWG, segundo borrador, tercera edición, mayo de 1938.

[35] Lola Maverick Lloyd: "World Government. A Democratic Start", *Fellowship*, 3, Nueva York, octubre de 1938.

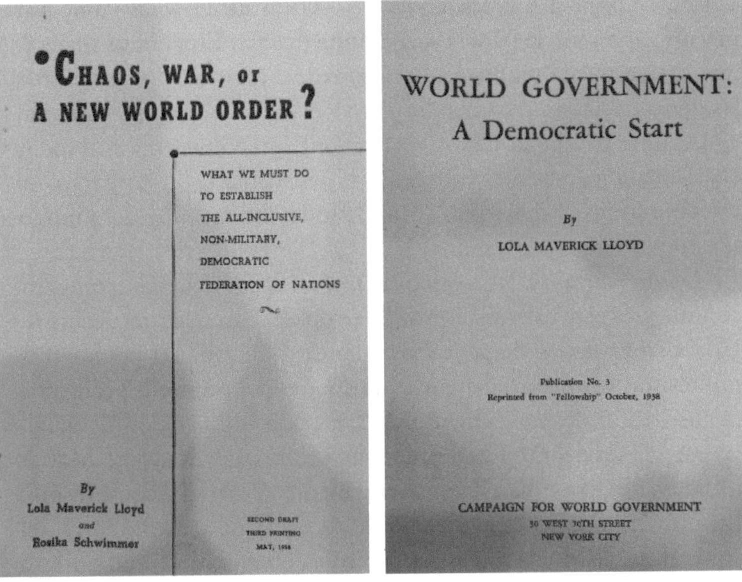

Fig. 2 y 3. Manifiestos publicados en 1938 por Lola Maverick Lloyd y Rosika Schwimer. Fuente: Rosika Schwimmer papers. Manuscripts and Archives Division. The New York Public Library. Astor, Lenox, and Tilden Foundations

cuidada y funcionará sin violencia. Una máquina que necesite de la violencia debería ser desechada".

Mientras Schwimmer y Lloyd promovían la CWG, un antiguo corresponsal de The New York Times en Ginebra repartió entre sus allegados una propuesta alternativa para afrontar la crisis de las democracias. En marzo de 1939, la publicación de Union Now por Clarence Streit tendría un impacto mediático mucho mayor que el de las pioneras del mundialismo[36]. Schwimmer escribiría inmediatamente al norteamericano para tratar de ganarlo para su causa: "No puedo expresar lo feliz que estoy al saber que usted está decidido, como todos nosotros, a conseguir ahora el gobierno mundial...

[36] Clarence Streit: *Union Now. A Proposal for a Federal Union of the Democracies of the North Atlantic,* New York, marzo de 1939.

Un libro como el suyo es, como los escritos de Thomas Paine, un impulso apasionado para la acción inmediata... Esperamos sinceramente que pueda reunirse con nosotros..."; también para advertir las divergencias entre aquel proyecto y el suyo: "Somos plenamente conscientes de que la Unión de Naciones no comenzará con todas ellas incluidas desde el principio. Nuestro plan, sin embargo, es invitar a todos... que los pueblos de todas las naciones del mundo sepan que serán bienvenidos"[37].

Desde entonces, las iniciativas mundialistas deberían competir con un proyecto atlantista pronto arropado con mayores recursos. Una alianza de las democracias atlánticas anclada en parámetros militaristas se encontraba en las antípodas del proyecto pacifista e inclusivo soñado por Schwimmer[38]. En una competición desigual, las partidarias del mundialismo serían pronto tildadas como Marías tifoideas que extendían inconscientemente el virus del comunismo. En ningún ámbito se evidenció tanto esa batalla como en el del control de las organizaciones juveniles emergentes. Fue en este escenario donde comenzó a forjarse como oradora Edith Wynner, quien como misionera del gobierno mundial trató de sortear las disputas abiertas entre liberales y comunistas[39]. Pese a su insistencia en que la causa del Gobierno Mundial debía convertirse en la tarea principal de la generación nacida en el siglo xx, los ideales pacifistas encontraban resistencia entre discursos que apelaban a la violencia: "En la igualdad otorgada a las mujeres, a los negros y a los liberales, el Congreso fue excelente; pero cuando se trata de conversaciones para la paz, casi todos parecen sordos, mudos y ciegos"[40].

---

[37] Schwimmer a Streit (05/03/1939). CWG-Ch: caja 7.

[38] Rosika Schwimmer: *Union now, for peace or war? The danger in the plan of Clarence Streit, an analysis*, CWG, Chicago, 1939; *Two Plans for World Government Now Their Differences: A permanent solution. The W. I. L plan for ending international conflict 1st, a Conference of Neutral; 2nd, a Truce; 3rd, e Federated World Government where all disputes may have an impartial hearing"*, WILPF, 1939. RSP: caja 474.

[39] Kevin P. Lavry: "Youth of the world, unite so that you may live. Youth, internationalism, and the Popular Front in the World Youth Congress Movement, 1936–1939", *Peace & Change*, 46 (2021), pp. 269-285.

[40] "Youth congress Report". Wynner a William Broos Lloyd Jr. (05/07/1939). CWG-Ch: caja 66.

Estallada la guerra en el viejo continente, Schwimmer continuaría abogando por una propuesta de mediación similar a la que había defendido hacía cinco lustros. El espíritu que había posibilitado la conformación de Estados Unidos de América se brindaba como camino de salvación para constituir los Estados Unidos del Mundo:

> "La evolución del arte de gobernar, que llevó de individuos errantes a la vida federal de grupos de naciones, se detuvo hace ciento sesenta años cuando alcanzó su punto máximo con la creación de los Estados Unidos de América. El siguiente intento, la Liga de Naciones, fracasó porque sus creadores carecían del genio, el sentido común y la determinación de ese puñado de colonos estadounidenses que dieron al mundo el ejemplo más magnífico del arte de gobernar... Un puñado de hombres y mujeres inspirados pueden ahora conducir a la construcción de una superestructura federal, dentro de la cual, cada nación pueda tener garantizada la justicia y la seguridad económica y social"[41].

En octubre de 1939, Schwimmer, envió una misiva conjunta en nombre de la CWG a los monarcas Gustavo de Suecia, Haakon de Noruega y Christian de Dinamarca y al presidente Kyosti Kallio de Finlandia: "Hacemos un llamamiento a Sus Majestades y Su Excelencia para que inviten al Gobierno de los Estados Unidos y de las demás naciones neutrales a cursar conjuntamente una invitación a todas las naciones del mundo para una conferencia que prepare la constitución de una Federación de Naciones"[42]. Cinco días más tarde, la sección estadounidense de la WILPF reunida en Detroit, expresó su agradecimiento público a la labor pionera desarrollada por Schwimmer y determinó "retomar ahora, 24 años después, la tarea

[41] Schwimmer a Kenneth Miller Gould, editor jefe de *Scholastic*, Nueva York (23/10/1939). CWG-Ch: caja 7.

[42] Schwimmer a los monarcas de Suecia, Noruega y Dinamarca y al presidente de Finlandia (17/10/1939). CWG-NY: caja 30.

pendiente... el movimiento popular por una unión democrática y no militar de todas las naciones"[43].

Tal y como había sucedido en 1917, la entrada de Estados Unidos en la Segunda Guerra Mundial en diciembre de 1941 aumentaría las dificultades de Schwimmer para su actuación pública. En su lugar, Wynner, quien había adquirido la condición de ciudadana norteamericana en su adolescencia, cobraría mayor protagonismo siguiendo los pasos de su mentora. En marzo de 1943, denunció las implicaciones militaristas del denominado Plan Culberston[44]: "La falacia de que si hubiera suficiente poder militar para disuadir a los agresores, o al menos para castigar a aquellos que se atrevan a agredir, la guerra podría eliminarse... Culbertson deslumbra a su público diciéndoles que contrató al genio matemático de Bertrand Russell para intentar deducir su principio de la cuota de fuerza... El principio de la cuota de fuerza asigna de manera muy ingeniosa a Estados Unidos, Gran Bretaña y Rusia el 50% del poder militar... Una propuesta que atiende francamente a los prejuicios más flagrantes de las grandes potencias"[45].

Un año más tarde, Georgia Lloyd y ella publicaron un extenso libro en favor del gobierno mundial[46], que pretendía servir de guía y manual para todos los interesados en trabajar por el soñado proyecto[47]. Pese a sus anhelos, la Conferencia de Dumbarton Oaks dictaminaría muy pronto un reparto de áreas de influencia bastante similar a las "cuotas de fuerza" propuestas por Culberston[48] y las divergencias

---

[43] *Resolution on a Neutral Conference and World Government and Gratitude to Rosika Schwimmer*, Detroit (22/10/1939). WMWFG-New York: caja 30.

[44] Ely Culberston: *Summary of the World Federation Plan: an Outline of a Practical and Detailed Plan for World Settlement*, Faber and Faber, Ltd., London, 1944.

[45] Edith Winner: "Ely Culberston's So-Called Plan for World Federation", CWG-Chicago: caja 7.

[46] Edith Wynner y Georgia Lloyd: *Searchlight on peace plans, choose your road to world government*, E. P. Dutton & Co, New York, 1944.

[47] Comunicado de Edith Wynner a diversos medios de comunicación (01-01-1944). RSP: caja 420.

[48] *Dumbarton Oaks. How to transform the proposed organization into World Government*, CWG, New York, 1945; *SOS For "One World". Comparison between UN and the kind of world government desired by the WILPF*, CWG, New York, 1946.

entre ambas propuestas serían objeto de polémica en la revista de la academia estadounidense de Ciencias Sociales y Políticas[49].

ENTRE LA TRAGEDIA Y LA ESPERANZA. DE SAN FRANCISCO A LONDRES

En abril de 1945, mientras todavía se disputaba la batalla de Berlín, y poco antes de inaugurarse la Conferencia de San Francisco, Schwimmer envío una primera carta a sus viejas amigas en Europa. Transcurridos cuatro años de penalidades desde su última comunicación, su misiva resultaba una angustiosa elegía. Sospechaba que muchas de sus colegas habrían desparecido por efecto de la edad, la guerra, el genocidio nazi o la represión posterior iniciada por los soviéticos sobre el territorio supuestamente liberado: "Haber perdido contacto con vosotras ha sido una de las más torturadores de las muchas agonías de mi vida... Os escribo ahora con esperanza y miedo, sin saber si esta carta llegará a algún destino, y, en caso afirmativo, en qué condiciones. Escribir de esta manera es una verdadera pesadilla. Extiendo las manos en la oscuridad sin saber si mis manos a tientas os encontrarán"[50]. Tampoco podía trasladar buenas noticias de lo sucedido con su empresa al otro lado del Océano: "Sobre nosotras, mi hermana y yo, no hay nada alegre que contar. Al negarnos la ciudadanía debido a nuestro pacifismo intransigente, y aunque somos apátridas, hemos sido consideradas como enemigas extranjeras húngaras y hemos tenido serias restricciones para ganarnos la vida. Somos residentes legales, pero nada más. Tras haber pasado una vida dedicada al servicio público, resulta indescriptiblemente difícil soportar la inactividad forzada, especialmente en este período crítico".

Lola Maverick Lloyd, "compañera de fatigas durante treinta años y mi único sostén financiero", había fallecido inesperadamente en julio de 1944. En opinión de Schwimmer, el movimiento por la paz estadounidense había perdido "la única líder que había manifestado

---

[49] Edith Wynner: "Letter to the Editor (26/12/1944)", *The Annals of the American Academy of Political and Social Science,* Vol. 239 (Mayo, 1945), pp. 226-227.
[50] Schwimmer a sus amigas y familiares en Europa (26/04/1945). RSP: caja 420.

una integridad absoluta en la causa, trabajando en su mismo lecho de muerte por el progreso del gobierno mundial". Su hermana Franciska[51] y ella, enfermas desde hacía un tiempo, se habían retirado de la escena pública: "La prensa ha informado de mi muerte tres veces y, a veces me encuentro con personas que me miran como si fuera un fantasma, creyéndome muerta... Pero aquí estoy, aferrándome a la vida con dos propósitos: uno, terminar el libro por el que he estado luchando durante años, y, el otro, continuar mi labor internacional para intentar establecer un gobierno mundial provisional, para el que existen ya proyectos y gente dispuesta, pero no el dinero para empezar el trabajo". La única esperanza era el contar con Wynner para asumir el relevo: "Jane Addams y Carrie Chapman Catt no permitieron que las jóvenes se prepararan para asumir el liderazgo... Mi hermana y yo logramos capacitar y proyectar a una joven sucesora, para liderar el trabajo por la paz, los derechos de las mujeres y todas las causas que necesitan un servicio valiente y desinteresado"[52].

En mayo, Rosika recibió respuesta de Naima Sahlbom desde Estocolmo. Acababan de celebrar el treinta aniversario del Congreso de La Haya con una recepción a las organizaciones juveniles para presentar una historia de la WILP. Las viejas militantes habían recordado a la Schwimmer de La Haya "como figura central del congreso". Ahora, las jóvenes generaciones habían aprobado una declaración que instaba a las autoridades educativas a incluir en los manuales escolares un capítulo sobre la historia del movimiento por la paz y llevaba una moción al Parlamento para abolir la formación paramilitar en las escuelas. Sin embargo, en opinión de la sufragista sueca, corrían malos tiempos para el pacifismo. El Nobel de la Paz hacía años que no se entregaba: "Estoy seguro de que ningún pacifista de nuestra especie lo conseguirá la próxima vez"[53]. Todavía más cáustica sobre el panorama europeo se mostraba la austríaca Askanasy, desde Vancouver: "Europa ya era un manicomio cuando nos marchamos en

[51] Franciska Schwimmer (1881-1962): Concertista de piano y profesora de música. Entre sus libros, *Great Musicians As Children*, Doubleday, Doran & company, New York, 1929.

[52] Schwimmer a sus amigas y familiares en Europa (26/04/1945). RSP: caja 420.

[53] Sahlbom a Schwimmer (02/05/1945). RSP: caja 420.

1939. ¡Pero ahora! Parece una morgue y todavía estamos en verano. Pensar en el invierno resulta estremecedor... Temo las plagas que puedan estallar y los cientos de millones de personas desnutridas que no tendrán resistencia contra ellas". En su opinión, el principal problema que había llevado al viejo continente al desastre era el exceso de población que ellas habían venido denunciado: "Las dos más simples y las únicas formas efectivas de resolver ese problema hubiesen sido el control de la natalidad y la inmigración abierta a todos los continentes vacíos. Pero no, ¿Cómo podrían los hombres adoptar caminos constructivos y simples? Las fábricas de muerte y las epidemias han sido sus formas de "liquidar" tal problema, mientras siguen forzando a las mujeres a ser máquinas de parir"[54].

La austríaca manifestaba también su desconfianza en torno a los acuerdos alcanzados por los hombres en la Conferencia de San Francisco: "Todos los contratos firmados por un hombre han sido rotos cuando dicho hombre no ha considerado adecuado mantener dicho contrato. ¿Por qué no debería infringirse también la Carta de San Francisco?". Sin embargo, apuntaba también algunos aspectos esperanzadores para el futuro. Los soviéticos habían tenido que enfrentarse por vez primera ante la opinión pública mundial: "Los de la banda de Molotoff debieron salir de sus madrigueras para ser interrogados, un proceso al que no están acostumbrados. Tuvieron que vérselas ante la prensa mundial y a mí me gustó ese espectáculo". Las organizaciones feministas habían mostrado su capacidad en la conferencia paralela celebrada en San Francisco el 19 y 20 de mayo, pero el silencio mediático al respecto había resultado atronador: "Fue de lejos mejor, y estuvo muy por encima de la conferencia masculina. Todas las delegadas pronunciaron espléndidos discursos con ideas constructivas, pero ni una sola palabra apareció en la prensa y los idiotas de los hombres no tuvieron en cuenta ni una sola palabra...". Su misiva acababa dictando una sentencia condenatoria sobre la manifiesta incapacidad masculina para preservar la paz: "El animal macho es siempre igual, sin importar credo, color, raza o edad. Es estúpido. Ha demostrado a lo largo de los siglos de su dominio

[54] Askanasy a Schwimmer (29/07/1945). RSP: caja 421.

que solo trae miseria y plagas a la humanidad. Ha dejado incluso estupefacta a la hembra de su especie. Sin embargo, la estupidez de la mujer puede curarse dándole información y responsabilidad. Su estupidez es artificial, pero la estupidez del varón es irremediable porque es biológica. Amen"[55].

El proyecto de la Federación Mundial fue arropado públicamente, entre otros, por el juez del Tribunal Supremo, Owen Roberts, y el columnista del New Yorker, E. B. White. Georgia y Jessie Lloyd, presentes en las reuniones de San Francisco, trabajaban entonces para extender la CWG en los estados del Oeste: "Dificultades las hay, sí; sin embargo, cuando nuestros estados se federaron tenían religiones diferentes (y la religión era un asunto de lucha); diferentes sistemas económicos (esclavitud); y fueron necesarios dieciocho días de duro viaje para recibir noticias de Boston a Virginia y viceversa. La Carta de las Naciones Unidas es mejor que nada, pero es sólo una Liga. Bajo una Liga, Estados Unidos tuvo guerras económicas y luchas fronterizas entre los estados; bajo una Federación alcanzamos una prosperidad excepcional. Al unirnos a otros pueblos para crear un verdadero gobierno federal, es posible que tengamos que mostrar cierta fe en la naturaleza humana; sin embargo, para este propósito no tenemos que confiar en ángeles; basta con depositar nuestra esperanza en aquellos que deseen salvar sus vidas porque odien ser bombardeados. Será difícil ser pionero de la cordura mundial. Preparémonos… Levantemos la construcción de una maquinaria práctica para la paz mientras la gente todavía recuerde que la guerra no es una fácil solución"[56].

Fue el inesperado y arrollador triunfo del Partido Laborista en Gran Bretaña el que alimentó nuevos anhelos. Askanasy aseguraba que eran las mujeres británicas las que habían decidido el giro a la izquierda. La paz dependería ahora de la influencia que ellas pudiesen ejercer en el gobierno: "Si el gabinete laborista no acepta una proporción muy sustancial de mujeres en el ejecutivo tampoco habrá cambio alguno en Inglaterra"[57]. También Schwimmer trasladó a Károlyi que solo la

[55] Askanasy a Schwimmer (29/07/1945). RSP: caja 421.
[56] Jessie Lloyd O'Connor a Mary, Bill y Georgia (25/07/1945). RSP: caja 421.
[57] Askanasy a Schwimmer (29/07/1945). RSP: caja 421.

alianza de laboristas británicos y socialdemócratas nórdicos podría favorecer una tercera vía en favor del mundialismo: "La militarización de Estados Unidos me hace sentir que no se puede esperar que este país aproveche su liderazgo. Los países escandinavos y el nuevo gobierno británico, si tiene más sentido común que el gobierno de MacDonald, pueden juntos tomar la iniciativa... El marco que debe construirse es el de una Federación Mundial dentro de la cual, la gente pueda seguir odiándose, desangrándose o amándose y admirándose mutuamente, pero donde, como en los Estados Unidos y en Suiza, la igualdad de oportunidades haga que todos sientan que es mejor convivir los unos con los otros"[58].

Tratando de ganar aliados y tras leer un artículo publicado el 6 de agosto por William Fullbright en The New Republic, mostrando dudas sobre la consistencia de los acuerdos alcanzados en San Francisco, Wynner escribió al senador de Arkansas para trasmitirle su posición. La prensa de aquellos días celebraba el devastador efecto de las bombas atómicas lanzadas sobre Hiroshima y Nagasaki: "El público en general no tiene una comprensión básica del tipo de estructura avalada por la Carta de San Francisco, ni cuán absolutamente limitada y discapacitada es... El debate crítico sobre las propuestas fue sofocado desde el principio y los pocos que, como yo, sometimos las propuestas a un análisis racional, tanto por escrito como en las diversas conferencias, fuimos sometidos a una presión constante para que abandonásemos nuestra posición sin obtener nada a cambio... El público estadounidense había sido hábilmente arrastrado a la aprobación de las propuestas de Dumbarton Oaks"[59].

A juicio de Wynner, las grandes organizaciones de mujeres y de trabajadores y las diversas Iglesias comprometidas con el gobierno mundial habían confiado en la vía gradualista sostenida por Roosevelt como si este fuese a ser inmortal. Solo su fallecimiento les había impulsado tardíamente a movilizar a la opinión pública. La utilización de la bomba atómica sobre población civil suponía un salto cualitativo ignominioso en una escalada de militarización

[58] Schwimmer a Károlyi (25/07/1945). RSP: caja 421.
[59] Wynner a Fullbright (14/08/1945). RSP: caja 421.

y deshumanización que solo propiciaría una próxima hecatombe: "Estoy abrumada por la amargura ante la indescriptible falta de responsabilidad, integridad o incluso decencia –por no hablar de la capacidad como estadista– revelada con el debut de la bomba atómica. ¿Cómo podemos hablar de responsabilidad popular por la paz, cuando incluso los miembros del Congreso votan a favor de otorgar miles de millones para proyectos destinados a expulsar a la humanidad de la Tierra sin tener la más mínima noción de lo que están haciendo?". Iniciada la era nuclear, la Carta de San Francisco había estallado por los aires y Wynner solicitaba el apoyo de Fullbright para la verdadera causa en juego:

> "Estoy dispuesta a admitir que la Carta de San Francisco sería adecuada en un mundo de arcos y flechas porque en tal mundo todavía habría tiempo para una evolución gradual; pero en el mundo de la bomba atómica, la única esperanza que veo para evitar la destrucción total que tanto parece gustarnos, es romperla y crear inmediatamente una verdadera Asamblea Constituyente Mundial"[60].

Redoblando el esfuerzo para mantener viva la llama del mundialismo, la reedición de "Searchlight on Peace plans. Choose your road to World Government", contaría ese verano con mayor apoyo propagandístico, y se vería arropada por firmas de relevancia como las del filósofo Mortimer Adler, los historiadores Harry Hansen y Upton Close, el filántropo Samuel Simeon Fles o el economista Hans Heymann, que junto a Schwimmer, Catt y Norman Thomas, calificarían la obra como "imprescindible" para afrontar los retos mundiales. La reseña elaborada por el escritor universalista Paul Jordan-Smith para *Los Angeles Times* afirmaba que aquel era "el libro que todos los planificadores de la paz, estadistas , comités de relaciones exteriores y, en verdad, todos los hombre y mujeres de buena voluntad, necesitarán tener a mano durante los próximos meses y quizás años"[61].

---

[60] Wynner a Fullbright (14/08/1945). RSP: caja 421.

[61] "Books of Interest in Connection with the United Nations Conference at San Francisco", *News from E.P. Dutton & Co. Inc.* (09/08/1945). RSP: caja 421.

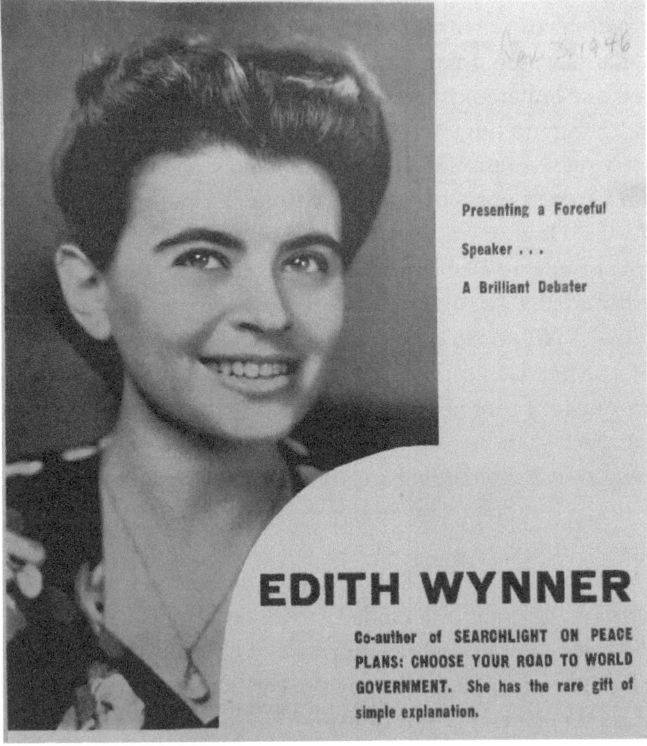

Fig. 4. Edith Wynner en un folleto propagandístico de su gira como conferenciante en enero de 1946. Fuente: Rosika Schwimmer papers. Manuscripts and Archives Division. The New York Public Library. Astor, Lenox, and Tilden Foundations

El activismo de Wynner llamó además la atención del diputado laborista británico Henry Usborne, quien, convencido de la bondad y la irreversibilidad de un futuro Gobierno Mundial, logró aglutinar a un grupo de partidarios en la Cámara de los comunes: "Sólo soy un peón muy insignificante en el Parlamento; pero propongo ser ruidoso y apremiante... En realidad, hay un sector muy grande de los miembros más jóvenes de la casa que son de mi opinión. No pasará mucho tiempo antes de que nos salgamos con la nuestra. La edad promedio del Partido es, según creo, de unos cuarenta años:

el promedio del Gabinete es de 62 años. Creo que habrá un cambio dentro de poco. Tengo muchas esperanzas de que Gran Bretaña asuma el liderazgo, como usted dice, sólo nosotros podemos hacerlo ahora. Y creo que lo haremos, pero por el momento los 'viejos' siguen en el poder. Eso no durará"[62]. El británico solicitó entonces a Wynner que se viniese a Londres para ejercer como secretaria ejecutiva de la futura Cruzada por un Gobierno Mundial[63], hermana británica de la CWG: "De ahora en adelante debo concentrar todas mis energías en hacer que este Gobierno Laborista adopte la idea de la Federación Mundial. Creo que se puede hacer, pero hará falta muchísimo esfuerzo… No puedo hacer todo esto exitosamente sin un colaborador que pueda hacerlo a tiempo completo. Nadie podría hacerlo mejor que tú. Entre nosotros, trabajando juntos aquí en Inglaterra, en este preciso momento de la historia, creo que podríamos lograr el milagro. ¿Qué piensas al respecto? ¿Podrías venirte?"[64].

En aquellos días, Schwimmer, con 68 años, mostraba a Catt, su antigua mentora, su angustia ante un futuro aterrador: "Hace unos días vimos una película, "El bombardeo de Budapest", que muestra a los rusos "liberando la ciudad", bombardeando y quemando lo que los alemanes no habían destruido y luchando de casa en casa y de habitación en habitación con bayonetas, bombas incendiarias, etc. En esta película vemos destruidos todos y cada uno de los edificios relacionados con nuestro Congreso de 1913… Los escombros no se pueden retirar porque los cadáveres yacen todavía enterrados bajo ellos… Hace años que no hemos podido enviar una palabra a Hungría… Porqué esos diabólicos rusos nos torturan aquí con una negativa absoluta a cualquier tipo de comunicación es uno de los terribles enigmas de toda esta situación. El aterrizaje forzoso ante esta espantosa realidad hace que una tenga la esperanza de que algunos de los científicos que juegan con los aparatos de la bomba atómica

---

62 Usborne a Schwimmer (12/09/1945). RSP: caja 422.

63 Henry C. Usborne: "The Crusade for World Government", *Bulletin of the Atomic Scientists*, 3, 12 (1947), pp. 359–360; Daniel Gorman: "The Dreamers: The World Parliament Movement", *Uniting Nations: Britons and Internationalism, 1945–1970*, Cambridge University Press, Cambridge, 2022, pp. 93-123.

64 Usborne a Wynner (12/09/1945). RSP: caja 422.

toquen accidentalmente un botón que convierta nuestro planeta en polvo de estrellas"[65].

La matriarca del sufragismo norteamericano, que contaba 86, trataba de trasladarle motivos para la esperanza, animando a maestra y pupila a seguir en la lucha: "La mente humana no ha progresado lo suficiente como para ver con claridad y razonar perfectamente. La única manera de poner fin a la guerra es hacer que el pueblo sepa razonar… De hecho, a muchas personas les gusta la aventura de la guerra, anhelan los beneficios de la guerra y las posibilidades de ascenso y prestigio… Dice que a la señorita Wynner no la llaman para hablar con tanta frecuencia como le gustaría. Esto es sólo una repetición de una vieja historia. La gente teme lo que ella pueda decir. Puede que te tachen de radical, socialista o comunista, solo porque tengas alguna idea que les asuste. Es este tipo de miedo, el miedo a ideas no experimentadas, lo que ha mantenido al mundo siempre en el atraso. Sin embargo, ya se ha logrado mucho y se logrará más. No deje que ella se desanime… La gente siempre se ha interpuesto en el camino del progreso. Nunca ha querido ser justa y generosa, por lo que se ha avanzado muy lentamente y, a veces, nada; pero observe los grandes progresos que el mundo ha habido en el último siglo. Desearía tener el poder de brindarle más ayuda y coraje, pero me cuesta mucho mantener el mío"[66].

LUCHANDO POR LA TERCERA VÍA. DE LONDRES A MONTREUX

El terror nuclear y la incertidumbre ante los retos urgentes generó momentáneamente una nueva estructura de oportunidad para los abogados del mundialismo. Numerosos intelectuales y científicos se sentían ahora llamados a evitar una nueva catástrofe, quizás la última de todas, y las plataformas mundialistas vieron incrementar su número de militantes y donantes. El Movimiento por un Gobierno Federal Mundial, fundado en diciembre de 1940 por Robert

[65] Schwimmer a Catt (22/09/1945).RSP: caja 422.
[66] Catt a Schwimmer (16/10/1945). RSP: caja 423.

Lee Humber[67], sumaría ahora nuevos apoyos, y su Declaración en favor de una Federación Mundial, aprobada por vez primera como resolución ante la Asamblea General de Carolina del Norte en marzo de 1941, contaría ahora con el voto favorable de 16 cámaras legislativas de los 48 Estados de la Unión.

Wynner reactivó su campaña en favor del Gobierno Mundial en Estados Unidos, pero siguió mostrando serias reticencias a la invitación cursada por Usborne para su traslado a Londres, especialmente teniendo en cuenta el papel que el gobierno británico comenzó a adoptar en política exterior: "Attlee ha estado demasiado ocupado aquí convenciendo a los conservadores dentro y fuera del Congreso de lo inofensivo que es, después de todo, el Gobierno laborista... Estamos completamente desanimados con la política mundial del Gobierno laborista, ajena por completo a la opinión progresista, cualesquiera que sean los beneficios que pueda lograr internamente para Gran Bretaña... Todo lo que hace en el extranjero es adular a los poderosos y los conservadores, pateando en la cara a los oprimidos. La evolución de sus políticas me hace preguntarme cuánto tiempo sería tolerada en su pequeña y estrecha isla si fuera tan franca en mis críticas a las políticas mundiales de su gobierno como lo soy aquí con las de mi gobierno y el suyo. Tengo la sensación de que ni el Gobierno ni el pueblo británico aceptarían con agrado una crítica abierta de una huésped extranjera"[68].

En noviembre de 1946, mientras Emily G. Balch recogía el Nobel de la Paz en Oslo y Naima Sahlbom recibía en Estocolmo la medalla Illis Quourum, parecían correr nuevamente buenos tiempos para las viejas pacifistas. Con Schwimmer cada vez más enferma, Wynner comenzó a trabajar para que su maestra fuese la próxima premiada con el Nobel. La CWG se adhirió además a la denominada Declaración de Acción de Gracias suscrita en Chicago, que establecía las siguientes vías para alcanzar una Asamblea Constituyente Mundial: "1º. Transformando las Naciones Unidas en un Gobierno Federal

---

[67] Robert Lee Humber: *The Declaration of the Federation of the World: resolution adopted by the General Assembly of North Carolina, March 18, 1941*, Edwards & Broughton Co., Raleigh, 1942.
[68] Wynner a Ursborne (19/11/ 1945). RSP: caja 424.

Mundial mediante la incorporación de enmiendas fundamentales al artículo 108 o mediante una convención de revisión, en virtud del artículo 109; 2º. Convocando una Asamblea Constituyente Mundial: (a) Por los gobiernos; o (b) Mediante la iniciativa popular, para redactar una constitución que será sometida a los gobiernos para su ratificación por todos los pueblos del mundo, de acuerdo con sus procesos constitucionales"[69]. La declaración establecía el marco de partida para los principios de unidad que deberían establecerse en la próxima Convención de Asheville, Carolina del Norte, que en febrero de 1947, reuniría a delegados de todas las organizaciones estadounidenses en favor del Gobierno Mundial.

Antes de iniciar su misión en Londres, Wynner trasladó a Usborne un informe extremadamente detallado sobre lo allí sucedido: "La Convención de Asheville fue en muchos sentidos emocionante y única". En su opinión, el rumbo tomado por la organización nacida del encuentro y denominada Federalistas Mundiales de los Estados Unidos[70], era el más conservador que podría seguirse tras el nombramiento de Tom Griessemer[71] como secretario general, pero, al menos se habían dado pasos hacia adelante. Impresionada por las virtudes de Humber "muy por encima de la media... un estadista y un hombre de gran integridad, altruismo y sincera humanidad"; Wynner colaboró intensamente en la defensa de la propuesta de la Asamblea Constituyente Mundial con Fyke Farmer[72], a quien aconsejó estar presente en la próxima reunión de Ginebra:

> "La Conferencia deberá ser una buena muestra del calibre del movimiento en los Estados Unidos y no creo que el simple hecho de contar allí con más dinero y con la presencia de algunos de

[69] *Thanksgiving Conference Statement, Movement for World Federal Government, U.S. Council*, Chicago (18/11/1946). CWG-NY: caja 24.

[70] *How to get World Government... the only protection from the atomic bomb,* World Federalists U.S.A., New York, 1947.

[71] Tom Griessemer: editor entre 1943 y 1952 de la revista *World Government News*.

[72] Fyke Farmer: *Plan for Representation in World Constituent Assembly at Geneva*, Nashville, 1948.

> esos buitres de Nueva York suponga una representación fidedigna. Deberías empezar a ser conocido en Europa y moverte por allí"[73].

Asheville le deparó, sin embargo, un fatídico desencuentro con el federalista británico de origen checo, Ota Adler, radicalmente opuesto a la idea de la Asamblea Constituyente, dificultando el apoyo financiero a su comprometida misión en Londres: "Respondió que no era antagonista de mi partida, pero estaba claro que yo era una persona de fuertes convicciones, difícil de persuadir y, por lo tanto, difícil de tener dentro de una organización. Además, si iba a ayudar a financiar esto, tenía que estar seguro de que obtendría el mayor valor por el menor dinero y, después de todo, era caro importar a una persona de los EE.UU.". Las posiciones dispares entre ambos –el checo nacionalizado británico y la húngara convertida en ciudadana norteamericana– plasmaban de manera meridiana las divergencias crecientes entre el idealismo heredado de la era progresista y el internacionalismo realista convertido en paradigma de la Guerra Fría: "Para él, la prueba incontrovertible de un buen organizador era la de alguien que hubiese hecho mucho dinero en los negocios. Consideré que era bastante inútil discutir este punto y me abstuve de señalar que el problema con los grandes productores de dinero era que la mayoría de ellos ya no eran aptos para nada más; además del asuntillo de Hitler y Napoleón que no fueron precisamente exitosos empresarios durante la primera mitad de sus vidas... Adler pasa completamente por alto la importancia del idealismo imponderable y las fuerzas espirituales que hacen de este movimiento la esperanza del mundo en un momento en el que fuera de él sólo hay nihilismo, angustia y desesperación. Tiene una tendencia a quedar impresionado con los peces gordos ya formados como Churchill, sin darse cuenta de que, de los jóvenes que hoy están demostrando liderazgo en el movimiento surgirán los peces gordos del próximo año".

Significativamente, para remediar las urgencias financieras, Wynner ponía su mirada, más en Asia que en Europa. Había recibido una "preciosa carta" del hombre más rico de la India, Ramkrishna

[73] Wynner a Farmer (27/02/1947). WMWFG-New York: caja 24.

Dalmia[74]: "Ha estado haciendo una cruzada allí por un gobierno mundial. Creo que sería importante invitarlo a Inglaterra... Este hombre tiene ya la visión requerida y el dinero y soy partidaria de trabajar con él en cuanto sea posible"[75]. De cualquier modo, la próxima batalla tendría lugar en Suiza y Wynner confiaba en que Usborne y ella pudiesen ostentar posiciones favorables para defender la propuesta de la Asamblea Constituyente Mundial: "Si van a seleccionar oradores para la Conferencia, haga todo lo posible para asegurarme un lugar. En Asheville vimos que por mucho que trabajasen para suprimir la propuesta de la PWC, y pese a que sólo conté con diez minutos para exponerla, pudimos revolucionar el sentimiento de las bases al respecto"[76].

Ya en Londres, Wynner redactó el informe sobre la reunión celebrada en Bruselas para organizar el primer congreso mundial del, desde entonces denominado, WMWFG: "El principal asunto del Congreso será adoptar la Constitución del Movimiento y discutir los métodos para lograr un gobierno mundial. Se prevé que la enmienda de la Carta de la ONU y la formación de una Asamblea Constituyente de los Pueblos sean objeto de máxima consideración. Si el tiempo lo permite, habrá sesiones políticas dedicadas a discutir la relación del Gobierno Mundial con Rusia, con el Problema Alemán y con los Problemas Económicos Mundiales"[77]. El congreso tendría lugar del 17 al 24 de agosto en la villa suiza de Montreux, sede a su vez del 27 al 31 de ese mismo mes del Congreso de Federalistas Europeos.

Wynner logró en Montreux una de las vicepresidencias e influyó decisivamente en la redacción de la Declaración final, pero, a efectos prácticos, los partidarios del atlantismo se hicieron con el control de la organización: "Los federalistas europeos cuentan ahora con el control de nuestro Consejo... Estaban bien organizados y, con el actual sistema de votación, tienen la mayoría... ¡Increíble! El Congreso se pareció más a una reunión de lunáticos del Norte que

[74] Cofundador en 1932 de la corporación industrial Dalmia-Jain.
[75] Wynner a Usborne (25/02/1947). CWG-NY: caja 24.
[76] Wynner a Usborne (25/02/1947). CWG-NY: caja 24.
[77] Informal Report on Meeting of Temporary World Council Movement World Federal Government, Brussels, May 2-5, 1947 (07/05/1947). CWG-NY: caja 25.

a un verdadero Congreso para el Gobierno Mundial... Los franceses estaban completamente histéricos y atacaron al bloque angloamericano desde el principio... Estábamos rodeados de chiflados que se levantaban en cada ocasión para exponer su discurso, pero no estaban dispuestos a escuchar a nadie... A Usborne no le fue muy bien. Los franceses lo consideran arrogante y pedante... Todavía mantienen a Griessemer como secretario general porque uno de los americanos –Lawrence Schultz– dijo que no se contaría con dinero americano si el Secretario General no era él... Pero ya están cavando su tumba y no es probable que su sucesor suponga mejora alguna"[78].

EUROPE FIRST! DE MONTREUX A ESTOCOLMO

Tras ver publicado en Federal News un informe de lo acontecido en Montreux firmado por el británico Keith Kilby, Wynner le escribió para corregir algunas de sus anotaciones: "Me gustaría llamar su atención sobre los siguientes errores porque, cuando se hayan corregido, creo que su informe probablemente será utilizado por la mayoría de nosotros como semioficial"[79]. En su opinión, el relato sobre la elaboración de la Declaración de Montreux distaba mucho de la realidad. Ella era la única que había participado directamente en los cuatro comités conformados para su elaboración: el primero, unos días antes del inicio de la Conferencia, junto a Victor Collins; el segundo, reunido el 16 de agosto y en el que ella había ejercicio como presidenta, presentando un borrador de Declaración de Interdependencia que parafraseaba la declaración de independencia estadounidense; el tercero, junto a Collins de nuevo y el estadounidense Harris Wofford Jr. que contaba entonces 21 años[80]. El cuarto comité solo había revisado, aprobado y editado el texto previo.

---

[78] Wynner a Schwimmer (27/08/1947). CWG-NY: Caja 25.

[79] Wynner a Kilby (20/10/1947). CWG-NY: Caja 25.

[80] Harris Llewellyn Wofford, Jr.: Fundador en 1940 en Chicago de *Student Federalists*, pronto denominada *World Republic*. Rector del Bryn Mawr College (1970-1978), gobernador (1987-1991) y senador de Pensilvania (1991-1995). Promotor de la carrera política de Hillary Clinton y Barack Obama. Entre sus obras en los años citados: *World federal democracy: a plan for action*, Federal Union, Washington D.C., 1944;

Fig. 5 y 6. Cartel y portada de la publicación con motivo del I Congreso Mundial del WMWFG. Fuente: Campaign for World Government. Records of the New York office. Manuscripts and Archives Division. The New York Public Library

Los desencuentros de Wynner con los federalistas europeos fueron cada vez más pronunciados. En febrero de 1948 envío una extensa misiva a Alexandre Marc, quien por entonces se encargaba de preparar los informes para el próximo congreso del WMWFG en Luxemburgo. Sus discrepancias apuntaban en varios sentidos: "Lo que me preocupa no es que haya tantos europeos en nuestro Consejo Mundial, sino que de los 28 miembros del Consejo, al menos diez dediquen la mayor parte de su tiempo a promover más la Federación Europea que el Gobierno Mundial… Estas tendencias, combinadas con las tesis de Coudenhove-Kalergi y de Churchill, revelan con claridad que los promotores del bloque occidental provocarán una crisis en el próximo Congreso… También estoy profundamente preocupada por lo que me parece una manipulación por parte del Comité Ejecutivo… la introducción de la idea de una Convención

It's up to us: federal world government in our time, Harcourt, Brace and Company, New York, 1946; *Road to the world republic; policy and strategy for Federalists*, Federalist Press, Chicago, 1948.

Constitucional Interparlamentaria, propuesta que nunca se presentó ante el Congreso de Montreux... Otro asunto que me preocupa gravemente es la práctica del Movimiento de enviar a una persona a misiones importantes... Me refiero concretamente a las entrevistas individuales del Abbé Pierre en Checoslovaquia y su proyectado viaje en solitario a Rusia. Tanto desde el punto de vista de la práctica general -teniendo en cuenta que es además miembro de una orden religiosa- enviarlo como delegado en exclusiva me parece un error estratégico de primera magnitud" [81]

Las buenas noticias parecieron llegar entonces desde el otro lado del Atlántico. Tras las conversaciones mantenidas con Farmer y Usborne, tal y como Rosika Schwimmer les había alentado a hacer, la principal filántropa de Chicago, Anita McCormick Blaine[82], acordó en agosto de 1948 donar un millón de dólares para la Foundation for World Government (FWG). Wynner viajó a Luxemburgo para participar en septiembre en el II Congreso de la WMWFG. En el nuevo consejo ejecutivo resultaron designadas junto a ella, tres mujeres más: Elisabeth Mann Borgese, la británica Monica Wingate y la italiana Luciana Gabrielli. Tras el Congreso, Wynner regresó a Nueva York para ocuparse del legado de Schwimmer. Tal y como ella temía, el dinero de la FWG pronto se lapidaría en labores inoperantes: "Advertí a Usborne que ese dinero iba a ser desviado a todo tipo de trivialidades".

En su opinión, frente a una cifra aproximada de 30.000 a 50.000 dólares recibidos para extender en el Reino Unido la Cruzada por el Gobierno Mundial, las organizaciones francesas se vieron premiadas con 90.000 dólares y la norteamericana World Republic con 15.000. Una cantidad destacada sirvió para publicitar el manifiesto firmado por el presidente de la FWG, Stringfellow Barr[83]. Otros 5.000 dólares servirían para que Harris Wofford y su esposa, Clare Lindgren,

---

[81] Wynner a Marc (11/02/1948). CWG-NY: Caja 25.

[82] Mecenas de la *World Foundation* de Madariaga desde 1936 y de *la World Citizens Association* desde 1939. Su testamento en febrero de 1954 legó veinte millones de dólares para constituir la *New World Foundation*, dirigida en la década de los 80 por Hillary Clinton.

[83] Stringfellow Barr: *Let's Join the Human Race*, University of Chicago Press, Chicago, 1950.

realizasen una gira para sumar aliados en la India[84]. Wynner recibiría unos 1.500 dólares para cubrir su viaje a Luxemburgo y su estancia en Europa: "Hasta donde yo sé, esto fue todo lo que se destinó a cualquier tipo de esfuerzo directo de un gobierno mundial. Una buena suma debe haberse destinado a enviar una docena o más de estudiantes a estudiar el Kibbutz israelí... He oído que Wofford escribió un libro de 800 páginas sobre la Historia de la Fundación. No lo he visto. Incluso ahora, pensar en este episodio me repugna. Esta fue la primera oportunidad real para un esfuerzo organizativo importante sobre el gobierno mundial y se fue por el desagüe"[85].

El tercer congreso del WMWFG se celebró en Estocolmo en septiembre de 1949. En esta ocasión, sería otra europea expatriada en Estados Unidos como Elisabeth Mann Borgese, quien adquiriría una posición relevante como nueva secretaria ejecutiva[86]. Su esposo, el italiano Giuseppe Antonio Borgese había promovido el comité de la Universidad de Chicago encargado de redactar un Borrador Preliminar de Constitución Mundial[87]. Lord Boyd Orr, primer director de la FAO, galardonado dos meses más tarde con el Nobel de la Paz, ostentaría ahora la Secretaría General. Fue Mary M. Lloyd quien representó entonces a la CWG, siempre informando puntualmente a Wynner: "Ha conseguido usted la única victoria que merecía nuestra presencia en el Congreso: la cuestión de la aplicación de la ley sobre los individuos y no sobre los Estados. ¡Múltiples felicitaciones! Me pregunto qué dirá Borgese al respecto... La única esperanza para el próximo año podría residir en nombrar un Secretario General con suficiente sentido común como para ignorar al Comité ejecutivo y

---

[84] Harris Wofford Jr: *The Case for the Campaign*, The Foundation for World Government, New York, 1948; Harris Wofford Jr. y Clare Wofford: *India afire*, The John Day Company, New York, 1951.

[85] Wynner al historiador danés Finn Laursen (19/05/1972). CWG-NY: Box 25.

[86] Elisabet Mann Borgese: "Making a Constitution for the World", redactado conjuntamente para *World Government: The Twenty-Second Annual Debate Handbook*, y el número de julio de 1948 de *The Bulletin of Atomic Scientists*; Elisabet Mann Borgese: *Recommendations for the New Statute of the World Movement for World Federal Government"*, memorándum redactado para la Secretaría General del WMWFG (1949). Historical Archives of the European Union (HAEU). Fondo Alexandre Marc (AM): caja 237.

[87] "Preliminary Draft of a World Constitution", *Common Cause*, 9, University of Chicago Press, marzo de 1948.

construir de veras un Movimiento. Pero eso es poco probable si el Secretario debe ser lo suficientemente inofensivo como para parecer inofensivo para todos los miembros"[88]. El pesimismo de Wynner respecto al WMWFG le llevó a centrar toda su atención en la causa de la Asamblea Constituyente Mundial. Los obstáculos superados por el sufragismo servían para arropar su tesis: "Creo que probablemente sea un error intentar arreglar el WMWFG. Los diversos grupos sufragistas tenían sus facciones, pero se separaron y se establecieron por separado y no siguieron frustrándose unos a otros en su propia organización"[89].

Wynner siguió redactando detallados informes para quien quisiera dar cuenta de ellos. Entre los más significativos están los trasladados a G.A. Borgese en noviembre de 1950, mientras se organizaba la primera conferencia en favor de la Asamblea Constituyente Mundial que tendría lugar en Ginebra. Las reflexiones de Wynner sobre los planes de los Borgese para el WMWFG introducían varias matizaciones críticas. La primera de ellas tenía que ver con la composición del comité ejecutivo, en un doble sentido: el género y la edad: "(1º) No hay ni una sola mujer en él. Teniendo en cuenta el papel pionero de varias mujeres destacadas en el movimiento gubernamental mundial, este elenco exclusivamente masculino marca una clara marcha hacia atrás. (2º) Me preocupa, únicamente por cuestiones organizativas, hasta qué punto este comité está lleno de personas de avanzada edad. El WMWFG, a menos que se produzcan milagros imprevistos –una se vuelve dura y cínica con la experiencia y llega a creer cada vez menos en los milagros–, se enfrenta a una larga y ardua serie de campañas que pueden requerir varias generaciones de liderazgo. Si afrontamos esta posibilidad de manera realista, no podemos darnos el lujo de que una parte destacada del comité pase a ocupar las columnas necrológicas en cinco o diez años. Por lo tanto, cualquier comité debe contar siempre con un grupo sustancial de

[88] Wynner a Lloyd (11/09/1949). CWG-NY: caja 26.
[89] Wynner a Lloyd (14/09/1949). CWG-NY: caja 26.

personas jóvenes y muy jóvenes que garanticen mantener una línea de sucesión ininterrumpida"[90].

En segundo lugar, Wynner denunciaba el intento de Borgese de distanciar el WMWFG de la iniciativa de la Asamblea Constituyente de los Pueblos del Mundo: "Detecto un intento de ahuyentar a la gente de la PWC, haciéndola parecer como una iniciativa un tanto ilegal. Este tipo de consigna federalista se está repitiendo estúpidamente en la actualidad. Por muy subversiva que se pueda hacer parecer la PWC, ni el Chicago Tribune ni las Hijas de la Revolución Americana amarán al Comité de Chicago más de lo que lo hacen ahora. Resígnese al hecho de que los federalistas somos miembros de una amplia fraternidad. Ya no puede usted patear a una facción en los dientes sin patear también al resto". Por último, y en relación con lo anterior, se oponía al hecho de abandonar la "tercera vía" para instalarse públicamente en el arco atlantista:

> "Dudo que usted desee conscientemente expulsar del Movimiento Mundial a cualquier organización afín a la Unión Soviética, porque en ese caso debe darse cuenta de que eso sólo conduciría a la creación de una internacional rival con el objetivo de denunciar la maldición del dominio estadounidense de una organización que debe intentar ser verdaderamente internacional"[91].

Volcada cada vez más en dejar testimonio de la memoria truncada del feminismo pacifista[92], Wynner se valía de la historia del sufragismo para avalar su tesis en favor de una competencia virtuosa entre el WMWFG y la PWC:

> "Me recuerda la división en el movimiento por el sufragio femenino estadounidense sobre la cuestión de las campañas por el sufragio Estado por Estado frente a la campaña para lograr la enmienda federal. Ambas facciones recorrieron caminos separados

[90] Wynner a Borgese (27-11-1950). CWG-NY: caja 24.
[91] Wynner a Borgese (27-11-1950). CWG-NY: caja 24.
[92] Edith Wynner: *Thirty-Fifth Anniversary of Hague Congress of Women*, New York, 1950.

durante dos décadas. Finalmente, un grupo más joven de líderes unió los dos movimientos en uno solo y procedió a trabajar por igual para ambos métodos. Las campañas Estado por Estado aumentaron la maquinaria de sufragio hasta alcanzar una fuerza de dos millones de militantes, sabias y duras para agitar la política local y estatal. Cada sucesiva victoria estatal de votos para las mujeres inspiró no sólo a las sufragistas estadounidenses sino también a grupos organizados de otros países. Al mismo tiempo, año tras año se organizó el gran impulso para la aprobación de la enmienda federal. Nadie podía desentrañar cuál de los dos métodos contribuyó más para la victoria final, ya que ambos tipos de acción eran absolutamente armoniosos y necesarios"[93].

DEL DESENCANTO AL OSTRACISMO. GINEBRA, ROMA, COPENHAGUE, PARÍS...

El 30 y 31 de diciembre de 1950 tuvo lugar en Ginebra la primera reunión de delegados en favor de la Asamblea Constituyente de los Pueblos del Mundo. A los discursos inaugurales de Usborne y Orr, siguió la lectura del mensaje de apoyo enviado por Albert Einstein. Mary M. Lloyd fue designada entre los diez miembros del Consejo Mundial y entre los tres consejeros encargados de coordinar el trabajo hasta la próxima reunión plenaria[94]. Vivió así de primera mano las enormes tensiones y los múltiples contratiempos surgidos en torno a la celebración del V Congreso del WMWFG celebrado en Roma. Sus detallados informes a Wynner, velada asesora en todo momento de sus acciones, reflejan como el enardecido clima de Guerra Fría había arruinado cualquier posibilidad de progreso. Las dificultades solo habían sido superadas por el agotador trabajo de algunos delegados y las forzosas renuncias de otros muchos: "Hasta aproximadamente el 14

[93] Wynner a Borgese (27-11-1950). CWG-NY: caja 24.

[94] *Conseil Mondial pour l'Assemblée Constituante des Peuples*. Texto publicado en abril de 1951 por el secretariado permanente del Consejo Mundial de la ACP. Otros informes publicados en *World Movement for World Federal Government, Newsletter*, 6, enero de 1951, pp. 5 a 10; y *Bulletin D'Informations Hebdomaire, Agence Mondialiste de Presse, AMIP*, 15 (03/01/1951).

de marzo nadie estaba seguro de que pudiéramos celebrar el Congreso. Tuvimos al Profesor Borgese sembrando problemas desde América, a los federalistas europeos (que no mundiales) haciendo lo mismo en Europa, y al conde Sforza, quien le dijo a Lord Boyd Orr… que ambos Borgeses ¡eran comunistas!… Algún enemigo no identificado en los EE.UU. se dedicaba a difundir rumores de que el Congreso había sido cancelado… Nos echaron del Palacio Barberini… doce días antes de la inauguración"[95]. Tras la dimisión de los Borgese, que alegaron no asistir por enfermedad, y la renuncia definitiva del WMWFG a contar con la participación de organizaciones afines de algún modo a los postulados soviéticos, el conde Sforza y Pío XII bendijeron públicamente el V Congreso[96], identificado ya con una óptica claramente atlantista.

Para Lloyd, tal rendición suponía el fracaso definitivo del WMWFG: "El gobierno italiano, tranquilizado por la revocación de la invitación a los partisanos, finalmente consiguió dos millones de liras, por lo que pudimos salir a flote sin deudas… pero perjudicando de manera fatídica el espíritu del congreso… El nuevo presidente es muy amigo personal de Trygve Lie, una propuesta angloestadounidense que generó una gran disputa. Su ficha biográfica no sobresale más que por su carrera militar… Objeté violentamente contra el hecho de que en ninguna parte aparezcan las palabras "gobierno federal mundial"[97]. También la danesa Ellen Hørup se mostraba crítica con lo acontecido: "El movimiento se ha suicidado al aliarse con la Iglesia católica. El nuevo presidente incluso se arrodilló ante el Papa… Una actuación lamentable… Se dice que la razón era que ¡querían los votos y el dinero de los católicos!, pero ¿cómo puedes aliar tu movimiento a una institución contraria a cada uno de los párrafos de tu carta fundacional?"[98].

En diciembre de 1951 la tercera reunión del Consejo Mundial de la Asamblea Constituyente de los Pueblos del Mundo intentó

[95] Lloyd a Wynner (10/04/1951). CWG-NY: caja 26.
[96] José Ramón Rodríguez Lago: "Entre la «Realpolitik» y la utopía evangélica. Pío XII y el proyecto mundialista", *Anuario de historia de la Iglesia*, 33, 2024, pp. 111-141.
[97] Lloyd a Wynner (10/04/1951). CWG-NY: caja 26.
[98] Hørup a Wynner (26/04/1951). CWG-NY: caja 26.

curar las heridas provocadas por el congreso de Roma. Junto a Edith Wynner y Mary Maverick Lloyd, el nuevo consejo contaría también con la italiana Maria Tibaldi Chiesa, la austríaca Hainish Machet y la india Kamaladevi Chattopadhyay, pero, en unos años marcados por las doctrinas del autodenominado internacionalismo realista, la influencia de las mujeres sería cada vez más irrelevante. En agosto de 1953, durante el V Congreso del WMWFG, 28 de las delegadas presentes firmaron una propuesta de resolución en favor de la movilización feminista por la causa: "La Conferencia de Copenhague para el Gobierno Mundial reconoce la necesidad de difundir nuestras ideas y principios entre las mujeres y las organizaciones de mujeres, y de convencerlas de que una Federación Mundial es la única fórmula jurídica para la paz mundial en libertad. Recordando las palabras de Lord Boyd Orr: "Las mujeres no conocen su propio poder; Si unen sus voces, los gobiernos accederán a sus peticiones"[99]. El texto apostaba por una mayor implicación en los trabajos que desarrollaba por entonces la Comisión de la Condición Jurídica y Social de la Mujeres[100] en la ONU: "El Congreso insta a las mujeres presentes en la Conferencia de Copenhague a que propongan a las organizaciones de mujeres de sus países la creación de un centro federativo de organizaciones no gubernamentales de mujeres en las Naciones Unidas, con miras a obtener una voz colectiva poderosa en las Naciones Unidas para la aplicación de la Declaración Universal de Derechos Humanos". Significativamente, tales propuestas no aparecerían recogidas finalmente en la Declaración de Copenhague.

Confiando todavía en una posible revisión de la carta de la ONU coincidiendo con la celebración de los primeros diez años de la Carta de San Francisco, Wynner publicó en 1954 un libro que recogía las propuestas formuladas para progresar en la Asamblea Mundial Constituyente[101]. En julio de 1955, tras asistir al VI Congreso celebrado por la WMWFG en París, Mary Lloyd escribía de nuevo a su

---

[99] Draft Resolution (28/08/1953). CWG-NY: caja 24.

[100] Teresa María Ortega López y Mónica Moreno Seco: "Las mujeres en la agenda internacional. La ONU y las mujeres", *Historia de las mujeres y del feminismo desde 1945*, Síntesis, Madrid, 2023, pp. 25-33.

[101] Edith Wynner: *World federal government: Why? What? How? In maximum terms. Proposals for United Nations Charter revision*, Fedonat Press, New York, 1954.

confidente: Usborne le había confesado durante el congreso que su trabajo en favor del Gobierno Mundial sólo le había servido para que la oposición lo acusase de ser una "bestia roja" en clara connivencia con un complot comunista. La norteamericana confesaba con tristeza: "Aquellos de nosotros que recordábamos Montreux añorábamos las viejas reacciones airadas. El patrón de este Congreso ha consistido en una serie de largos discursos de los peces gordos... Me senté en la primera fila cuando vi que Bertand Russell iba a hablar... No encontré ningún motivo para votar en contra... Simplemente, me abstuve en silencio"[102].

El relato hegemónico de la Guerra Fría condenó al ostracismo las corrientes progresistas de las que habían emergido el feminismo y el pacifismo. Wynner seguiría participando regularmente en los debates sobre el desarme y la reforma de las Naciones Unidas y vería publicadas sus cartas al director y sus ensayos en The New York Times, o revistas como The Wilson Quarterly o World Peace News, donde a menudo criticaría a aquellos que, en su opinión, tergiversaban la obra de Schwimmer y la CWG. Pese a los múltiples sinsabores e incomprensiones, nunca renunciaría a sus principios.

CONCLUSIONES

El análisis de las trayectorias biográficas de Schwimmer y Wynner permite apreciar como los logros alcanzados en la batalla por el voto femenino animaron a algunas dirigentes del sufragismo a afrontar nuevos retos políticos como la promoción de la paz y la construcción de un gobierno federal mundial. Las redes transnacionales entre ambos lados del Atlántico se vieron reforzadas por jóvenes dirigentes del sufragismo en el viejo continente que, huyendo de la represión en sus países de origen, se exiliaron en Norteamérica. El éxodo de las húngaras Schwimmer, Wynner, la austríaca Askanasy o la alemana Elisabeth Mann Borgese –entre muchas otras–, les hizo depositar en la democracia norteamericana y en su modelo federal, las esperanzas

[102] Lloyd a Wynner (01/08/1955). CWG-NY: caja 25.

de paz, libertad y progreso para el conjunto de la humanidad; una apuesta que manaba de las fuentes del progresismo de principios de siglo, pero que toparía con gran resistencia tras el estallido de la Segunda Guerra Mundial.

Las promotoras de la Campaña por un Gobierno Mundial criticarían la vía atlantista inspirada por Streit en 1939 y el diseño de una Europa dividida entre los ejércitos vencedores. Depositando su esperanza en el gobierno laborista británico y en las socialdemocracias escandinavas, las organizaciones pacifistas tratarían de alentar una tercera vía, oponiéndose de manera sistemática a la conformación de bloques militaristas, y alentando la conformación de un gobierno federal mundial, democrático e inclusivo. La ONU pactada por los vencedores debería dejar paso así a una verdadera Asamblea Constituyente Mundial. En su opinión, la apuesta por modelos regionales ajustados a los intereses y áreas de influencia de las dos superpotencias no solo aumentaba el riesgo de una hecatombe nuclear; también impedía afrontar de manera eficaz problemas y retos de alcance global. El relato hegemónico de la Guerra Fría y la institucionalización del europeísmo atlantista condenarían al ostracismo aquellas ideas e iniciativas, pero sin su análisis sería imposible comprender con rigor la trayectoria del internacionalismo en las cuatro décadas analizadas en este capítulo.

EMIGRACIÓN, SERVICIO DOMÉSTICO Y COMPROMISO SOCIOPOLÍTICO EN EUROPA. LAS MILITANTES DE LA JUVENTUD OBRERA CRISTIANA (1956-1975)[1]

María José Esteban Zuriaga
Centro Universitario de la Defensa de Zaragoza

Las reformas emprendidas por los gobiernos tecnócratas franquistas una vez dejada atrás la fase autárquica de la dictadura tuvieron diversos efectos, entre los que se encuentra el excedente de mano de obra del que se beneficiaron los países europeos en reconstrucción tras la Segunda Guerra Mundial. El Instituto Español de Emigración, creado en 1956, y diversos acuerdos bilaterales de emigración y seguridad social firmados por la España franquista con países como Francia, Alemania, Países Bajos, Suiza o Bélgica se encargaron de enlazar oferta y demanda de trabajadores y de regular el flujo de emigrantes[2]. Estas circunstancias dieron lugar a que, según Juan Bautista Vilar, 2.600.000 españoles emigraran a países europeos entre 1946 y 1973, de los cuales dos millones lo hicieron a partir de 1960[3]. De esta última cifra, el 85% de la emigración española se concentró en tres países: Francia, República Federal Alemana y Suiza[4]. Les seguía, de lejos, Bélgica desde los años sesenta, que se convirtió en un destino

[1] Esta publicación es parte del proyecto PID2023-147203NA-I00 "Catolicismo, género y sexualidad en la España contemporánea desde una perspectiva comparada y transnacional (1875-2020)" financiado por MICIU/AEI /10.13039/501100011033 y por FEDER, UE. "Asimismo, este trabajo ha sido posible gracias a la ayuda para contratos postdoctorales FJC2021-046734-I financiada por MCIN/AEI/10.13039/501100011033 y por la Unión Europea NextGenerationEU/PRTR."

[2] VV. AA., *Historia del Instituto Español de Emigración: la política migratoria exterior de España y el IEE del franquismo a la transición*, Ministerio de Trabajo e inmigración, Madrid, 2009.

[3] Juan Bautista Vilar, "Las emigraciones españolas a Europa en el siglo xx: algunas cuestiones a debatir", *Migraciones & Exilios: Cuadernos de la Asociación para el estudio de los exilios y migraciones ibéricos contemporáneos*, 1 (2000), pp. 131-159, p. 132.

[4] J.B. Vilar, "Las emigraciones españolas...", p. 138.

atractivo para los españoles especialmente por la posibilidad de sustituir a los trabajadores italianos en las minas belgas, cuyo flujo se detuvo debido a la alta siniestralidad[5].

Más allá de las cifras brutas, la composición por sexos y situación familiar merece una referencia para el caso que nos ocupa. La representación del emigrante español durante los años sesenta es, a menudo, la de un hombre que se trasladaba al extranjero para trabajar en el sector secundario, solo o acompañado de su mujer o su familia, con la idea de pasar unos pocos años trabajando y ahorrando para volver lo antes posible a España. Esto no solo deja fuera a los cientos de miles de temporeros que trabajaban en la agricultura, especialmente en Francia[6], sino también a todas las mujeres que se trasladaron al extranjero en busca de su propio proyecto de vida, y no como acompañantes de un hombre. Según Bruno Tur, ya en 1954 el 42% de la colonia española en Francia estaba compuesta por mujeres (121.359). En 1968 representaban el 47'3% de los españoles en Francia, con un total de 284.276 mujeres, de las cuales el 65% eran solteras y tenían menos de 25 años en el momento de su llegada a Francia[7].

En el caso de la República Federal Alemana, alrededor de un 70% de las personas que llegaron al país procedentes de España entre 1960 y 1975 eran hombres[8] y, si bien tanto la emigración laboral como la integración de los españoles en el mercado de trabajo alemán empezaron

[5] J.B. Vilar, "Las emigraciones españolas…", p. 141; Bélgica recibió una gran cantidad de trabajadores italianos hasta 1956, cuando la muerte de 262 mineros, muchos de ellos italianos, en un accidente en una mina de Marcinelle llevó a la suspensión del acuerdo de emigración italobelga, lo que supuso un impulso para el acuerdo del mismo tipo entre Bélgica y España, firmado ese mismo año. Ana Fernández Asperilla, *Mineros, sirvientas y militantes: medio siglo de emigración española en Bélgica*, Fundación 1.º de Mayo, Madrid, 2006, p. 14.

[6] Sergio Molina García, "Los temporeros españoles en la remolacha francesa: uno de los primeros movimientos migratorios tras el aislamiento europeo al franquismo, 1953-1977", *Migraciones & Exilios: Cuadernos de la Asociación para el estudio de los exilios y migraciones ibéricos contemporáneos*, 20 (2021), pp. 117-138; Damián Alberto González Madrid y Manuel Ortiz Heras, "Los otros emigrantes: vendimiadores temporeros en Francia del franquismo a la democracia", en Damián A. González Madrid y Manuel Ortiz Heras (eds.), *Adiós, mi España querida: la emigración española desde la dictadura a la democracia*, Sílex, Madrid, 2023, pp. 83-110.

[7] Bruno Tur, "L'émigration des femmes sous le franquisme : législation, discours officiels et stratégies personnelles dans les années 1960", en Philippe Rygiel (ed.), *Politique et administration du genre en migration*, Publibook, 2011, p. 71.

[8] Gloria Sanz Lafuente, "Género y emigración. Hombres y mujeres ante el mercado de trabajo de la emigración española a Alemania (1960-1975)", en VV. AA.

siendo "un fenómeno mayoritariamente masculino [...], desde 1962 hasta los años setenta se iba a producir un cierto proceso de feminización del trabajo asalariado en Alemania". Así, las mujeres pasaron de representar el 25% de los trabajadores españoles en 1962 al 40% en 1975[9]. Entre 1963 y 1965, un 54'3% de estas mujeres eran solteras[10].

Todas estas mujeres jóvenes y solteras que emigraron por razones económicas o personales representaban el perfil arquetípico de la empleada doméstica interna, uno de los pocos oficios a los que estas chicas emigradas podían optar en determinados países en los que la legislación, los convenios migratorios y la estructura del mercado laboral no ofrecían demasiadas oportunidades a las jóvenes españolas. Desde el punto de vista de la oferta de mano de obra y las condiciones para que saliera del país, podemos decir que esta emigración femenina se daba a pesar de las limitaciones legales y culturales que existían para ello. Como explica Ana Fernández Asperilla, "mientras que se fomentaba [desde el franquismo] la emigración de los hombres, que se anunciaba siempre como un derecho, se trataba de evitar la de las mujeres, que se presentaba como una experiencia rodeada de peligros". Por ello, "el gobierno no solo desincentivó la emigración femenina, sino que también desprotegió a las que se marchaban. Por lo general, los acuerdos bilaterales de regulación laboral estaban orientados hacia el trabajo masculino"[11]. Esta realidad conllevó que, tal y como expresaba el periódico de la Juventud Obrera Cristiana Femenina (JOCF)[12] *Juventud y Trabajo*, muchas mujeres

(eds.), *Migración y exilio españoles en el siglo XX*, Iberoamericana-Vervuert, Madrid y Frankfurt am Main, 2009, p. 166.

9 Gloria Sanz Lafuente, "Mujeres españolas emigrantes y mercado laboral en Alemania, 1960-1975", *Migraciones & Exilios: Cuadernos de la Asociación para el estudio de los exilios y migraciones ibéricos contemporáneos*, 7 (2006), pp. 27-49, p. 33.

10 Gloria Sanz Lafuente, "Género y emigración...", p. 165.

11 Teguayco Pinto, entrevista a Ana Fernández Asperilla, "La mitad de los españoles que emigraron durante el franquismo lo hicieron de forma irregular", *eldiario.es* (30/01/2019). Citado en Rocio Negrete Peña, "María Arondo, ¿una voz representativa de las «bonnes» españolas en París? Clase, género, raza y migración", *Kamchatka. Revista de análisis cultural*, 14 (2019), pp. 203-222, p. 208.

12 La Juventud Obrera Cristiana española estuvo separada en una rama femenina (JOCF) y una masculina (JOC) hasta 1970. En el caso de este trabajo nos centraremos en la JOCF, a pesar de lo cual en ocasiones nos referiremos a la JOC para hacer mención al conjunto del movimiento. Esto obedece a razones de estilo, pero también

españolas emigraran de manera irregular, con visado de turista, y que terminaran trabajando en el servicio doméstico, "único trabajo que tiene demanda"[13] y que se caracterizaba por unas condiciones especialmente precarias.

Era el caso de Francia, donde, según datos de José Babiano recogidos por Rocío Negrete, "sin contar la economía sumergida, típica en el sector, en 1968 más de la mitad de las empleadas domésticas extranjeras eran españolas"[14]. Por otro lado, "si contrastamos las cifras que, en 1975, el organismo oficial del régimen en materia migratoria, el Instituto Español de Emigración, daba respecto a la emigración femenina a Francia, con las cifras de españolas que trabajaban allí en esa fecha en el servicio doméstico, vemos la primacía de este sector: de 258.172 mujeres, cerca de 200.000 se habrían empleado en él"[15]. Por lo tanto, no solo muchas de las empleadas de hogar en Francia eran españolas, dando lugar al estereotipo caricaturizado de la *Conchita*, sino que gran parte de las españolas que emigraron fueron trabajadoras domésticas, compartiendo así experiencias, aspiraciones, problemáticas y lugares de socialización.

También en Bélgica, aunque la situación varió en función de las zonas[16], "el principal puerto de entrada en la economía belga para las mujeres era el servicio doméstico, un sector laboral típicamente irregular"[17]. En Alemania, en cambio, "las áreas mayoritarias de trabajo de las mujeres se vincularon a la industria"[18], aunque una

al hecho de que tanto dentro España como en el extranjero la actividad fue, en ocasiones, unitaria e indistinguible entre una rama y otra.

13 "En el convenio de emigración entre los dos países no está prevista la mano de obra femenina, ya que Francia cubre toda la demanda que tiene [...]. El marcharse como turista hace que tenga que coger el único trabajo que tiene demanda: empleada de hogar. La chica francesa no se emplea en este trabajo, únicamente algunas de la región borgoñesa". "La chica que emigra cambia su manera de ser", *Juventud y Trabajo*, n.º 37 (agosto de 1965), contraportada.

14 Rocio Negrete Peña, "María Arondo...", p. 208.

15 José Babiano Mora y Ana Fernández Asperilla, "En manos de los tratantes de seres humanos (notas sobre la emigración irregular durante el franquismo)", *Historia contemporánea,* 26 (2003), pp. 35-56 citado en R. Negrete, "María Arondo...", p. 208.

16 Ana Isabel Ponce Nieto, *Misiones católicas en el exterior: capellanes de emigrantes en Bélgica (1956-1986)*, Secretaría de Estado de Migraciones, Madrid, 2022.

17 Ana Fernández Asperilla, *Mineros, sirvientas y militantes...*, p. 35.

18 Gloria Sanz Lafuente, "Mujeres españolas emigrantes...", p. 39.

parte de las mujeres españolas trabajaban en la limpieza por horas como complemento a la economía familiar.

El perfil de mujer joven, soltera y de clase obrera no solo correspondía con el de las empleadas de hogar sino, también, con el de la militante de la JOCF[19]. En el presente trabajo explicaremos la actividad que esta organización apostólica desplegó en el extranjero para ocuparse de las jóvenes emigradas, con especial atención a las trabajadoras domésticas, y expondremos el caso de algunas de las mujeres españolas que se implicaron en la JOC en el extranjero. Esto nos permitirá observar el proceso de concienciación que experimentaron, el cual les llevó a ejercer diversas responsabilidades en el marco de la JOC europea y, posteriormente, a implicarse en otros movimientos sociopolíticos. Atenderemos al peso que en este proceso tuvo su militancia en la JOC, pero también su experiencia como empleadas de hogar, jóvenes y extranjeras.

Este trabajo tiene como marco geográfico, principalmente, Francia y Bélgica. Una de las razones es la importante representación del servicio doméstico entre las emigrantes españolas en estos dos países. Además, tanto la JOC/F local como la emigrante tuvieron una implantación significativa en ambos países, a lo que se añade el origen belga del movimiento y la localización de su Secretariado internacional y europeo en Bruselas. Por esta razón, las mujeres en las que nos vamos a centrar desarrollaron sus responsabilidades entre estos dos países, si bien viajaron por todo el continente y terminaron desarrollando su compromiso sociopolítico en España y Portugal.

LA JOC, LA EMIGRACIÓN Y LAS EMPLEADAS DE HOGAR

El tema abordado es particularmente pertinente por la atención que la JOC prestó a los dos colectivos que nos ocupan: emigrantes y empleadas de hogar. Los ejemplos aquí estudiados integraban ambas realidades: por su condición de mujeres extranjeras y de clase

[19] El paso al movimiento apostólico de adultos, la Hermandad Obrera de Acción Católica en el caso de España, lo marcaba el matrimonio o, en su defecto, cumplir 25 años.

trabajadora no tuvieron, en muchas ocasiones, otra salida laboral que el servicio doméstico; mientras que el trabajo como internas, muy habitual en el sector de los cuidados, ofrecía a las chicas emigradas del campo a la ciudad o de un país a otro la posibilidad de contar con techo y comida a su llegada a un nuevo lugar, aunque también una mayor dependencia respecto a sus empleadores.

Si bien el empleo doméstico había representado una vía para salir de la pobreza durante el primer franquismo, durante el desarrollismo el trabajo como empleada de hogar sirvió a muchas chicas como un medio para "mejorar expectativas de juventud", para aquellas que "querían salir del campo y el servicio doméstico era el medio para hacerlo"[20]. Adquirió, así, un potencial modernizador y de promoción social, lo cual se acentuaba en el caso de la emigración al extranjero.

En lo que se refiere a la JOCF, no solo fue la primera organización que integró a las empleadas de hogar en el movimiento obrero desde la II República, sino que desde la organización apostólica se realizó un intenso trabajo de concienciación y movilización. Entre otras cosas, y siguiendo los planteamientos vaticanos al respecto, trató de dignificarse esta profesión, que muchas mujeres sentían vergüenza de ejercer[21]. Por último, la JOC prestaba una especial atención a las empleadas de hogar por considerarlas un colectivo particularmente precario y difícil de movilizar por las condiciones específicas en las que vivían y trabajaban. Por todo ello, la tarea de concienciación se hacía especialmente necesaria.

---

[20] Eider De Dios Fernández, *Sirvienta, empleada, trabajadora de hogar: género, clase e identidad en el franquismo y la transición a través del servicio doméstico (1939-1995)*, Universidad de Málaga, Málaga, 2018, p. 25. De Dios ha estudiado en profundidad los significados otorgados al empleo doméstico durante la dictadura franquista, por ejemplo en "¿Sirvienta, interina o trabajadora? Discursos del Servicio Doméstico en el Segundo Franquismo", en Alejandra Ibarra Aguirregabiria (ed.), *No es país para jóvenes. Actas del III Encuentro de Jóvenes Investigadores en Historia Contemporánea*, Instituto Valentín de Foronda, Vitoria, 2012, pp. 1-21; se ha ocupado, asimismo, de la labor de la JOC entre las empleadas de hogar, tanto en la monografía ya citada como en "Trabajadoras, ¿católicas?, ¿feministas? Las mujeres de la JOC en el tardofranquismo y la transición", en Inmaculada Blasco (ed.), *Mujeres, hombres y catolicismo en la España contemporánea. Nuevas visiones desde la Historia*, Tirant lo Blanch, Valencia, 2018, pp. 235-256.

[21] E. De Dios, *Sirvienta, empleada…*, especialmente el capítulo dedicado a la JOC (pp. 255-284).

Por otro lado, la JOC y la JOCF prestaron una atención especial a la juventud trabajadora emigrada, tanto en los países de origen como en los de acogida[22]. Las JOC de los países de destino fueron conscientes de que, dentro de la juventud de clase obrera, los migrantes se encontraban en una situación particularmente difícil y merecían una atención diferenciada, tanto en un sentido apostólico como en lo que se refería a su situación material y su nivel de concienciación y movilización en favor de sus derechos[23]. Desde España, inicialmente la JOC mostró preocupación por las consecuencias religiosas y morales de la emigración, que ponía a los españoles frente a sociedades más secularizadas y con una mayor libertad de costumbres a las que los jóvenes emigrados, invadidos por un sentimiento de soledad, desarraigo y confusión, se entregaban con facilidad.

La JOC no fue la única organización eclesial en preocuparse por estas cuestiones, sino que su actividad se enmarcaba en la estrategia pastoral vaticana respecto a los emigrantes. Esta empezó a plantearse de manera sistematizada a mediados del siglo XIX para responder al peligro religioso y moral que suponía la emigración de millones de ciudadanos italianos a Estados Unidos[24]. Para el contexto que nos ocupa, en 1951 se creó la Comisión Internacional Católica de Migración (CICM), con sede en Ginebra, que debía servir de enlace con las Comisiones Católicas de Migración de los diferentes países. Las funciones de cada actor quedaron definidas bajo el pontificado de Pío XII, quien en 1952 "otorgó la constitución apostólica *Exsul familia*, documento considerado como la «carta magna» de la pastoral

[22] La Juventud Obrera Cristiana es una organización católica presente en numerosos países en todos los continentes. Las JOC de cada estado cuentan con sus dirigentes laicos, consiliarios y estructura propia, al tiempo que existe desde 1957 una JOC Internacional (JOCI) con sede en Bruselas en la que participan las JOC de los diferentes países.

[23] Aubin González se ha ocupado en su tesis doctoral y en otros trabajos del papel cumplido por la JOC francesa, entre otras organizaciones católicas, entre los españoles emigrados en Francia durante el franquismo. Aubin Gonzalez, "Les réseaux culturels et groupes de pression catholiques de l'immigration espagnole en France (1939-1976) ", tesis doctoral, Université Bordeaux-Montaigne, 2019; Aubin Gonzalez, "« Nos frères espagnols » : les jeunes travailleurs espagnols au sein de la JOC française dans les années 1960", *Matériaux pour l'histoire de notre temps*, N° 143-144, 1 (2022), pp. 38-44.

[24] Ana Isabel Ponce Nieto, *Misiones católicas en el exterior*..., p. 22.

de migraciones hasta esa fecha"[25]. En el caso de la España franquista, además, coincidían intereses políticos y religiosos. Por ello, la Iglesia contó con el apoyo, aunque también con el control, del régimen franquista para enviar a capellanes de emigrantes a aquellos núcleos europeos que más trabajadores españoles recibieron. La Comisión Católica Española de Migración (CCEM), creada en 1951, fue la encargada de esta tarea[26]. Estos capellanes convivieron con órdenes religiosas femeninas y masculinas que emprendieron o continuaron diversas iniciativas dirigidas a los inmigrantes, mientras también la Hermandad Obrera de Acción Católica y la JOC enviaron a consiliarios y militantes liberados a países como Bélgica, Francia o Alemania[27].

Resulta interesante centrarse en la JOC por tratarse de una organización transnacional, que cuenta con estructura en la mayoría de los países del mundo[28]. Esto favoreció una comunicación y relaciones fluidas con militantes y dirigentes de otros países, ya fuese a través del Secretariado Internacional, establecido en Bruselas, o de las reuniones y encuentros que se celebraban de manera periódica. Asimismo, la implantación de la JOC permitió el establecimiento en diferentes países de grupos de emigrantes que, aunque reivindicaban mayor autonomía respecto a las JOC locales, probablemente hubieran tenido muchas dificultades para realizar una actividad medianamente estable de no haber contado con la estructura de las JOC de los países de acogida.

---

[25] A.I. Ponce Nieto, *Misiones católicas en el exterior...*, p. 24.

[26] A.I. Ponce Nieto, *Misiones católicas en el exterior...*; A.I. Ponce Nieto, "La gestión de la asistencia religiosa a los emigrantes españoles durante el franquismo", *Hispania Sacra*, 74, 149 (2022), pp. 289-298.

[27] Para el caso alemán, véase Carlos Sanz Díaz, "Las movilizaciones de los emigrantes españoles en Alemania bajo el franquismo. Protesta política y reivindicación sociolaboral", *Migraciones & Exilios: Cuadernos de la Asociación para el estudio de los exilios y migraciones ibéricos contemporáneos*, 7 (2006), pp. 51-79.

[28] La HOAC contaba con sus homólogos en otros países, frecuentemente bajo de la denominación de Acción Católica Obrera, y también estableció contactos con estas organizaciones, como ha demostrado Basilisa López en su tesis doctoral "La presencia del Movimiento Obrero Católico español en Europa: la HOAC en los organismos internacionales católicos bajo el Franquismo, 1946-1975" (Universidad de Murcia, 2005). Sin embargo, no se contaba con una estructura unitaria de carácter trasnacional, como en el caso de la JOC.

Concretamente, y refiriéndonos exclusivamente a la JOC española en el extranjero, Alemania y Francia fueron los países en los que esta fue más importante, con veintidós y dieciséis grupos de militantes, respectivamente, en 1962. Les seguían Suiza, con siete grupos, Bélgica, con cinco, Inglaterra, con tres, y Australia, con dos grupos de jocistas españoles. El informe del que proviene esta información señalaba que "la realidad jocista no es proporcional al número de emigrados"[29], lo cual podía aplicarse también a la distribución por sexos. Los diferentes documentos consultados muestran una mayor extensión de la JOCF que de la JOC y, además de esta diferencia cuantitativa, en el informe de los emigrantes para el Consejo Nacional celebrado en Moncada (Valencia) en 1962 se señalaban diferencias cualitativas entre el tipo de trabajo de chicas y chicos emigrados en Alemania. Se afirmaba que "han sido sobre todo las chicas las que se han agrupado más o han puesto grupos en funcionamiento. Los chicos han llevado una acción más directa y personal, más conocida quizá, pero las chicas han logrado una mayor consistencia e incluso han aumentado en número o han hecho salir nuevos grupos"[30].

Al mayor dinamismo de los grupos femeninos se añade la importancia que tuvo la movilización de las empleadas de hogar españolas en la puesta en marcha de la JOC emigrante en Francia y Bélgica. Así se relata en diversos documentos que, en 1976, repasaban el recorrido histórico de la JOC emigrante en Bélgica. Aunque uno de ellos señalaba el carácter pionero de la JOC italiana en el país, con actividad desde 1953[31], otros marcaban los inicios del trabajo de la JOC belga entre los inmigrantes en 1960, con "los comienzos de la JOC española en Bélgica para responder a las necesidades de

[29] Archivo de la Universidad Pontificia de Salamanca (AUPSA), fondos Acción Católica Española-Juventud Obrera Cristiana (ACE-JOC), caja 100, carpeta 1.1.5, ff. 2-19, José Antonio Alzola, "Informe sobre la acción jocista entre los emigrados españoles", 1962, p. 11.

[30] AUPSA, ACE-JOC, caja 100, carpeta 1.1.3, ff. 12-21, "Informe sobre emigración", XV Consejo Nacional JOC, Moncada, 1962, p. 2.

[31] Archivos del Centre d'Animation et de Recherche en Histoire Ouvrière et Populaire (CARHOP), Fonds Marlène Alvarez, caja VII (1974-1980), carpeta 12.32, Franco Scardino, "Aspect historique de la JOC Inmigrée en Belgique", Bruselas, 15 de abril de 1976, p. 1. Agradezco la generosidad de Ana Isabel Ponce Nieto, quien me cedió una gran cantidad de documentación recopilada por ella misma en los archivos del CARHOP.

las jóvenes empleadas domésticas españolas". Según estos documentos, la JOC española habría enviado una militante de España para desarrollar esta tarea, que llevaba a cabo de manera autónoma ante la falta de interés de la JOC belga. En cuanto a los italianos, se indicaba que muchos estaban integrados en el movimiento belga "sin más"[32], lo que se achacaba a que los inmigrantes italianos, por llevar más tiempo en el país, ya estaban integrados entre los trabajadores belgas[33]. En cualquier caso, la documentación consultada deja clara la importancia de estas dos nacionalidades en la puesta en marcha de la JOC emigrante en Bélgica.

También en el caso francés el papel de las empleadas de hogar españolas fue preponderante en los grupos de la JOCF emigrante, dado el ya señalado peso que tenía esta salida laboral para muchas de las chicas que se trasladaron a Francia. Además del aspecto cuantitativo, esto queda también demostrado por la trayectoria de algunas de las dirigentes de la organización en Francia, de las que nos ocupamos a continuación.

JÓVENES, OBRERAS Y EMIGRANTES: EXPERIENCIA Y CONCIENCIACIÓN

Esperanza Cabral, María Arrondo y Pepita Cabrera emigraron a Francia durante los años sesenta cuando tenían entre dieciocho y veintiún años, y las tres trabajaron como empleadas de hogar. Cabral recaló en un primer momento en Burdeos, en 1965[34], donde trató de montar un grupo JOCF con otras empleadas de hogar con las que se reunía para hablar de sus problemas como trabajadoras[35]. Si bien considera que este grupo no tuvo la entidad de un equipo formal de

[32] CARHOP, Fonds Marlène Alvarez, caja VII, carpeta 12.32, "Rapport du week-end de formation « Immigration » ", Hornu (Bélgica), 29-30 de enero de 1977, p. 23.

[33] CARHOP, Fonds Marlène Alvarez, caja VII, carpeta 12.32, Franco Scardino, "Aspect historique de la JOC Inmigrée en Belgique", Bruselas, 15 de abril de 1976, p. 2.

[34] Archives Départementales Hauts-de-Seine (ADHS), Archives JOCF, caja 45J333, carpeta "Document rédigés par la JOCF en espagnol", Esperanza Cabral, "IV: Evolución de una militante en la JOC", Nogent, enero de 1969.

[35] Entrevista a Esperanza Cabral realizada por la autora por videoconferencia el 18 de mayo de 2023.

la JOCF, Esperanza recibía boletines de la organización, estaba en contacto con las responsables españolas en Francia y pudo asistir a un encuentro de emigrantes jocistas en París en 1967. En 1968 se mudó a la capital francesa, donde ejerció las funciones de responsable de esta zona mientras continuaba trabajando como empleada de hogar, hasta que en 1969 se le propuso ser liberada a tiempo completo como responsable nacional de emigración por la JOC española. Sustituyó a Pilar Millán, quien había sido enviada por la JOC española para ejercer este cargo tras haber sido dirigente de la JOC de Zaragoza[36].

A Esperanza le sucedió en el cargo en 1971 María Arrondo, quien había llegado a la región parisina en 1962 para trabajar como empleada de hogar[37]. Arrondo conoció en primer lugar la JOC francesa gracias a un sacerdote español, y se integró en un grupo de base. Allí pudo romper con la religiosidad tradicional que se le había inculcado y encontrar un lugar en el que compartir sus preocupaciones como mujer joven, emigrante y empleada de hogar. Poco a poco, Arrondo fue concentrando la mayor parte de sus energías en movilizar a otras empleadas de hogar para que reivindicaran sus derechos. Alrededor

---

[36] Entrevista a Pilar Millán realizada por la autora en Madrid el 22 de febrero de 2022.

[37] Entrevistas a María Arrondo realizadas por la autora en Zaragoza el 8 de enero de 2019 y el 29 de enero de 2023. Arrondo plasmó en el libro *Moi, la bonne* su experiencia y múltiples testimonios de empleadas de hogar españolas, francesas, y portuguesas en Francia, apoyados por estudios sobre su situación colectiva y sus aspiraciones, realizados a través de encuestas. Según su propio testimonio, "disponía de mucha información y me animaron a publicarlo, ya que podría ser útil en un momento de gran movilización de las empleadas de hogar en la JOC de diferentes países". Se publicó en Francia en 1975 y en España un año después: María Arrondo, *Yo, la chacha*, Madrid, AQ Ediciones, 1976. Este testimonio ha sido analizado en Rocio Negrete Peña, "María Arondo..."; Bruno Tur: "Sur les traces de «Maria Arondo», femme migrante, syndicaliste et militante pour les droits sociaux", en VV. AA. (eds.): *La construcción de la democracia en España (1868-2014). Espacios, representaciones, agentes y proyectos*, Presses universitaires de Paris Nanterre, Nanterre, 2021, pp. 351-361. Un análisis más detallado de la trayectoria de Arrondo en la JOC y en la política aragonesa han sido publicados en distintos trabajos de la autora de este capítulo. María José Esteban Zuriaga, "Del compromiso apostólico a los ayuntamientos democráticos. Católicos de base en las candidaturas de izquierda a las elecciones municipales de abril de 1979", en Emilia Martos Contreras, Rafael Quirosa-Cheyrouze y Alberto Sabio Alcutén (eds.), *40 años de Ayuntamientos y Autonomías en España*, Servicio de Publicaciones de la Universidad de Zaragoza, Zaragoza, 2019, pp. 491-511; "María Arrondo Arrondo (1944)", en Javier Alquézar y Gustavo Alares López (eds.), *La Transición en Aragón (1975-1982): una historia colectiva*, Centro de Estudios Locales de Andorra (CELAN), Andorra (Teruel), 2022, pp. 196-199.

de 1967 empezó a militar en la JOC española en Francia y terminó asumiendo diferentes responsabilidades.

En cuanto a Pepita Cabrera, proviene de un pueblo de Alicante donde trabajaba en la agricultura, al igual que su familia. Durante una estancia temporal en el Puerto de Santa María conoció la JOC a través de una amiga, quien le explicó que se trataba de "unos cristianos, pero son diferentes" y le dejó algunos boletines. Cabrera sintió que "eso habla de lo mío, de lo que yo vivo todos los días"[38], y preguntó a un compañero si existía la JOC en París, donde residía una tía suya. Su compañero le habló de Juan Linares, responsable nacional de emigración de la JOC española en Francia desde 1966, y Cabrera fue madurando la idea de mudarse a París, objetivo que se materializó en en octubre de 1966. Empezó a trabajar en el servicio doméstico. En cuanto pudo, fue a presentarse a Linares, quien la introdujo en los grupos de empleadas de hogar de la JOCF en París. Cabrera explica que "como una hormiga, empecé a buscar chicas en mi barrio" y a dinamizar grupos de base con la ayuda de un sacerdote y de los dirigentes nacionales, Juan Linares y Pilar Millán.

Esta experiencia, así como la preparación y la celebración de París 67, encuentro que reunió a 50.000 jocistas franceses en el Parc des Princes, la llevó a una importante toma de conciencia sociopolítica tanto en lo que se refiere a su condición de clase como sobre la situación de España. Asimismo, favoreció el descubrimiento de una nueva religiosidad que confrontaba con la tradicional que le habían inculcado en España. La preparación de París 67 permitió, también, una colaboración más estrecha con la JOC francesa, con la que las relaciones no siempre eran fluidas. También la JOCF francesa reconocía la importancia de París 67 para la movilización y la integración de las trabajadoras inmigradas en el movimiento jocista. Esto implicaba a jóvenes de diferentes nacionalidades pero se precisaba, además, que en el caso de las españolas la preparación

[38] Entrevista a Pepita Cabrera realizada por la autora por videoconferencia el 25 de mayo de 2023.

de París 67 había favorecido un intercambio y una colaboración más estrechas[39].

A pesar de esos lazos, Cabrera afirma que la actividad corriente de la JOC emigrante española era dirigida por Pilar Millán como responsable nacional en Francia, y que Esperanza Cabral, responsable de la región parisina, transmitía las indicaciones a los grupos de base como el de Pepita. Esperanza Cabral le propuso trasladarse desde París a Bruselas para reconstruir la JOC española que, según ella, constaba de un grupo de empleadas de hogar que se había "deshecho" y estaba "muy quemado"[40]. Según su testimonio, llegó a Bruselas en 1971 sin conocer la situación que se iba a encontrar, y allí reconstruyó ese grupo con la ayuda de Esteban Lozano, un seminarista que estudiaba en la Universidad Católica de Lovaina. Cabrera se encargó también de dinamizar la JOC Emigrante, no únicamente española, junto a dirigentes y militantes de otras nacionalidades entre las que destacarían italianas y marroquíes. Cabrera ejerció como responsable de emigración de la JOC belga hasta 1974, momento en el que fue sustituida por Marlène Alvarez[41].

Lo relatado por Cabrera coincide con la documentación personal de algunos jocistas belgas, entre las que se encuentra Alvarez. En un informe de 1971 sobre la actividad de la JOC inmigrante se mencionaban grupos de españoles en las distintas zonas francófonas del país, entre los que se encontraba un grupo de empleadas de hogar en Bruselas. El documento mencionaba, asimismo, grupos de italianos en casi todas las zonas y, en menor medida, de portugueses, griegos, marroquíes y "refugiados del Este". Una de las propuestas en las conclusiones del documento era que Pepita y Fabrice[42] asumieran la responsabilidad de la inmigración en la JOCF y la JOC,

---

[39] ADHS, Archives JOCF, 45J329, "Bilan de la commission immigrées", mayo de 1967, p. 17.

[40] Entrevista con Pepita Cabrera realizada por la autora por videoconferencia el 25 de mayo de 2023.

[41] Entrevista con Pepita Cabrera realizada por la autora por videoconferencia el 25 de mayo de 2023.

[42] Probablemente se tratara de Fabrizio Epis, jocista italiano que ocupó la responsabilidad de emigración a nivel europeo, según diversos documentos del archivo de la JOC francesa.

y se desplazaran a las distintas regiones para extender el trabajo[43]. Además, Pepita Cabrera fue la encargada de invitar a las militantes encuadradas en el grupo de empleadas de hogar al encuentro que se preparó en enero de 1973. Este encuentro se celebró en Bruselas durante todo un fin de semana y tenía como objetivo debatir sobre la legislación relativa a las empleadas de hogar en Bélgica y, sobre todo, definir las reivindicaciones a plantear en este sentido[44].

Esto formaba parte de la estrategia global de la JOCF respecto a las empleadas de hogar inmigrantes, tal y como se había establecido en una reunión en la que habían participado las responsables de emigración de las regiones de Lieja y Bruselas e inmigrantes portuguesas, españolas y yugoslavas[45]. En la reunión se habían abordado los problemas a los que se enfrentaban las trabajadoras domésticas en virtud de su condición de inmigrantes y extranjeras, pero también de su clase social y de las condiciones económicas y políticas que las empujaban a emigrar. A pesar de reconocer las dificultades para movilizar a las empleadas de hogar se mencionaban algunos avances realizados, que incluían no solo tareas de formación y de difusión, sino también el paso dado por algunas trabajadoras internas que habían decidido abandonar este régimen laboral. Otras habían reivindicado a sus empleadoras no sobrepasar las 8 horas diarias de trabajo, lo cual había provocado "que algunas pasaran dos meses sin trabajar, aunque se creó más solidaridad entre nosotras". Este había sido también uno de los efectos positivos de la creación de un Comité de casa, que estableció una cotización de 50 francos para tener una casa de acogida, suponemos que para las jóvenes recién llegadas o para aquellas que no trabajaban como internas, lo cual "nos da un sentido nuevo de desprendimiento por las otras". Por último, existía un Comité de formación e información que había congregado a entre 18 y 45 chicas en sus diferentes actividades, entre las que se incluían sesiones sobre el estudio de la legislación o la historia del

[43] CARHOP, Fonds Charles Noel, carpeta 12.32, Fabrice Epis, Sécretariat JOC/JOCF du 10 au 12/11/1971, "Immigration", p. 3.

[44] CARHOP, Fonds Charles Noel, carpeta 12.32, Pepita Cabrera y Marta, "Invitación", 12 de diciembre de 1972.

[45] CARHOP, Fonds Charles Noel, carpeta 12.32, "Resumen de la reunión de empleadas de hogar", 1972.

movimiento obrero; y un Comité de Cultura general que había provocado que 12 jóvenes acudieran a clases, cuyo carácter no se especifica[46]. Vemos, por lo tanto, un carácter claramente político de muchas de estas actividades, al estar enfocadas hacia la concienciación de las trabajadoras de hogar, la reivindicación de más derechos y el fomento de la solidaridad entre compañeras.

Los cargos asumidos por Arrondo, Cabral y Cabrera como responsables nacionales de emigración conllevaban un trabajo cotidiano de coordinación y dinamización de los grupos de base en todo el país, para lo que se realizaba lo que estas exdirigentes llamaban la *tournée*. Existían, además, las reuniones entre responsables españoles de la emigración en distintos países. Estas tenían lugar, habitualmente, cada 6 meses, y siempre se realizaban en un país diferente y bajo la organización del equipo de otro país. Asimismo, participaban en los Consejos de la JOC Internacional o en viajes que eran organizados con vocación formativa o para conocer la realidad de la juventud trabajadora de otros países. Fue el caso de María Arrondo, quien en calidad de responsable europea de empleadas de hogar pudo viajar a Colombia a un encuentro continental de la JOC en 1973, viaje que contó también con etapas en Argentina y Perú. Arrondo quedó marcada por el fuerte compromiso de los militantes latinoamericanos, de los que consideró que tenía mucho que aprender[47]. Pepita Cabrera, por su parte, participó en un congreso de la JOC en Portugal que le permitió conocer de cerca la "miseria tremenda" en la que vivían los trabajadores portugueses[48]. Cabrera afirma que esta experiencia le llevó a romper con la Iglesia oficial por la hipocresía de la jerarquía eclesiástica frente a los problemas sociales.

Si bien las reuniones internacionales fueron importantes en el proceso de concienciación de estas mujeres, el simple contacto con la realidad de los países de acogida supuso un primer choque para quienes solo habían conocido la España franquista. Como explican autores como Natacha Lillo y Aubin Gonzalez, aunque la mayoría

---

[46] CARHOP, Fonds Charles Noel, carpeta 12.32, "Resumen de la reunión…", p. 4.

[47] Entrevista a María Arrondo realizada por la autora en Zaragoza el 8 de enero de 2019.

[48] Entrevista a Pepita Cabrera realizada por la autora por videoconferencia el 25 de mayo de 2023.

de los inmigrantes españoles habían sido educados en los valores del franquismo y eran vistos con recelo por la primera ola de exiliados políticos, no pocos emigrantes económicos terminaron simpatizando con el discurso de las organizaciones antifranquistas presentes en Francia[49]. Lo cierto es que el régimen franquista mostró su preocupación por la posible politización de los emigrantes si entraban en contacto con sus compatriotas exiliados, pero esta no fue la única vía de concienciación de los trabajadores españoles en el extranjero.

Esperanza Cabral afirma que, antes de emigrar a Francia, no tenía ningún conocimiento sobre la existencia de organizaciones clandestinas en la España franquista, por lo que considera que "yo conocí España cuando llegué a Francia [...]. Ahí es que descubrí realmente la realidad que mi país tenía a la persecución que sufrían los trabajadores. Todo esto lo descubrí en París, en París. A través de la JOC". También afirma que "ahí es que yo empecé a sentirme realmente clase obrera. Dentro del movimiento"[50]. Sus palabras expresan bien una doble toma de conciencia, política y de clase, que tiene múltiples raíces. Si bien ella destaca el papel preminente de la JOC, es obvio que la libertad política y de expresión existente en Francia y un posible contacto con exiliados españoles debieron de ayudarle a conocer la existencia de organizaciones políticas y sindicales clandestinas en España. Asimismo, la libertad sindical del país vecino le permitió tomar conciencia del papel de los sindicatos y de figuras como los convenios colectivos. En este sentido, Cabral explica que, en colaboración con la Confédération Française Démocratique du Travail (CFDT), refundación de la Confédération Française des Travailleurs Chrétiens (CFTC), desde la JOCF reivindicaron los derechos de las empleadas de hogar.

Lo mismo afirma Pepita Cabrera, quien se habría afiliado a la CFDT un año después de llegar a Francia[51]; así como María Arrondo, que explica que en este sindicato existía una organización de mujeres

[49] Natacha Lillo, *La Petite Espagne de la Plaine-Saint-Denis (1900-1980)*, Autrement, Paris, 2004; Aubin Gonzalez, "Les réseaux culturels...", p. 185.

[50] Entrevista a Esperanza Cabral realizada por la autora por videoconferencia el 18 de mayo de 2023.

[51] Entrevista a Pepita Cabrera realizada por la autora por videoconferencia el 25 de mayo de 2023.

empleadas de hogar emigrantes[52]. En efecto, la CFDT contaba con una sección dedicada a los trabajadores españoles[53], en la que militó de manera activa el jocista José Antonio Alzola, así como otra para las trabajadoras domésticas. Coincidimos con Gonzalez cuando considera que organizaciones como la JOC o la CFDT constituyeron un espacio intermedio para aquellos migrantes que no se identificaban con las organizaciones de clase más a la izquierda, pero tampoco con las instituciones religiosas más próximas al nacionalcatolicismo presentes en el extranjero[54].

Por otra parte, todas las entrevistadas destacan la importancia de mayo del 68 como acontecimiento fundacional en su proceso de politización. Este habría tenido un peso fundamental en su construcción de una conciencia de pertenencia a la clase obrera, y reivindican el papel que habrían jugado los trabajadores inmigrantes en el movimiento huelguístico y de protesta[55].

Nos interesa destacar, asimismo, la concienciación a través de la experiencia diaria del trabajo como empleadas de hogar emigradas y de su militancia en la JOC. Según Eider de Dios, la JOC jugó un papel importante en la toma de conciencia de las trabajadoras domésticas que se acercaron a la organización apostólica "a través de una experiencia emocional que las impulsaría a cambiar su situación y a buscar nuevas opciones vitales"[56]. Esta experiencia emocional se intensificaba en el caso de las mujeres que habían emigrado y que se encontraron en un país desconocido frente a nuevas dificultades, pero también opciones, que les empujaron a pasar a la acción y comprometerse en diversos sentidos.

La experiencia cotidiana de las jóvenes trabajadoras fue uno de los principales motores de la concienciación que promovía la

52 Entrevista a María Arrondo realizada por la autora en Zaragoza el 29 de enero de 2023.

53 David Kahn y Bruno Vargas, "Aproximación a la militancia sindical de los españoles en Francia. El caso de la CGT y de la CFDT (1956-1973)", en Manuela Aroca Mohedano (ed.), *Presencia y activismo de los españoles en las organizaciones sindicales europeas, 1960-1994*, Fundación Francisco Largo Caballero, Madrid, 2012, pp. 34-81.

54 Aubin Gonzalez, "Les réseaux culturels…», p. 188.

55 Entrevista a María Arrondo realizada por la autora en Zaragoza el 29 de enero de 2023.

56 Eider De Dios Fernández, *Sirvienta, empleada…*, p. 258.

JOC, principalmente a través de la reflexión sobre la causa de sus dificultades y la promoción de un compromiso activo para cambiar su situación y la de sus compañeras. En el caso de las mujeres de las que nos ocupamos en este trabajo, esa experiencia estaba marcada por su condición de extranjeras, su situación legal, su clase social, su juventud y el hecho de ser mujeres. Varias de estas categorías, especialmente las tres primeras, estaban íntimamente relacionadas. Todas ellas les empujaban a ejercer el oficio de trabajadora doméstica que, además, tenía la particularidad de imbuir a estas empleadas de la cultura burguesa y de mantenerlas aisladas no solo de las otras trabajadoras de hogar, sino también del resto de la clase obrera.

Estos obstáculos eran constantemente señalados por las publicaciones y análisis internos de la JOC dirigidos a las empleadas de hogar. Además, un texto de las trabajadoras domésticas españolas en Francia ponía de relieve que este empleo llevaba a las mujeres a integrar el ideal de la domesticidad y a reservar su sitio en el hogar. Si bien Ana Fernández Asperilla afirma que la JOC belga promovía este modelo de feminidad a través del empleo doméstico[57], lo cierto es que el tono del documento siguiente, custodiado en el CARHOP aunque referido a las empleadas domésticas españolas en Francia, es de denuncia:

> "Nos hacen creer que somos buenas para la casa y para servir a los niños y a nuestro marido [...]. Quedándonos en nuestra «pequeña casa» sentiremos menos directamente la explotación obrera de nuestra familia, y habrá menos «desempleo» [...], habrá menos personas para unirse, para protestar contra las injusticias y reivindicar sus derechos comunes, habrá menos fuerza para cambiar la situación. Además, la mujer sin trabajo depende más de su marido –«él mantiene la casa»–, un sentimiento acrecentado de superiores e inferiores... los que tienen el poder sabrán aprovechar esto"[58].

[57] "Ana Fernández Asperilla, *Mineros, sirvientas y militantes...*, p. 62.

[58] "Ils nous font croire que nous sommes bonnes pour la maison et pour servir les enfants et notre mari. [...]. En restant dans notre « petite maison », nous ressentirons moins directement l'exploitation ouvrière de notre famille; et il y aura moins

En efecto, se rechazaba esta sumisión de la mujer no solo a los patronos, sino también al varón. La supeditación de las esposas al salario y la autoridad de los maridos era aquí leído en términos de dominación social y política, haciendo un paralelismo entre la jerarquía familiar y la social. Por último, el "encierro" de las mujeres en el hogar suponía su desactivación para la lucha obrera, lo que era rechazado de plano por las jocistas. Bien al contrario, la importancia de las mujeres como pilar del hogar debía servir para inculcar un espíritu luchador a sus hijos.

Por último, nos gustaría señalar que no solo el contacto con la población y la realidad local sirvió como ejemplo de politización y compromiso, sino que también entre mujeres inmigrantes de diferentes nacionalidades se transmitieron enseñanzas y modelos. En Bélgica, si bien existían grupos autónomos de españoles durante los años sesenta, el relato de Pepita Cabrera dibuja un trabajo cotidiano en el que coincidían emigrantes de diversas nacionalidades y de ambos sexos. Cabrera achaca esto al pequeño tamaño del país, de la capital y de la colonia inmigrante en Bélgica, lo cual facilitaría o forzaría el contacto entre nacionales de distintos países[59].

En el caso francés, en cambio, los grupos de jocistas de diferentes orígenes trabajaban de manera más o menos autónoma entre sí y respecto a la JOCF francesa, especialmente aquellas nacionalidades que contaban con más militantes. Así, los grupos más importantes eran los de españolas y portuguesas que, además, se encontraban en una situación muy similar al estar muchas de ellas empleadas en el servicio doméstico o como porteras. Probablemente, el hecho de provenir en ambos casos de países sometidos a largas dictaduras, así como la cercanía lingüística y cultural, debieron de facilitar el entendimiento. Así pues, tanto las entrevistadas como las fuentes

d'ouvriers en « chômage » [...], il y aura moins de personnes pour s'unir, pour protester contre les injustices et revendiquer leurs droits communs, il y aura moins de force pour changer la situation. De plus, la femme sans travail dépend plus de son mari –« il soutient la maison »-, un sentiment accru de supérieurs et inférieurs... les détenteurs du Pouvoir sauront bien en profiter". CARHOP, Fonds Marlène Alvarez, caja V, carpeta 27, "Le chemin d'action et de lutte des employées de maison (espagnoles en France)", p. 2.

[59] Entrevista a Pepita Cabrera realizada por la autora por videoconferencia el 25 de mayo de 2023.

escritas confirman que existía cierta coordinación entre las mujeres españolas y las portuguesas en el marco de la JOCF francesa.

Además, podemos señalar que las inmigrantes españolas sirvieron como modelo para las portuguesas, al haber sido las primeras en reclamar y ejercer su autonomía en el marco de la JOC francesa, con un nivel de organización que ninguna otra nacionalidad alcanzó en el período aquí estudiado. A principios de los años setenta las inmigrantes portuguesas reclamaron los mismos medios de los que disponía la JOC española en Francia en el seno de la organización francesa: una responsable portuguesa liberada y editar su propia publicación en portugués. A ellas se unieron en sus reivindicaciones y en sus reuniones los chicos portugueses. Como resultado, en 1973 comenzó a publicarse *Juventude Operaria* con una tirada de 300 ejemplares y en 1974 fue nombrada Augusta Vieira como responsable de las emigrantes portuguesas en Francia[60]. Esto provocó una crisis en el seno de la JOC francesa, explicitando debates que subyacían desde hacía tiempo respecto al lugar de los militantes inmigrantes en el movimiento JOC. Ante esto, encontramos diversos documentos firmados por las JOC y JOCF españolas y portuguesas de manera conjunta como si formasen una sola entidad, en los que defendían la tarea autónoma de la "JOC immigrée"[61]. Esto reflejaba las ideas que las jóvenes españolas llevaban años defendiendo: la necesidad de una acción diferenciada para las emigrantes, que atendiera a sus problemas específicos y sin tutelas por parte de las JOC locales. Asimismo, anticipaba el trabajo por categorías que terminó implantándose en el conjunto de la JOC europea.

LA SECCIÓN EUROPEA DE EMPLEADAS DE HOGAR DE LA JOC

Como hemos visto, el proceso de concienciación relatado llevó a estas mujeres a comprometerse en la JOC a nivel local y nacional. El contacto con mujeres de otras nacionalidades que se encontraban en la misma situación –principalmente las italianas en Bélgica y las

[60] ADHS, Archivos JOCF, caja 45J331, carpeta 6, "Bilan du travail réalisé à partir de janvier 1974".
[61] ADHS, Archivos JOCF, caja 45J331, carpeta 6.

portuguesas en Francia– el carácter transnacional de la JOC y la experiencia de la militancia en esta organización llevó a algunas de estas jóvenes a trasladarse a otros países para continuar su compromiso, como fue el caso de Pepita Cabrera, o a ejercer responsabilidades a nivel supranacional, como María Arrondo.

Como es evidente, y aunque nos estemos centrando en algunas figuras individuales, este liderazgo se ejercía apoyándose en el trabajo colectivo de militantes y dirigentes, en la estructura de la JOCI y en la experiencia acumulada en reuniones internacionales y en la coordinación entre los emigrantes en diversos países. En efecto, consideramos que la comisión de migraciones de la JOC Europea ejerció un importante papel en la articulación de una estrategia común por parte de la organización a nivel continental. La realidad de la emigración obligaba a trabajar conjuntamente, por una parte, a inmigrantes de distintas nacionalidades en un mismo país, pero también a emigrados del mismo origen repartidos en diferentes estados europeos. Fue el caso de los españoles residentes en Francia, Bélgica, Alemania o Suiza, quienes organizaron encuentros periódicos en diferentes ubicaciones y tuvieron un papel primordial en el trabajo de la comisión de emigración de la JOC.

Esto llevó a la constitución de una comisión de emigración a nivel europeo con un modelo que, con el tiempo, se extendió a otros colectivos. En 1972 la JOC Europea instauró el funcionamiento por "categorías", entendiendo como tales "los grupos de trabajadores que viven una realidad concreta y colectiva similar, que tiene consecuencias precisas en función de las diferentes realidades socio-profesionales en las que se encuentran"[62]. Este tipo de organización debía realizarse a nivel europeo coordinando la acción de los trabajadores de diferentes países para terminar sustituyendo el trabajo a nivel nacional. Se crearon las comisiones dedicadas a empleados de grandes empresas multinacionales, aprendices, emigrantes y trabajadoras del servicio doméstico.

[62] ADHS, Archivos JOCF, caja 45J331, carpeta 1, Cuadernillo Conferencia Europea JOC, Nápoles, 15-21 de octubre de 1973, p. 15.

Este cambio tenía varias justificaciones, tanto de tipo práctico como doctrinal. En primer lugar, se consideraba que esta manera de organizar la acción sería más eficaz, al permitir emplear los medios adecuados a la situación específica de cada colectivo. Sin embargo, podía argumentarse que esta división iba en detrimento de la unidad de la juventud obrera, caballo de batalla para la JOC. Por ello, se insistía especialmente en que el trabajo por categorías, como la de las empleadas de hogar, no solo era más eficaz para la lucha obrera y, por lo tanto, para la liberación colectiva, sino que también permitía tomar conciencia sobre los problemas colectivos a partir de una experiencia concreta. Según rezaba un informe de las empleadas de hogar elaborado a partir del encuentro europeo de 1973 "es todo esto lo que permitirá la unidad de la Clase Obrera... Descubrir las causas = el Sistema. Descubrir la homogeneidad de la Clase Obrera"[63]. Este tipo de trabajo era coherente con los métodos de formación de la JOC, que debían servir para analizar la situación específica de los jóvenes trabajadores, descubrir la causa estructural de sus problemas, que era la sociedad de clases, y actuar para cambiar la realidad.

Por otro lado, no se nos debe escapar que la JOC atravesaba a mediados de los setenta una importante crisis a nivel internacional, que había supuesto el replanteamiento de su misión y un profundo debate sobre el peso a otorgar al componente evangelizador frente al educativo. Si bien nos estamos ocupando de otro tipo de cuestiones, es probable que el debate identitario y la pérdida de influencia de la JOC pusieran sobre la mesa la pertinencia de su modelo organizativo. En un mundo en creciente conexión y con una clase obrera que había cambiado enormemente desde la creación de la organización en los años veinte, es sintomático que se optara por una estructura que ponía de relieve que los problemas de los jóvenes trabajadores cada vez se parecían más a los de otros países, pero que la homogeneidad de la clase obrera, al menos en sus circunstancias cotidianas, estaba diluyéndose.

---

[63] ADHS, Archivos JOCF, caja 45J650, Doc. A.03.73, "Présentation du travail des E. de M. [employées de maison] (à partir de la rencontre européenne)", 1973, p. 3.

A pesar de esta diversificación, las dificultades comunes a las que se enfrentaba la clase obrera europea, como la inflación o el desempleo, habían sido puestas de relieve por la crisis de petróleo en 1973. Así lo señalaba el Informe de actividades de la comisión europea de la JOC en 1974, que en su introducción recogía algunas de las consecuencias de una crisis económica "de envergadura internacional" que tenía implicaciones de tipo político, como el sometimiento de las instituciones políticas nacionales a las fuerzas económicas internacionales, la represión de las fuerzas progresistas y de los inmigrantes o el fomento de un sentimiento de unidad nacional que, se suponía, eliminaría las diferencias entre clases sociales pero que, a juicio de la JOC, tenía como efecto la ruptura de la solidaridad de la clase obrera. Sin embargo, la organización apostólica consideraba que el momento histórico representaba una oportunidad para que la clase obrera en Europa comprendiera la necesidad de una solidaridad internacional y siguiera una estrategia común para su liberación[64].

Por tanto, el componente de clase articulaba el conjunto del análisis y de la estrategia planteados por la JOC de los años setenta, aunque incidiendo en las particularidades de los diferentes colectivos que componían la juventud trabajadora. En el caso de las empleadas de hogar, además, operaba la ideología en torno al rol de las mujeres, lo que hacía especialmente necesario un trabajo específico. La situación de las trabajadoras domésticas debía servir para descubrir tanto la "ideología concreta del Sistema sobre la mujer" como "una política específica sobre la mujer y su trabajo" [65].

En efecto, el trabajo doméstico planteaba una serie de contradicciones sobre la incorporación de las mujeres al mundo laboral y la realización de sus aspiraciones. La JOC reflexionaba con frecuencia

[64] "L'étude de la réalité en Europe peut nous aider à mettre en relation le rôle du mouvement et les contenu de notre travail avec la situation actuelle de la classe ouvrière en Europe [...]. L'histoire nous montre que le mouvement ouvrier européen poursuivait rarement une action et stratégie communes pour défendre les intérêts des travailleurs et pour lutter en vue de leur libération. Peut-être que ce moment historique nous offrira la chance de considérer ouvertement les contradictions et de favoriser la compréhension de la nécesisité d'une solidarité internationale !". ADHS, Archivos JOCF, caja 45J331, carpeta 1, "Rapport d'activités de la commission européenne 1974", p. 1-2.

[65] ADHS, Archivos JOCF, caja 45J331, carpeta 1, Cuadernillo Conferencia Europea JOC, Nápoles, 15-21 de octubre de 1973, p. 11.

sobre la inutilidad del oficio de empleada de hogar, a lo que se unía otra pregunta en un documento de 1973: "A nuestras madres, ¿quién las ayudó?"[66]. Cuando el acceso de las mujeres de clase media a profesiones liberales ya era una realidad en muchos países europeos, las jocistas, entre otras, señalaban que la liberación de estas mujeres se hacía a costa de aquellas más pobres. Para terminar con esta explotación de unas mujeres por parte de otras, se proponían servicios públicos colectivos que se ocuparan, entre otras cosas, del cuidado de los niños. El objetivo, en último término, era la desaparición de las empleadas de hogar, tal y como se señalaba de manera explícita al indicar la dirección en la que se debía caminar: "Hacia un trabajo que nos permita demostrar iniciativa personal y colectiva... ¡Las Empleadas de Hogar deben desaparecer!"[67].

El testimonio de María Arrondo 50 años después va en la misma dirección, cuando recuerda que:

> "Yo estaba por la desaparición de las empleadas de hogar, y que fuera sustituido... pero también estábamos por la lucha de clases. [...] era marxismo puro, ¿no? Pero... hablábamos de marxismo mucho. Hablábamos de una sociedad igualitaria [...]. Y ahí Jesucristo como referencia, ¿no? Revolucionario, y sacabas esa parte de los evangelios que encajaban en esa visión, y solo tenía sentido la perspectiva a largo plazo que creías que iba a ser posible, de una sociedad igualitaria entre hombres y mujeres. Con lo cual la desaparición de las empleadas de hogar estaba como objetivo final, a largo plazo, porque no cabía que nadie explotara a nadie. Y menos una mujer a otra mujer. ¿Cómo se podía resolver? Servicios colectivos que liberaran a todos por igual, hombres y mujeres. Y vas evolucionando, a la vez el medio y corto plazo, ¿qué era? La lucha por dignificar la profesión, y ahí entraba mucho la vertiente sindical"[68].

En este sentido, trataban de combinarse las dos estrategias: la lucha por conquistas concretas, como veremos a continuación, con una

[66] ADHS, Archivos JOCF, caja 45J650, Doc. A.03.73, "Présentation du travail...", p. 1.
[67] Ibídem, p. 3.
[68] Entrevista a María Arrondo realizada por la autora en Zaragoza el 29 de enero de 2023.

acción globalmente dirigida hacia el fin último que se planteaba la JOC. De esta manera, acciones como la reivindicación de un mejor convenio no eran sino medios para avanzar en la unión de las empleadas de hogar hacia su objetivo, "la desaparición de nuestra explotación"[69]. Para ello se consideraba especialmente importante la coordinación europea, que permitiría actuar a nivel continental sobre "nuestra realidad colectiva Empleada de Hogar en los niveles nacional y europeo"[70]. Se proponía que la coordinación se concretara con reuniones en los distintos niveles geográficos, la creación de comités locales de empleadas de hogar de diferentes nacionalidades y con una responsable en cada país y otra para toda Europa[71].

Fue María Arrondo la primera en ocupar esta responsabilidad a nivel europeo desde 1973, tras haber sido responsable nacional de emigración en la JOC francesa. El primer año de trabajo de la comisión de Empleadas de hogar se concretó a partir de las visitas de Arrondo a distintos países, el intercambio de correspondencia y un encuentro a nivel europeo celebrado en Estrasburgo. En ese encuentro se vio la necesidad de organizar una cita de mayor amplitud con militantes de diferentes países para mejorar la coordinación, lo que tuvo lugar en una reunión celebrada entre el 9 y el 11 de junio en París. A ella asistieron dos militantes procedentes de España, dos de Portugal, doce de Francia (cinco francesas, tres portuguesas, cuatro españolas) y tres españolas desde Bélgica[72]. Vemos, por lo tanto, que las españolas eran mayoría en esta comisión, ya fuese por su importante peso entre las empleadas de hogar en Europa, o por una mayor implicación en esta sección de la JOC.

La proporción se mantenía un año después, según detalla un informe de la categoría de empleadas de hogar elaborado para la comisión europea de la JOC en 1974. Asimismo, dos años después de la puesta en marcha de esta sección se había añadido Malta a los países indicados en el párrafo anterior. El informe se felicitaba

[69] ADHS, Archivos JOCF, caja 45J650, Doc. A.03.73, "Présentation du travail...", p. 4.
[70] ADHS, Archivos JOCF, caja 45J331, carpeta 1, Cuadernillo Conferencia Europea JOC, Nápoles, 15-21 de octubre de 1973, p. 12.
[71] ADHS, Archivos JOCF, caja 45J650, Doc. A.03.73, "Présentation du travail...", p. 4.
[72] Ibídem, p. 1.

por los "serios progresos" realizados en dos años, tanto en cada país como en lo que se refería a la coordinación entre ellos. El trabajo partía de la explotación social y cultural que vivían las trabadoras domésticas por la falta de legislación o por lo insuficiente de esta. Por ello, la lucha se había concretado en varios países con la elaboración de tablas reivindicativas apoyadas por la recogida de firmas que se habían presentado a los respectivos gobiernos. Se trataba, fundamentalmente, de reclamar una legislación equivalente a la del resto de trabajadores. En el caso de España, esta reivindicación se había elaborado de manera asamblearia y había sido firmada por 2.300 empleadas de hogar antes de ser presentada al gobierno. El objetivo final era conseguir una legislación adecuada a la realidad de cada país, para lo cual se proponía definir un plan de acción y estudiar las posibilidades de presentar sus reivindicaciones comunes a organismos europeos e internacionales[73].

Este documento demuestra no solo que los medios de acción entre países eran muy similares, sino que se promovía una coordinación efectiva en las acciones llevadas a cabo, en lo cual probablemente tuvieron alguna incidencia los contactos mantenidos entre responsables y militantes a través de correspondencia, reuniones y boletines que circulaban. Además de los boletines de ámbito nacional que ya existían, en el primer encuentro, en 1973, se había decidido crear un boletín europeo en francés, portugués y español, del que en 1974 se informaba de la publicación de su 2.º número. Otro instrumento fundamental de contacto fueron los viajes que realizaba María Arrondo. Según su propio testimonio, realizó visitas a países como Alemania, Suiza, Bélgica, Portugal, Italia o Malta. Arrondo destaca el compromiso que apreció en estos dos últimos países. En el caso de Italia, María señala que tenían una experiencia previa en el trabajo por categorías, especialmente para los aprendices; mientras la visita a Malta, realizada en febrero de 1974, se centró en las trabajadoras domésticas maltesas que estaban empleadas en los domicilios de la colonia inglesa residente en la isla. Arrondo recuerda que la acogieron de una manera especial por ser la responsable europea porque "para

[73] ADHS, Archivos JOCF, caja 45J331, carpeta 1, "Rapport d'activités...", pp. 13-15.

ellos, estando en una isla, era como muy importante" y que tenían un alto nivel de concienciación, por lo que la "estrujaron", en un sentido positivo, para trabajar lo máximo posible[74].

Por último, fueron especialmente importantes para la construcción de redes de mujeres y de la coordinación europea las reuniones que se celebraban en distintas ciudades europeas. Así, las responsables de Francia, Portugal, Bélgica y España se reunieron en Madrid en mayo para preparar el encuentro europeo que se celebró en junio en París. A él asistieron tres militantes de Portugal, tres de España, una de Malta, tres de Bélgica y ocho provenientes de Francia, de las que la mitad eran españolas, una portuguesa y el resto, francesas[75].

CONCLUSIONES: TRAYECTORIAS MIGRANTES, TRAYECTORIAS MILITANTES

La experiencia de María Arrondo como responsable europea de las empleadas de hogar de la JOC terminó en 1975, momento en el que se incorporó a un trabajo por horas en París. Sin embargo, el compromiso de estas mujeres no se agotó en las condiciones de vida y trabajo de las empleadas de hogar emigradas. Todas ellas volvieron a España, si bien en el caso de Esperanza Cabral terminó instalándose en Portugal, donde formó parte del Partido Comunista portugués durante largos años[76]. María Arrondo participó en un fortalecido movimiento de empleadas de hogar en París hasta su vuelta a España en 1976. En ese momento se instaló en Zaragoza, donde se integró en la Unión Sindical Obrera (USO) y en el Partido Socialista de Aragón (PSA). Fue elegida concejala del Ayuntamiento de Zaragoza por el Partido Socialista Obrero Español (PSOE) en las primeras elecciones democráticas, en 1979, y ocupó la concejalía de Bienestar social y salud hasta 1986[77]. En cuanto a Pepita Cabrera, militó en

[74] Entrevista a María Arrondo realizada por la autora en Zaragoza el 29 de enero de 2023.

[75] ADHS, Archivos JOCF, caja 45J331, carpeta 1, "Rapport d'activités...", p. 15.

[76] Entrevista a Esperanza Cabral realizada por la autora por videoconferencia el 18 de mayo de 2023.

[77] María José Esteban Zuriaga, "María Arrondo...".

Comisiones Obreras y en el Movimiento Comunista durante los primeros compases de la transición a la democracia[78].

Todas ellas reconocen la importancia que tuvo la JOC, especialmente sus métodos de formación, en su proceso de concienciación política y social. Sin embargo, cabe preguntarse si se comprometieron en otros movimientos porque habían pasado por la JOC, o se habían comprometido en la JOC porque ya tenían una inquietud que la militancia en la organización apostólica y la emigración les brindaron la oportunidad de activar. De hecho, en algunas de las entrevistadas se aprecia un deseo de liberación que se materializaba en salir del pueblo, no solo por motivos económicos. En el caso de las mujeres, además, la emigración pudo servir para escapar de un entorno asfixiante por los mandatos de género.

La moderna Europa ofrecía la posibilidad de forjarse una nueva vida, aunque fuese por la puerta de servicio. La experiencia que vivieron estas mujeres por Europa les dio nuevas oportunidades, pero también les hizo sentir la desigualdad y el racismo del que eran víctimas. Aunque la emigración y la militancia en la JOC favorecieron los contactos y las redes de mujeres de diferentes países, la propia composición de los equipos de empleadas de hogar de la organización apostólica ponía de manifiesto la existencia de dos Europas. Se llevó a cabo un auténtico trabajo transnacional pero en el que solo tenían cabida determinadas nacionalidades de la Europa del sur.

Esto añade un elemento interesante al análisis, al habernos fijado en una iniciativa de coordinación europea desde la periferia, y no tanto mirando al centro. Esto se aplica tanto a la JOC como a lo que podemos considerar la construcción europea en un sentido amplio. Si bien Francia y Bélgica funcionaron como escenario principal de lo aquí estudiado, lo cierto es que las protagonistas tomaron la iniciativa y forjaron alianzas entre mujeres españolas, italianas, portuguesas o maltesas. Tuvieron su propia agenda y, en el caso de la JOC, contribuyeron de manera significativa a la coordinación a nivel europeo y a los debates sobre la esencia de la organización.

---

[78] Entrevista a Pepita Cabrera realizada por la autora por videoconferencia el 25 de mayo de 2023.

Asimismo, son destacables las iniciativas reivindicativas comunes a todo el continente, que perseguían una legislación social que las protegiera por igual, independientemente de su origen.

Las trayectorias individuales y colectivas aquí presentadas nos han permitido analizar procesos personales en los que elementos como la experiencia de la emigración, la militancia en la JOCF, la toma de responsabilidades y el contacto con mujeres de otras latitudes dieron lugar a trayectorias marcadas por el compromiso sociopolítico. Asimismo, y en palabras de María Arrondo, la "triple dimensión en tanto que trabajadoras, emigrantes y mujeres" que fue adquiriendo el trabajo con las empleadas de hogar era el reflejo de una identidad que se fue construyendo a partir del diálogo de estas y otras categorías. Estas adquirieron sentido en un contexto determinado, marcado por el contacto con los países de acogida, mujeres de otras nacionalidades y la militancia en la JOCF, que les permitió dotarlas de un significado preciso. La experiencia en Europa fue, en este sentido, determinante para construir una identidad y una conciencia sociopolítica que las llevó a asumir compromisos estables y prolongados en el tiempo.

Frente al mito de la escasa movilización de las personas migrantes, estas mujeres no solo ejercieron un papel relevante en la JOC, sino también en otros movimientos sociales tanto en el extranjero como a su vuelta a España. De hecho, y como expresaba en 1976 Laudina, empleada de hogar española en Francia, si el cambio se convertía en una posibilidad real para España, se planteaba retornar porque "seremos realmente necesarios. Y mujeres militantes más que nadie. ¡Hay tanto trabajo por hacer!"[79]. Así lo entendieron muchas mujeres comprometidas a nivel político y sindical, a pesar de lo cual algunos de los debates y reivindicaciones sobre el trabajo de cuidados, mayoritariamente desempeñado por mujeres migrantes, siguen sobre la mesa hoy en día.

[79] "Laudina Rodriguez, immigrée", *Antoinette* (mensuel féminin de la CGT), enero de 1976, n.º 136, pp. 21-24.

"DIEZ MILLONES DE MUJERES SALEN DE CASA PARA CONSEGUIR LA PAZ". LAS MUJERES DE LA *EUROPEAN NUCLEAR DISARMAMENT* (END) EN EL PACIFISMO FEMINISTA ESPAÑOL

Sandra Blasco Lisa
Centro Universitario de la Defensa de Zaragoza

Tras la invasión de Afganistán por la Unión Soviética y la llegada al gobierno estadounidense de Ronald Reagan, se terminó la época de distensión para dar paso a una nueva fase de polarización entre potencias, la llamada Segunda Guerra Fría (1979-1989). Durante esta etapa, el recrudecimiento de las amenazas de una guerra nuclear en suelo europeo provocó un "momento trasnacional de cambio", en palabras de Rainer Horn y Kenney Padraic. Un momento en donde se pusieron en común las aspiraciones de desarme y de paz de los movimientos sociales de diversos países europeos.[1]

En Europa del Sur, el pacifismo surgió con retraso respecto al resto de países europeos. Bien porque en el centro y norte de Europa es donde se percibía más claramente el peligro a una guerra nuclear o bien por la necesidad de salir de regímenes dictatoriales en los que algunos países como España o Portugal habían estado inmersos, lo cierto es que debemos esperar a la década de los años ochenta para ver un pensamiento y una práctica típicamente pacifista. En el caso español, los años ochenta comienzan con un contexto político-social en el que aparecen miradas multidimensionales respecto a la Política de Seguridad Nacional, a las relaciones de España con los dos bloques y en el que se complejizan las posiciones respecto a la Política exterior española.

[1] Gerd-Rainer Horn y Padraic Kenney (eds.), *Trans-national Moments of Change. Europe, 1945, 1968, 1989*, Rowman&Littlefield, Lanham, 2003.

La mayoría del movimiento antifranquista había rechazado la OTAN/ USA por ser legitimadores de las políticas franquistas a partir del apoyo económico y militar prestado, creyendo que la Unión soviética por el contrario no suponía ningún peligro.[2] A la par, los partidos políticos y los medios de comunicación españoles habían contribuido a la polarización política construyendo el arquetipo del "enemigo ruso". Por ello, si por algo se distinguió el pacifismo español fue por intentar desmontar dicha polarización y rechazar las políticas belicistas a ambos lados del *telón de acero*. Conocidos fueron los lemas de "ni con el este ni con el oeste" que representaban una nueva forma de entender la protesta, contra las propias lógicas de la Guerra fría y contra el bloque USA/OTAN, al contribuir España con sus políticas a los intereses de una de las superpotencias.

Dentro del movimiento por la paz destacaron los Colectivos por la paz y el desarme que se crearon en diferentes ciudades del Estado. Eran plataformas ciudadanas que aglutinaron a numerosos pacifistas de diferentes regiones, las cuales serían fundamentales en las conexiones de España con el movimiento por la paz-antinuclear europeo. Dentro de estos colectivos, hubo mujeres comprometidas en defensa de la paz que desarrollaron un pensamiento propio al que podemos denominar como "feminismo pacifista", por su compromiso por la paz, la justicia social y en defensa de los derechos de las mujeres.

La mayoría de los trabajos sobre el movimiento por la paz en España se han centrado, fundamentalmente, en la movilización en la campaña del referéndum contra la permanencia de España en la OTAN, el movimiento de los insumisos y objetores de conciencia o las acciones concretas que llevó a cabo el movimiento por la paz en ciudades como Madrid o Barcelona.[3] Sin embargo, desde el punto

---

[2] Cristina Blanco Sio-López, "Transitional margins to re-join the West: Spain's dual strategy of democratization and Europeanization", en L. Crump y S. Erlandsson, (eds), *Margins for Manoeuvre in Cold War Europe. The Influence of Smaller Powers*, Routledge, Nueva York, 2020, pp. 205-223.

[3] Respecto a las investigaciones realizadas sobre el movimiento pacifista en España, véase: Enric Prat, *Moviéndose por la paz. De Pax christi a las movilizaciones contra la guerra,* Hacer Editorial, Barcelona, 2006. Pedro Oliver, "El movimiento pacifista en la transición democrática española", en R. Quirosa-Cheyrouze (ed.), *La sociedad española en la Transición. Los movimientos sociales en el proceso democratizador*, Biblioteca Nueva S.L, Madrid, 2011, pp. 271-286. Enric Prat, *El movimiento por la paz de los años*

de vista del feminismo pacifista, la literatura no es todavía demasiado abundante, siendo las conexiones trasnacionales que establecieron con el movimiento de mujeres europeo un asunto pendiente de investigar.[4]

Basándonos en estas premisas, el objetivo de este trabajo es visibilizar las relaciones e influencia de las mujeres pacifistas del movimiento antinuclear y por el desarme europeo (European Nuclear Disarmament, END) en el feminismo pacifista español. Las protagonistas de este texto forman parte de una generación nacida durante los años cincuenta que participó en la movilización antifranquista, en un contexto caracterizado por una gran movilización social en favor de la democracia y que, posteriormente, pasaron a engrosar las filas de otros movimientos como el ecologista, pacifista, feminista, anti militarista o anti psiquiátrico.

Las fuentes utilizadas para el análisis han sido, en primer lugar, el *European Nuclear Disarmament Journal*, la revista del END. En segundo lugar, las revistas *Euroshima* y *En Peu de Pau*, de cuya unión surgió la revista *En Pie de Paz*, la cual tuvo en su Comité editorial un nutrido grupo de mujeres comprometidas por la paz y el desarme que se sumaron a las acciones del END. En tercer lugar, se utilizan fuentes orales recogidas a partir de entrevistas que he realizado a militantes del Colectivo por la Paz y el Desarme de Zaragoza y el Col·lectiu per la Pau i el Desarmament del barrio del Guinardó (Barcelona).

---

ochenta en Cataluña (tesis doctoral), Universitat Pompeu Fabra, Barcelona, 2005 o Gonzalo Wilhelmi "El movimiento por la paz en Madrid, de la Transición al primer gobierno socialista (1975-1986)", en VVAA, *Historia de la época socialista: España, 1982-1996*, UNED/UAM, Madrid, 2011, p. 45.

4 Respecto a las investigaciones realizadas sobre las mujeres feministas y pacifistas de los años ochenta en España, véase: Sandra Blasco, "Las españolas y la paz como cuestión de género durante la segunda ola feminista", en G. Quaggio y S. Molina (eds.), *Imaginando la Guerra Fría desde los márgenes: La sociedad española y la OTAN (1975-1986)*, Comares, Granada, 2023, pp. 81-100. Sandra Blasco, "Feminismo y pacifismo en la Segunda Guerra fría. El movimiento de mujeres por la paz en España", en F.J. Leira (ed.), *El pa-cifismo en España desde 1808 hasta el «No a la Guerra» de Iraq*, Akal, Madrid, 2023, pp. 449-472. Laura Branciforte, "Mujeres y movimientos antinucleares y antimilitaristas en Madrid en los ochenta" en A. González, I. Cordero y A. Carrillo-Linares, *El ámbito de lo posible: crisis y reconstrucciones en el último siglo* (coords.), Sílex, Madrid, 2023, pp. 273-290. https://doi.org/10.1080/09612025.2021.1984026.

La estructura del capítulo es la siguiente: En primer lugar, hablaré de los inicios del movimiento por la paz en Europa y España, así como de las relaciones que se establecieron con el END a partir de la asistencia de los y las pacifistas a las convenciones por una Europa desnuclearizada. En segundo lugar, desgranaré las influencias concretas que tuvieron algunas mujeres del movimiento pacifista europeo en España, destacando la figura de Petra Kelly y algunas mujeres del Campamento de Greenham Common. Con estas últimas establecieron relaciones de afinidad e incluso vinieron a España, lo que permitió establecer vínculos y en ocasiones relaciones de amistad que acercaron posiciones entre ambos movimientos. Fruto de esas relaciones y de la voluntad de las pacifistas españolas de ligarse al movimiento de mujeres por la paz europeo, desgranaremos, en último lugar, el Campamento de Mujeres por la Paz que se realizó en Zaragoza en septiembre de 1984, al amparo de llamamiento de Greenham Common: *Que diez millones de mujeres salgan de su casa contra los preparativos de la guerra.*

EL END Y EL PACIFISMO ESPAÑOL

Los llamamientos por una Europa desnuclearizada comenzaron con el Llamamiento de Estocolmo en 1950 pero tuvieron su punto álgido en los años ochenta del siglo XX.[5] Los misiles soviéticos SS-20 de alcance intermedio que apuntaban Europa Occidental y los misiles Persing and Cruise de Estados Unidos desplegados en seis estados

[5] En marzo de 1950, el Consejo Mundial de la Paz (CMP) promovió un llamamiento abogando por la prohibición de las armas nucleares, el cual llegaría a ser firmado por casi 2 millones de personas. A su vez, fue especialmente relevante el Manifiesto Russell-Einstein, firmado en Londres en 1955. Los firmantes alertaban de la peligrosidad de la proliferación de armas nucleares para solucionar las disputas internacionales por medio de la guerra y no de la mediación, el diálogo y el arbitraje. Como señalaría Albert Einstein: "the unleashed power of the atom has changed everything save our modes of thinking and we thus drift toward unparalleled catastrophe". https://www.nytimes.com/1964/08/02/archives/the-einstein-letter-that-started-it-all-a-message-to-president.html

de la OTAN supusieron un punto de inflexión en el movimiento por la paz.[6]

La declaración fundacional del END fue el Llamamiento europeo del desarme nuclear emitido en abril de 1980. Distribuido por la Bertrand Russell Peace Foundation, tenía como objetivo "hacer posible un Europa desnuclearizada desde Portugal hasta los Urales".[7] El llamamiento comenzaba del siguiente modo "estamos entrando en la década más peligrosa de la historia de la humanidad una tercera guerra mundial no sólo es posible sino cada vez más probable".[8] La estrategia de mantener el equilibrio sobre el discurso del miedo a partir de la amenaza de destrucción total, denominada Mutual Assured Destruction (MAD), provocó un estado de alarma social sin precedentes, especialmente en Alemania Occidental. Según David Cortright, en una encuesta realizada en este país en enero de 1980, casi la mitad de la población germana veía como muy probable vivir una guerra nuclear en los próximos diez años.[9]

En este sentido, el llamamiento de la END tenía dos particularidades: 1ª, se negaba a tomar partido por uno de los dos bloques de la Guerra fría, culpando ambos de salir de las vías de diplomacia y arbitraje para adoptar posturas amenazantes y cometer agresiones a otros países según los intereses propios de cada bloque. 2ª, llamaba a la movilización social no de los países de forma individual sino de una Europa "unida, neutral y pacífica". Los principales autores de ese llamamiento eran británicos, entre los que destacaban investigadores como Mary Kaldor, Dan Smith o Edward Palmer Thompson.[10] Aunque también había de otros países europeos de Europa Oriental y Occidental destacando la presencia del ex primer ministro húngaro András Hegedüs y el disidente ruso Roy Medvedev.[11]

---

[6] David Cortright, *Peace: A History of Movements and Ideas*, Cambridge University Press, Cambridge, 2008.

[7] https://www.russfound.org/END/EuropeanNuclearDisarmament.html

[8] Llamamiento END 1980. https://www.russfound.org/END/EuropeanNuclearDisarmament.html

[9] David Cortright, *Peace: A History of Movements and Ideas...*, p. 140.

[10] Ver Edward Palmer Thompson, *Protest and survive*, Penguin, London, 1980.

[11] "Thinking about new movement", *END Journal*, n.º 1, 1980, p. 14.

Como en otros países europeos, el pensamiento y compromiso pacifista de E.P y Dorothy Thompson fue fundamental en el movimiento pacifista español. La crítica que realizó a la Unión soviética y su análisis de la "historia desde abajo", dando a la "experiencia" del individuo y a su agencia o capacidad de acción un papel fundamental en la historia, daban sentido científico a la militancia. Además, sus intentos por establecer lazos con los grupos pacifistas de Europa del este y construir un modelo alternativo o una "tercera vía" hacia la paz influyeron en la posición no alineada del movimiento por la paz español.[12]

Por estos motivos, este llamamiento tuvo una especial repercusión en la mayoría de los grupos pacifistas de Europa del sur. En España fue especialmente relevante coincidiendo con un contexto de cambio político, de un sistema dictatorial que había perdurado cuarenta años al de una joven democracia parlamentaria que debía decidir el sentido de su Política de Seguridad nacional y a sus socios internacionales.[13] El llamamiento se publicó en el número cuatro de la revista *Mientras tanto* junto con una nota de Manuel Sacristán titulada "Contra la tercera guerra mundial". Este hecho es bastante sintomático del punto en el que estaba el movimiento por la paz catalán (y español) a comienzos de los años ochenta, saliendo de la época del anti franquismo y tomando cada vez más conciencia del peligro nuclear y bélico.

El pacifismo europeo nutrió sus formas de acción en lo simbólico. Las marchas, las cadenas humanas o los «campamentos de paz» cerca de las bases militares donde se iban a instalar los nuevos misiles de la OTAN fueron una de las señas de identidad del movimiento de los años ochenta.[14] Las armas nucleares "situaban la tensión en un punto de tal desmesura que sólo podía desafiarse desde la creatividad

[12] Thompson 1983. Stefan Berger y Christian Wicke, "Dos monstruosas estructuras antagonistas»: el activismo pacifista y la filosofía histórica marxista de E. P. Thompson durante la Guerra Fría", en S. Berger y C. Cornelissen (eds*), Culturas históricas marxistas y movimientos sociales en la Guerra Fría*, Institución Fernando El católico, Zaragoza, 2021, p. 200.

[13] Pedro Vilanova, "Spain and NATO", *END Journal*, n.º 8, 1982, p. 11.

[14] Anne-Marie Granger y Simone Woods, "De Greenham Common à Bonn, de Copenhague à Comiso, femmes en lutte contre la militarisation", *Cahiers du féminisme*, 27, 1984, p. 16. Laura Branciforte, "The women's peace camp at Comiso, 1983: transnational feminism and the anti-nuclear movement", *Women's History Review*, 31(2), pp. 316-343.

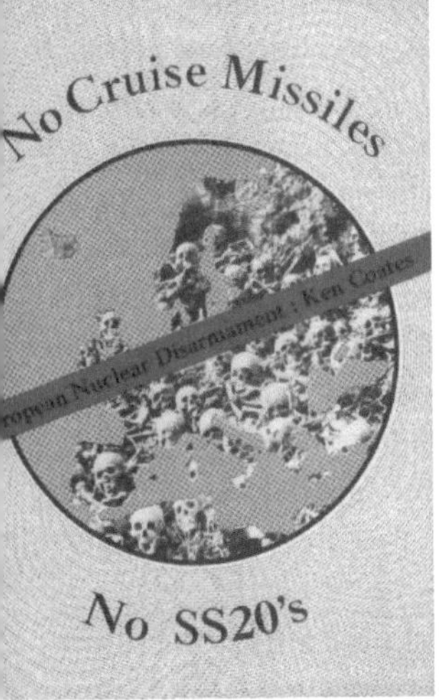

Fig 1. Las consecuencias del uso de las armas nucleares en Europa según el END Journal.[1]
Fig 2. Pegatina extraída de la revista Euroshima editada por el Colectivo por la Paz y el Desarme de Zaragoza[2]

[1] https://www.russfound.org/END/EuropeanNuclearDisarmament.html
[2] Archivo personal de Carmen Magallón.

simbólica de la noviolencia", en palabras de Carmen Magallón.[15] Las convenciones fueron el instrumento más importante para el intercambio, debatir ideas y compartir llamadas a una movilización social de carácter transnacional. Fue el modo de implementar la cultura de la paz en política aunando a una heterogénea masa ideológica en favor del desarme y la paz. Estas se celebraron, en el primer lustro de los años ochenta, en Bruselas (1982) Berlín (1983) y Perugia (1984).

En 1983 se creó la Coordinadora Estatal de Organizaciones Pacifistas (CEOP), la cual estuvo en contacto permanente con las Convenciones por una Europa desnuclearizada. Los objetivos de la CEOP eran variados: la gestión democrática de los recursos naturales, un referéndum nuclear, el rechazo a la OTAN, desmontar la noción del enemigo ruso y la búsqueda de la paz. Decenas

[15] Carmen Magallón, *Mujeres en pie de paz*, Siglo XXI, Madrid, 2006, p. 9.

de activistas pertenecientes a diversas organizaciones pacifistas del Estado participaron en estas convenciones, especialmente en las de Berlín y Perugia.

Durante los años sesenta y setenta, el pacifismo se había asociado con la contracultura (melena, flores en el pelo y los llamados 'hippies') y ésta formaba parte de los valores de rebeldía que caracterizaron a la generación nacida en los años cincuenta que luchó contra el franquismo. Sin embargo, ese pacifismo era estrictamente político, no tenía una reflexión teórica propia y se nutría de mensajes antiimperialistas, especialmente destacados en el rechazo a la Guerra de Vietnam. Por el contrario, en los años ochenta, el pacifismo español ya contaba con grupos específicos que comenzaron a asumir reflexiones en torno a conceptos de los estudios de paz.

La reflexión teórica más importante del pacifismo giró en torno a las herramientas conceptuales proporcionadas por el Stockholm International Peace Research Institute (SIPRI) en donde destacó el politólogo noruego Johan Galtung. Para este investigador, la paz positiva (frente a la paz negativa) no se basaba en la ausencia de guerra sino en la ausencia del llamado "triángulo de la violencia". Este triángulo estaría compuesto por la violencia directa, la violencia estructural y la violencia cultural o simbólica. Estas dos últimas violencias, la violencia estructural y la violencia simbólica, pese a ser menos visibles son las raíces sobre las cuales se alimenta la violencia directa. Es una relación recíproca por la cual la violencia directa, de igual modo, refuerza las anteriores. Por ello, para solucionar este triángulo no bastaba con un alto el fuego, era necesario reformular la cultura de la violencia y combinarla con la defensa de la justicia social.[16]

La complejización del significado de paz uniéndolo a la justicia social, a la sostenibilidad ecológica, al respeto de los derechos humanos y al desarme fue uno de los conectores fundamentales entre el pacifismo y otras luchas sociales, como es el caso del feminismo. Como señalaba Jesús María Alemany, jesuita del Centro Pignatelli y miembro del Seminario de Investigación para la Paz de Zaragoza:

[16] Johan Galtung, *Sobre la paz*, Fontamara, Barcelona, 1985.

> "La evolución del concepto de paz positiva poniéndola en relación no sólo con la violencia directa (guerra) sino con la menor violencia estructural (estructuras socioeconómicas injustas) pudo ampliar los referentes sociales de la investigación para la paz, antes centrados en los movimientos pacifistas, a las ONGD, es decir, a los organismos no gubernamentales de cooperación al desarrollo. Pero en las décadas siguientes de los 70 y 80 el concepto de paz recibió nuevas aportaciones desde la perspectiva de género, desde la óptica ecológica y desde su interiorización espiritual".[17]

Así, a comienzos de los años ochenta, cientos de mujeres de diferentes procedencias pusieron su capacidad de pensamiento y experiencia vital en pro de un proyecto común, saliendo de las tradicionales demandas del feminismo para que este tuviera su expresión dentro del movimiento por la paz. "Lo que las mujeres han aportado al movimiento resulta inestimable" afirmaba, en 1984, Johan Galtung, dando, según sus palabras "una perspectiva holística" más allá de una visión de la guerra como "un asunto de táctica en las conversaciones de desarme o una contabilización de cohetes, como les gusta hacer a los hombres".[18] Fue este el punto de anclaje que dio continuidad en España al feminismo pacifista, un movimiento prolífico que había tenido una complejidad destacada en España al menos desde finales del siglo XIX.[19]

INFLUENCIAS DE LAS MUJERES PACIFISTAS DEL END EN ESPAÑA

Si por algo se caracterizó el feminismo pacifista español fue por intentar desmontar esta polarización y rechazar las políticas belicistas

[17] Jesús María Alemany, "Paz", en A. Ortiz y P. Lanceros (dir), *Diccionario de la existencia*, Anthropos, Barcelona/México, 2006, p. 451.

[18] Johan Galtung, ¡Hay alternativas! Cuatro caminos hacia la paz y la seguridad, Madrid, Tecnos, 1984.

[19] Librepensadoras, anarquistas, socialistas, católicas, feministas y pacifistas contribuyeron al desarrollo del pensamiento antibelicista, antimilitarista y/o pro paz en España y su conexión con las mujeres europeas. Sandra Blasco y Carmen Magallón, *La Liga Internacional de Mujeres por la Paz y la Libertad (WILPF) en América Latina y España*, Icaria, Barcelona, 2020.

de ambos bloques incidiendo en una nueva forma de entender la política y la justicia social en Europa.[20] Como señala la militante pacifista catalana del Col·lectiu per la Pau i el Desarmament del barrio del Guinardó Elena Grau, conocer en profundidad la obra y pensamiento de autores como Johan Galtung o especialmente E.P Thompson fue fundamental en la formación del pensamiento pacifista.[21] En el caso catalán, además de esas influencias, fueron fundamentales las aportaciones de la revista *Mientras tanto,* fundada por Giulia Adinolfi y Manuel Sacristán a finales de 1979. Posteriormente, las revistas *En Peu de Pau* e *Euroshima,* cuyos fundadores se unirían en torno a la revista *En Pie de Paz* en 1986 tendrían un papel clave en el movimiento por la paz, a nivel de formación, capacidad de análisis internacional y relaciones trasnacionales con el movimiento antinuclear y pacifista europeo.

En los comités editoriales y consejos de redacción de estas revistas serían fundamentales las aportaciones específicas de las pacifistas. Aquellas jóvenes que participaban en los colectivos por la paz a comienzos de los años ochenta, se hicieron feministas dentro del pacifismo. Y, aunque compartían las demandas y postulados del movimiento feminista previo, fue dentro de este movimiento social por la paz donde desarrollaron de forma genuina un feminismo propio, que llegó a impregnar buena parte de los discursos y del pacifismo complejizando su corpus teórico. En palabras de Elena Grau:

> "Las mujeres del grupo de Barcelona nos hicimos feministas en el pacifismo, feministas en el sentido del pensamiento propio. Por supuesto estábamos de acuerdo con las reivindicaciones del feminismo (que se hicieron a partir del 76 en las jornadas de la Dona) pero lo que sería una reflexión feminista de auto interpelación, de reflexión profunda y de debate entre mujeres, esto surgió en el pacifismo".[22]

---

[20] Cristina Blanco Sio López, "Transitional margins to re-join the West: Spain's dual strategy of democratization and Europeanization"…

[21] Entrevista a Elena Grau. Entrevista realizada por Sandra Blasco el 29 de julio de 2024.

[22] Ibídem.

Para el feminismo pacifista, esta propuesta se basó en dos pilares fundamentales: la voluntad de incidir en la política internacional desde una mirada propia y un nuevo método en la militancia y la política. Autoras como Luce Iriguaray o Giulia Adinolfi habían anunciado la necesidad de hacer política "a partir de si", valorando las prácticas heredadas histórica y culturalmente o poniendo en valor lo que Adinolfi llamó la "subcultura femenina", en un sentido gramsciano.[23]

Luciana Castellina, militante comunista y pacifista que participó activamente en el END, resaltaba en una entrevista en 1983 la necesidad de salir de una igualdad acrítica para dar esa mirada propia: "nuestro problema era la igualdad, el ser iguales a los hombres".[24] Para una nueva Europa, en un momento en el que se creía que se podía crear una comunidad popular europea unida en torno a los valores del desarme, la paz y la justicia, parecía importante poner en el centro de la llamada entonces "política de las mujeres".[25] Según sus palabras "por primera vez en Europa, se han manifestado fuerzas amplísimas que tienen cierta unidad cultural, una línea política semejante; incluso concepciones organizativas idénticas, que trascienden las fronteras, incluso la separación entre Este-Oeste. Eso nunca ha ocurrido en Europa. Es una gran fuerza, un hecho histórico nuevo".[26]

Como recordaba Elena Grau, lo que se hacía era buscar contactos "para alimentarte como pensamiento, como política y establecer redes".[27] En este sentido, las conexiones con el movimiento europeo y, en concreto, con el pacifismo verde alemán y con la experiencia de Greenham Common fue fundamental para la formación no solo

[23] Giulia Adinolfi, "Sobre la historia de las mujeres" y "La condición femenina". Transcripción de E.G. /2/ XLIII Mans. Web elaborada por Elena Grau Biosca y Vera Sacristán Adinolfi, con la colaboración de Violeta Ibáñez e Isabel Ribera, 2023. Los materiales contenidos en esta web han sido cedidos al Centre de Documentació de Ca la Dona. https://giuliaadinolfi.caladona.org/

[24] Europa tiene una nueva identidad, según la diputada italiana Luciana Castellina, https://elpais.com/diario/1983/11/19/internacional/438044411_850215.html

[25] Adrienne Rich, "Apuntes para una política de la ubicación, 1984", en M. Fe, *Otramente, lectura y escritura feministas*, Fondo de Cultura Económica, México DF, 1999, pp. 31-51. Se puede leer también en la siguiente página web: https://www.lesvoz.org/2022/08/18/una-politica-de-la-posicion-adrienne-rich/

[26] Europa tiene una nueva identidad, según la diputada italiana Luciana Castellina, https://elpais.com/diario/1983/11/19/internacional/438044411_850215.html

[27] Entrevista a Elena Grau...

de un pensamiento feminista y pacifista sino también de una hoja de ruta a partir de los llamamientos que hacían a las mujeres de todos los países como movimiento europeo.

PETRA KELLY Y EL PACIFISMO VERDE

Petra Kelly fue una de las figuras más relevantes del ecopacifismo durante los años ochenta en Europa. Nació en Günzburg, Baviera, en 1947. Estudió Ciencias Políticas en la American University de Washington y participó en los movimientos contra la Guerra de Vietnam y por los derechos civiles que se llevaron a cabo durante finales de los años sesenta en USA. Volvió a Europa en 1971 y, desde entonces, fue una activista destacada del movimiento verde y antinuclear alemán. Ayudó a organizar la campaña contra la instalación de los euromisiles y fundó el Partido Alianza 90/Los Verdes (Die Grünen) en 1979. Entró en el parlamento como diputada federal en 1983.

El primer contacto del movimiento pacifista español con Die Grünen se produjo en la II Convención por una Europa desnuclearizada, que se celebró en Berlín en mayo de 1983 y a la que algunas militantes del movimiento por la paz español asistieron. Como recuerda Carmen Magallón, militante el Colectivo por la Paz y el Desarme de Zaragoza.

> "Había viajado a Berlín con el mismo motivo, lo que me dio ocasión de participar en una de las grandes y míticas cadenas humanas contra los euro-misiles que se desplegaron por aquellos días en todas las capitales europeas. Allí conocí a Petra Kelly, me alojé en una de las casas ocupadas de Kreuzberg y descubrí por primera vez las acciones simbólicas que protagonizaban las mujeres en su lucha contra la guerra nuclear".[28]

[28] Carmen Magallón, "El campamento de mujeres por la paz: una acción del pacifismo feminista en Zaragoza", *Zaragoza rebelde: movimientos sociales y antagonismos (1975-2000)*, Colectivo Zaragoza Rebelde, Zaragoza, 2009, p. 123.

Kelly representaba un nuevo modo de entender la justicia social incorporando a la justicia económica, la justicia ecológica y el desarme. El rechazo a las políticas belicistas iba de la mano de la crítica que el ecologismo hacía de ambos bloques, acusándoles de androcentristas, al concebir al ser humano por encima de la naturaleza y a la Tierra como un almacén de recursos, orientados al crecimiento económico, tecnológico y militar ilimitado. Como recordaba Vandana Shiva, feminista decolonial india y amiga de Petra Kelly, el medio ambiente y las comunidades del 'sur global' habían pagado el precio más alto por la rivalidad entre superpotencias.[29]

Kelly transmitía un tipo de liderazgo que les cautivaba. Era delgada, de poca estatura, aparentemente frágil y vulnerable, pero tenía un discurso que transmitía fuerza y convicción. Un modo de mostrar fortaleza diferente al de la militancia y los liderazgos tradicionales que las pacifistas españolas habían vivido en la militancia antifranquista. Magallón recordaba:

> "Desplegaba un tipo de fuerza que incorpora aspectos que habíamos echado en falta en el entorno de nuestro compromiso con los grupos de la izquierda española. (...) Intuíamos que ese tipo de fuerza, encarnado en el cuerpo, en la voz, en los gestos simbólicos que protagonizaban las mujeres, era la adecuada para resaltar y hacer frente a la fuerza nuclear".[30]

Ese nuevo liderazgo incorporaba la cultura de paz a la política. La paz implicaba una política *con corazón*, uniendo el feminismo y la *noviolencia*. Tal y como defendía en su libro *Pensar con el corazón: textos para una política sincera*, "para mí el feminismo, la no violencia y la ecología son cosas que van de la mano, están estrechamente relacionadas. Y las tres tienen que ver con una forma muy diferente

---

[29] Petra Kelly, *Nonviolence Speaks To Power*, Center for Global Nonviolence, University of Hawai'i, Honolulu, 2001, p. 110.

[30] Sandra Blasco, "Entrevista a Carmen Magallón", *Filanderas, Revista Interdisciplinar de Estudios Feministas* (1), 2016, p. 108. Carmen Magallón, *Mujeres en pie de paz*, ... p. 185.

de entender el poder".[31] La propuesta emancipatoria de Petra Kelly ofreció una oportunidad de incidir en la política internacional desde el feminismo, el ecologismo y el pacifismo. Esa suma de colores morado, verde y blanco se sumaba al color rojo, de la justicia social, el cual las pacifistas habían experimentado en su militancia anterior. La propuesta ecopacifista de Kelly supuso un punto de inflexión en su forma de entender la política y el modo de ejercer la acción del compromiso social, que sería fundamental en la trayectoria de estas mujeres en años posteriores.[32]

Fig 3. Petra Kelly pronuncia un discurso en la Asamblea federal de Los Verdes en 1985

[31] Petra Kelly, *Por un futuro alternativo. El testimonio de una de las principales pensadoras-activistas de nuestra época*, Paidós, Barcelona, 1997, p. 27.

[32] En la imagen se ve un atril lleno de pegatinas del movimiento verde-pacifista-antinuclear alemán. Fotografía de Sven Simon. Sacada de la página web que conmemora el aniversario del fallecimiento de Petra Kelly y Gert Bastian. https://www.picture-alliance.com/webseries/9928-Commemoration-Days-2022%2528popup:webseries/297266-2022-10-01---30th-anniversary-of-the-death-of-Petra-Kelly-and-Gert-Bastian-detail

INFLUENCIA DE ALGUNAS MUJERES DE GREENHAM COMMON EN LAS PACIFISTAS ESPAÑOLAS

El campamento de mujeres pacifistas de Greenham Common tuvo su origen en una marcha que se realizó en 1981 desde Cardiff hasta la base militar de Greenham, donde estaba previsto que se instalasen 96 misiles crucero norteamericanos.[33] El grupo, bajo el lema "mujeres por la vida en la Tierra", solicitó un debate público televisado con algún representante del Ministerio de defensa en torno a la política nuclear británica. Al no atender su petición, cuatro mujeres se encadenaron a la verja de la entrada principal de la base de Greenham mientras el resto del grupo se preparaba para acampar en las inmediaciones.

En diciembre de 1982, a partir de la iniciativa *Embrace the Base*[34] y, especialmente, a partir de la cadena humana que se realizó desde Greenham hasta la fábrica de municiones de Aldermaston, el Campamento de Greenham se convirtió en un referente europeo del pacifismo feminista por su perseverancia, creatividad e imaginación en las formas de protesta. En enero de 1984, este campamento contaba con casi 400 mujeres acampadas de entre 17 y 70 años de edad.[35 y 36]

La formación de las mujeres pacifistas españolas y su vinculación con el movimiento de mujeres pacifistas europeo estuvo mediada por las relaciones que establecieron con algunas mujeres del Greenham Common. En algunos casos fueron las propias mujeres de Grenham las que pasaron por España, como es el caso de la visita de Jo Page a Barcelona en 1984 o de la figura Anita Grey, la cual estaba en la red de colaboración de Greenham y con la cual las pacifistas españolas mantuvieron una estrecha colaboración.[37] Esta relación no se

[33] Enric Prat, *Moviéndose por la paz. De Pax christi a las movilizaciones contra la guerra...* p. 188.
[34] Un llamamiento a rodear la base a partir del llamamiento "Invita a diez amigas", en una cadena de correo postal.
[35] David Cortright, *Peace: A History of Movements and Ideas...*, p. 147.
[36] Anne-Marie Granger y Simone Woods, De Greenham Common à Bonn, de Copenhague à Comiso, femmes en lutte contre la militarisation..., p. 16.
[37] Entrevista a Elena Grau...

Fig 4. Fotografia de algunas mujeres de Grenham Common

circunscribió a los años ochenta sino que, en algunos casos, fue una amistad que continuó hasta la actualidad.

La militante catalana Elena Grau escribió en el primer número de la revista *En Peu de Pau* el artículo titulado "L' experiencia del Campament de dones per la pau a Greenham Common" dando visibilidad no solo al campamento y a sus valores, sino también dando a conocer la importancia del método y la necesidad de trabajar en las acciones de protesta la noviolencia.[38] Este escrito, como se expresa al final del mismo, tenía su sentido y estaba basado en la conferencia que la propia Elena Grau escuchó de Jo Page en el Centre de Treball i Documentació (CTD) de Barcelona en 1984, así como en la película *Common-sense: Greenham Actions 1982* sobre las acciones que habían realizado las mujeres de Greenham y en diversos panfletos y revistas editados por ellas. Además de todo ello, Grau destaca en su artículo

[38] Elena Grau, "L' experiencia del Campament de dones per la pau a Greenham Common", *En peu de pau*, 0, mayo-junio 1984, pp. 13-15.

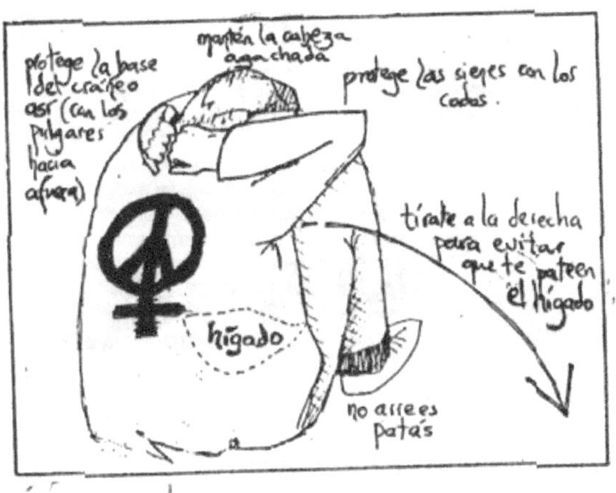

Fig 5. Imagen de cómo poner el cuerpo en una acción noviolenta extraída del folleto formativo de Heather Hunt, Theresa Mcmanus, Angela Mckee y Linda Cottril

la influencia que tuvo en ella misma el libro de Alice Cook y Gwyn Kirk *Greenham Women Everywhere.*[39]

Otro de los ejemplos de esas conexiones entre el movimiento pacifista-feminista español y las mujeres de Greenham lo tenemos en las relaciones que establecieron con la activista pacifista Heather Hunt. El contacto con Heather fue importante, sobre todo en la difusión de su propuesta de noviolencia y en la difusión de las acciones de Greenham. Hunt trabajo profundamente las acciones noviolentas y redactó, junto a Theresa Mcmanus, Angela Mckee y Linda Cottril, un folleto de formación al respecto y una hoja informativa titulada "Peacemaking: a briefing sheet for workshop organisers" el cual inspiró las acciones noviolentas del movimiento de mujeres de diferentes países en la década de los ochenta y noventa. El folleto sirvió de inspiración para muchos grupos que adaptaron su contenido y lo tradujeron a diferentes idiomas. En el caso español, sirvió

[39] Alice Cook y Gwyn Kirk, *Greenham Women Everywhere. Dreams. ideas and actions from the women's peace movement,* Pluto&Press, London, 1987.

de base formativa de grupos noviolentos durante finales de los años ochenta y durante los años noventa.[40]

Un último ejemplo fueron diversas publicaciones de la revista *En Pie de Paz* que, a lo largo de sus números, intentó difundir buena parte de los textos y acciones que salían del movimiento de mujeres por la paz europeo. Así se refleja en la difusión y apoyo, no solamente de las acciones de las mujeres de Greenham Common o de la figura de Petra Kelly, que sin duda eran dos de los referentes del movimiento, sino también de mujeres y de grupos de otros países. En este sentido, otro de los contactos trascendentales fue Lilly Horbat, pacifista del grupo Done e ambiente que escribió sobre feminismo y cultura de paz en la revista *Nouvelles Questions Feministes* y que *En Pie de Paz* incorporó a sus páginas un fragmento de dicho texto.[41]

QUE DIEZ MILLONES DE MUJERES SALGAN DE SU CASA DEL VEINTE AL TREINTA DE SEPTIEMBRE PARA MANIFESTARSE CONTRA LOS PREPARATIVOS DE LA GUERRA. ACCIONES CONJUNTAS DESDE LA NOVIOLENCIA CON EL END

El movimiento de mujeres por la paz español se sumó a las iniciativas del movimiento europeo. Fue gracias a la asistencia de algunas pacifistas a la II Convención por una Europa Desnuclearizada celebrada en Berlín en 1983 y la III Convención que se celebró del 17 al 21 de junio de 1984 en Perugia.

Carmen Magallón, asistente a ambas convenciones y una de las pacifistas más importantes del grupo aragonés y a nivel de todo el Estado, califica en el artículo "La vida en nuestras manos: el pacifismo, excelencia participativa" como "crucial" la asistencia a estas convenciones y el poder conocer a las pacifistas europeas. Sus formas de acción, su método en la militancia y sus discursos les sirvieron

[40] Ver la referencia de "Mujer palabra" donde reciclan una versión de 1989 en español. https://www.mujerpalabra.net/activismo/pacifismo/ADNV_80s.htm

[41] ADNVs: acciones directas noviolentas y violencia por activistas pacifistas (años 80, Gran Bretaña). Basado en el escrito de Heather Hunt, Theresa Mcmanus, Angela Mckee y Linda Cottril.

para encontrar un movimiento social afín.[42] En Perugia pudieron, por primera vez, realizar acciones noviolentas contra la nuclearización y el rearme, como la marcha de Perugia a Asis o escuchar a mujeres del movimiento por la paz europeo de gran relevancia, como la pacifista-feminista, fundadora del "gruppo 10 de marzo" e hija del dirigente del PCI Pietro Ingrao y de Laura Lombardo, Chiara Ingrao. Esta experiencia les animó a sumarse a las acciones conjuntas de las mujeres pacifistas europeas.[43]

Fue a raíz de la Convención de Perugia cuando las mujeres de Greenham Common dieron a conocer su propuesta "Diez millones de mujeres en diez días". El objetivo era conseguir que diez millones de mujeres saliesen de sus casas en el otoño de 1984 para protestar contra las políticas de rearme y las amenazas de guerra. Fruto de ese llamamiento se organizaron acciones en diferentes ciudades de la Europa occidental, entre ellas en varias ciudades españolas. En Madrid se llevó a cabo un campamento en el barrio de El Pilar, con un seguimiento limitado.[44] En Zaragoza se organizó el Campamento de Mujeres por la Paz del 22 al 30 septiembre de 1984 en el Parque del Tío Jorge. Fue una acción única en su estilo y que tuvo un seguimiento importante, pese a la escasa difusión de sus actividades en la prensa local. Este campamento fue sin duda una de las acciones específicas más importantes del movimiento de mujeres por la paz en España durante el siglo XX.

Más de 100 mujeres que englobaban todas las líneas de pensamiento del feminismo aragonés de los años ochenta, desde los grupos de mujeres de los partidos (incluidas las mujeres del PSOE) y sindicatos a los grupos feministas de la Coordinadora y las asociaciones de mujeres de los barrios, se unieron en dicha actividad. Desde la solidaridad con las mujeres de Greenham (Inglaterra) y Comiso (Italia), su manifiesto reclamó la oposición a la política

[42] "Para nosotras sería crucial la asistencia a las Convenciones por una Europa sin armas nucleares, convenciones del END (European Nuclear Disarmament), en Berlín y en Peruggia" Carmen Magallón, "La vida en nuestras manos: el pacifismo, excelencia participativa", Elena Grau y Pedro Ibarra, *Participando en la red: anuario de movimientos sociales,* Icaria: Betiko Fundazioa, Barcelona, 2001, p. 66.

[43] Entrevista a Elena Grau...

[44] Sandra Blasco, "Las españolas y la paz como cuestión de género durante la segunda ola feminista", en G. Quaggio y S. Molina, *Imaginando la Guerra Fría desde los márgenes: La sociedad española y la OTAN (1975-1986)*...

belicista en general y, en particular, la oposición a la OTAN por considerar que "tanto la pertenencia a la OTAN como la presencia de bases extranjeras convierten a nuestro país en un objetivo militar de primer orden".[45] En palabras de Carmen Magallón:

> "Cuando regresé de la convención de Peruggia comuniqué en el Colectivo por la Paz y el Desarme la idea de la campaña, '10 días 10 millones de mujeres saliendo de casa por la paz', que se había lanzado en Italia. Las mujeres del colectivo nos pusimos en marcha, convocamos a todas las organizaciones de mujeres de la ciudad, incluidos sindicatos, asociaciones de vecinos, amas de casa, todas, y reunimos a más de ochenta representantes en el cine Pax, de la plaza de la Seo".[46]

17, septiembre, 1984 /11

20-30 DE SEPTIEMBRE, SOLIDARIDAD CON GREENHAM COMMON

"Diez millones de mujeres en diez días"

COMUNICADO DE LAS MUJERES DE LA COORDINADORA ESTATAL DE ORGANIZACIONES PACIFISTAS

• 10 millones de mujeres en 10 días —"Ayúdanos a crear un milagro Este otoño— Una inmensa ola de mujeres que no se rinde— Creciendo con fuerza— La opción es de todas las mujeres— No se trata de las armas nucleares solamente, sino de todas las cosas".
• Con estas palabras las mujeres de Greenham Common reafirman su voluntad de parar la infernal carrera de armamentos, reclamando la presencia de todas las mujeres que se oponen a esta locu-

Fig 6. Pegatina de la Convención por el desarme en Perugia, 1984
Fig 7. Información de la Campaña de las pacifistas del END en la prensa local aragonesa[47 y 48]

---

[45] "Manifiesto", Campamento de mujeres por la paz, Zaragoza, 30 de septiembre de 1984. Emakumeen Dokumentazio Zentroa, Pacifismo II. El cartel del Campamento de Mujeres por la Paz fue diseñado y donado por Mari Carmen Lahoz.

[46] Entrevista a Carmen Magallón. Entrevista realizada por Sandra Blasco el 31 de agosto de 2016.

[47] Archivo personal de Carmen Magallón.

[48] "'Diez millones de mujeres en diez días'. Comunicado de las Mujeres de la Coordinadora Estatal de Organizaciones Pacifistas", *Heraldo de Aragón,* 27 de septiembre de 1984, p. 11.

El campamento contaba con múltiples servicios tales como guardería, biblioteca, servicio de comidas y cenas, bar, servicio de información a visitantes y hasta una emisora de radio, La Violetera. Además de participar en la campaña europea, sirvió de punto de encuentro de mujeres de diferentes organizaciones y diferentes lugares. Antimilitaristas, pacifistas, antibelicistas, feministas, mujeres de partidos políticos, del movimiento vecinal y sindical, así como mujeres de otras ciudades del Estado (entre ellas Madrid, Barcelona, Huesca, San Sebastián, Vitoria, Valladolid, Salamanca o Vinaroz) se sumaron al Campamento en algún momento.

> "Queríamos encontrarnos, debatir, organizar acciones hacia la ciudad. Más de cincuenta mujeres dormíamos en las tiendas, y la gran carpa reunía a cientos en los debates que se organizaban durante el día: sobre la participación de las mujeres en las guerras, sobre si existen o no valores específicos masculinos y femeninos, sobre la violencia contra las mujeres, sobre cómo educar para la paz, sobre la OTAN, sobre las relaciones entre pacifismo y feminismo...".[49]

A la par, se llevaron a cabo varias acciones externas. Se organizó la confección de una tela de araña en glorieta Sasera (punto emblemático de la ciudad en donde hay unos cañones), una tela que se tejía mientras se repartían octavillas del campamento, "una gran tela de araña, símbolo de la fuerza y la unidad de las mujeres pacifistas en toda Europa" y, como colofón, una marcha simbólica a la Base militar estadounidense el día 30 de septiembre.[50] Finalmente, hubo también una acción improvisada, una acción simbólica de rechazo a unos tanques que estaban de maniobras y que pasaron por la calle San Juan de la Peña, cercana al parque del Tío Jorge.[51]

---

[49] Carmen Magallón, "El Campamento de mujeres por la paz: una acción del pacifismo feminista en Zaragoza", *Zaragoza rebelde: movimientos sociales y antagonismos (1975-2000)...*, p. 124.

[50] Octavilla Campamento de Mujeres por la Paz de Zaragoza. Zaragoza, 26 de septiembre de 1984. Archivo personal de Carmen Magallón.

[51] Carmen Magallón, "El Campamento de Mujeres por la Paz, resumen de una experiencia...", p. 38.

El campamento de Mujeres por la Paz de Zaragoza tuvo sus particularidades. En España no se habían instalado misiles de alcance medio, pero sí había bases militares estadounidenses distribuidas por el territorio desde los años cincuenta, fruto de los Pactos de Madrid de 1953. Una de esas bases estaba en Zaragoza y fue utilizada por las USAF (la fuerza aérea estadounidense) desde 1958. El Campamento no se celebró en las inmediaciones de la base americana, como era el caso de las mujeres de Greenham, sino que se realizó en un parque de la ciudad. No incluyó exclusivamente a mujeres pacifistas, sino que también incluía a mujeres del movimiento por la paz y feministas que no eran necesariamente de este movimiento, sino que podían estar de acuerdo con algunas de sus demandas concretas (la salida de España de la OTAN, rechazo a la guerra nuclear, a los juguetes bélicos y sexistas, la entrada en el ejército de las mujeres, etc.).

Otra de las particularidades residió en la multitud de temas de debate y posturas que surgieron en relación a temas como el antibelicismo, la relación entre la paz y las mujeres, la incorporación de las mismas al Ejército, etc. Además, más allá de los misiles de alcance medio y el peligro nuclear que suponían, uno de los temas más candentes en España en ese momento era el del referéndum que podía suponer la salida de la OTAN y las repercusiones a nivel europeo que podía tener el rechazo a las políticas atlánticas.

Entre los temas de debate, destacó el de la relación entre las mujeres y la paz. Dentro de esa heterogeneidad de grupos que participaron en el Campamento se incluían algunas militantes del Frente feminista, la organización más importante del feminismo aragonés de los años ochenta y una de las organizaciones que se caracterizó por tener más discrepancias con el pacifismo, a nivel de todo el Estado. El Frente Feminista priorizó romper con el estereotipo que ligaba a la mujer con la paz, la vida y los cuidados. Planteaban dudas sobre negarse en rotundo a la incorporación de las mujeres a las Fuerzas Armadas, planteando la posibilidad de acceder a las mismas y objetar después. Y no compartían "un pacifismo a ultranza" pues muchas de ellas, militantes del Movimiento Comunista de Aragón (MCA), se habían solidarizado con movimientos de liberación de los pueblos en diferentes lugares del mundo (desde finales de los años setenta fue especialmente relevante la solidaridad con el sandinismo en Nicaragua) y estos grupos utilizaban la guerrilla para conseguir sus objetivos.[52]

Estas particularidades hicieron del Campamento una acción en consonancia con el movimiento de mujeres del END europeo, pero con sus particularidades, fruto de la evolución de la Historia de España tras cuarenta años de franquismo y de un joven movimiento de mujeres por la paz español muy heterogéneo.

Fig. 8. Acción de las mujeres del Campamento de mujeres por la paz de Zaragoza, septiembre de 1984

CONCLUSIONES

En el primer lustro de los años ochenta se consolidó la democracia en España tras cuarenta años de franquismo. Un sistema democrático que debía posicionarse en las Relaciones Internacionales y definir su Política de Seguridad Nacional en el contexto de la Segunda

[52] Entrevista a Concha Rodríguez. Entrevista realizada por Sandra Blasco el 22 de marzo de 2017.

Guerra Fría. Esto implicó una diversificación de las posiciones en materia de política exterior y el auge del movimiento por la paz en España. Dentro de este movimiento se formaron grupos pacifistas en diferentes ciudades del estado con mujeres cuyo pensamiento y formas de acción podemos calificar como feministas. Estas pacifistas se inspiraron y conectaron con las acciones de las mujeres del European Nuclear Disarmament (END).

Este artículo ha mostrado cómo las mujeres pacifistas españolas realizaron propuestas específicas a la política española e internacional desde la unión entre el feminismo y el pacifismo, basándose en la influencia del pacifismo feminista antinuclear europeo de los años ochenta. La evolución del concepto de paz, incluyendo violencias culturales y estructurales, permitió analizar la realidad social desde una perspectiva más amplia al de la violencia directa. Las mujeres del END, a través de la interpretación en clave feminista de los estudios de paz, dieron la posibilidad de construir un feminismo genuino, implementado a partir de la puesta en valor la propia experiencia de las mujeres. Un feminismo que unía la ecología, la justicia social y la paz como objetivos fundamentales. Esta propuesta parecía tener sentido pues en el END se defendía una nueva Europa popular y unida en torno a los valores de desarme, paz y justicia. Como recordaba Luciana Castellina, creían que Europa tenía una nueva identidad, una unidad cultural y una línea política común más allá de la separación entre este y oeste que no había ocurrido hasta entonces.

La aportación teórica de Petra Kelly (uniendo la no violencia, el feminismo y la ecología) y la creatividad e imaginación en las acciones del Campamento de mujeres de Greenham Common fueron las influencias europeas más importantes que tuvieron las mujeres españolas. La participación de algunas de ellas en las Convenciones por una Europa desnuclearizada, celebradas en Berlín y en Perugia, en 1983 y 1984 respectivamente, unieron al pacifismo feminista español con el movimiento de mujeres pacifistas europeo.

De estas relaciones de afinidad hemos destacado la influencia de algunas mujeres concretas de Greenham. Entre ellas, la visita de Jo Page a Barcelona en 1984 o la relación que establecieron con Anita Grey, con quien las pacifistas catalanas contactaron y establecieron relaciones de afinidad que se mantuvieron en el tiempo. En la revista *En Peu de Pau* y, posteriormente, en *En Pie de Paz* podemos acceder a la difusión de sus escritos y de las acciones más destacadas, como la traducción del folleto de formación en acciones no violentas de Heather Hunt.

La militancia pacifista y las conexiones trasnacionales que establecieron en los años ochenta marcaron las vidas de estas mujeres, muchas de las cuales son en la actualidad referentes a nivel internacional por su compromiso en defensa de la paz y por sus trabajos sobre historia de las mujeres, ciencia y cultura de la paz. En paralelo, algunas de estas jóvenes pacifistas que iniciaron sus conexiones internacionales con el movimiento por la paz de los años ochenta han continuado militando en el siglo XXI en organizaciones internacionales que siguen activas, tales como Mujeres de Negro, Mujeres y Vida en la Tierra o la Liga Internacional de Mujeres por la Paz y la Libertad (WILPF, según sus siglas en inglés).

PIONERAS. LAS PRIMERAS ESPAÑOLAS EN EL PARLAMENTO EUROPEO

Miguel Lillo Otero
Universidad de Alicante

La elección por sufragio universal del Parlamento Europeo en 1979 marcó un hito significativo en la historia de la integración europea y en la democratización del proceso legislativo a nivel supranacional. La elección directa fortaleció la legitimidad democrática del sistema institucional europeo y supuso un paso clave hacia una mayor integración política en Europa dinamizando la construcción de una comunidad política europea unida y democrática. El Parlamento Europeo inicialmente era una asamblea consultiva compuesta por representantes delegados de los parlamentos nacionales de los países miembros. Con el tiempo, evolucionó hacia un órgano legislativo electo ganando poder y funciones a medida que el proceso de construcción europea se expandía y profundizaba. Con cada revisión de los tratados europeos, el papel del Parlamento se ha fortalecido, convirtiéndose en un órgano clave en el proceso legislativo de la UE y en la gobernanza europea.

En las primeras elecciones al Parlamento Europeo se eligieron un total de 410 diputados, de los cuales 67 fueron mujeres, representando aproximadamente el 16% del total. Las eurodiputadas procedían de varios países y representaban una amplia gama de partidos políticos, reflejando la diversidad de ideologías y trayectorias políticas en Europa[1]. Estas mujeres no solo representaban a los ciudadanos europeos, sino que también se convirtieron en pioneras

[1] Desde las primeras elecciones de 1979 hasta las elecciones de 2004 el porcentaje de mujeres eurodiputadas aumentó progresivamente en la representación parlamentaria de los distintos Estados miembros. Para el caso francés, véase: Willy Beauvallet y Sébastien Michon, "Les femmes elues au Parlament Européen (1979-2004): modes de recrutement et strategies d'investissement", Regards Sociologiques, n.º 27-28 (2004), p. 70.

y modelos a seguir para futuras generaciones. Entre ellas, Simone Veil, una destacada política francesa y superviviente del Holocausto, fue elegida la primera presidenta del Parlamento Europeo. Sin duda su liderazgo simbolizó un avance significativo hacia la igualdad de género en la política europea. Simone Veil es recordada no solo por ser la primera mujer en ocupar este alto cargo, sino también por su compromiso con los derechos humanos y las reformas sociales, especialmente en el ámbito de la salud y los derechos de las mujeres. Su elección y liderazgo subrayaron la importancia de la representación femenina y la capacidad de las mujeres para ocupar roles de liderazgo en instituciones políticas de alto nivel.[2]

La elección directa a nivel europeo venía a coincidir en el tiempo con la también estrenada democracia española que no fue ajena al incremento paulatino de la participación política de las mujeres. En las primeras elecciones democráticas en España, celebradas el 15 de junio de 1977, tras la muerte de Francisco Franco y el fin de la dictadura, la representación femenina en las Cortes fue bastante limitada. En el Congreso de los Diputados, de un total de 350 escaños, solo 21 fueron ocupados por mujeres, lo que representaba aproximadamente el 6% del total. En el Senado, la representación femenina fue aún menor, con solo 4 mujeres entre los 207 senadores elegidos, lo que equivalía a aproximadamente el 1,9% del total. Este bajo porcentaje de representación femenina reflejaba la realidad de una época en la que la participación de las mujeres en la política todavía estaba en sus primeras etapas en España. Sin embargo, fue un primer paso hacia una mayor inclusión y representatividad de las mujeres en la política española en los años siguientes. En las elecciones generales de 1979, las mujeres ocuparon el 8,5% de los escaños en el Congreso de los Diputados, con 27 diputadas de un total de 350. Este incremento marcó un avance respecto a las primeras elecciones democráticas de 1977. A medida que avanzaron las décadas, la representación femenina continuó aumentando gradualmente en las elecciones subsiguientes. Por ejemplo, en las elecciones generales de 1982, el porcentaje de

[2] Florence Chaltiel: "Simone Veil, première présidente du Parlement européen élu au suffrage universel direct", Revue de l'Union Européenne, n.º 611 (2017), pp. 453-454.

mujeres en el Congreso aumentó al 10,9% con 38 diputadas. Posteriormente, en las elecciones de 1986, las mujeres ocuparon el 12,9% de los escaños con 45 diputadas. El avance de la representación femenina también será una constante en el Parlamento Europeo. En las elecciones de 1984, el número de eurodiputadas aumentó a 100, lo que representaba aproximadamente el 19% del total de 518 diputados. Este incremento reflejó una tendencia que desde entonces ha ido en aumento mostrando la inclinación hacia una mayor participación de las mujeres en el ámbito político europeo.

LAS PRIMERAS EURODIPUTADAS ESPAÑOLAS

Desde la adhesión de España a la Comunidad Europea y hasta julio de 1987, España estuvo representada en el Parlamento Europeo por 60 eurodiputados que fueron designados mediante votación en las Cortes, eligiéndose entre sus propios miembros. De estos 60 representantes, cinco fueron mujeres. Este procedimiento fue conforme a lo estipulado en el artículo 28 del Título II del Dictamen de la Comisión sobre la adhesión de España y Portugal a las Comunidades Europeas. Dicho dictamen establecía que, en un plazo de dos años desde su ingreso, ambos países debían elegir a sus representantes en el Parlamento Europeo mediante sufragio universal directo. No obstante, el artículo 28.2 también precisaba que, hasta la celebración de esas elecciones, España y Portugal nombrarían a sus eurodiputados entre sus parlamentarios nacionales, siguiendo sus respectivos procedimientos.[3]

En el caso español se procedió a nombrar eurodiputados a varios senadores y diputados de forma proporcional al número de representantes nacionales obtenidos en las anteriores elecciones generales, las de 1982. El PSOE, con 357 parlamentarios (entre senadores y diputados) tenía el 59,5% de la representación en las Cortes; seguidamente Coalición Popular disponía del 28,3% y 170 parlamentarios. Reuniendo prácticamente ambos el 90% de los representantes totales, entre

[3] DOCE; 15/11/1985.

senadores y diputados. Se estableció un sistema proporcional según el número total de representantes en las Cortes. Una vez establecido el número que correspondía a cada grupo, éste los adjudicaba a su voluntad entre sus diputados y senadores. Sin embargo, esto no se aplicó para los partidos del Grupo Mixto puesto que el escaño que les correspondía fue adjudicado mediante un sorteo entre los once diputados que lo componían, resultando afortunado Juan María Bandrés, de EE [*Euskadiko Ezkerra*].

El 10 de diciembre de 1985, unas semanas antes de entrar oficialmente España como miembro pleno de las CE, el Congreso de los Diputados designó, por 238 votos a favor y tres abstenciones, a los representantes para el PE provenientes del Congreso. Destacando, por ejemplo, el mencionado Juan María Bandrés de EE; Enrique Barón y Carlos Bru por el PSOE; Arturo Escuder y Pío Cabanillas (indep., exUCD) por parte de AP; Josep Antoni Duran i Lleida de la Minoría catalana y el expresidente del gobierno Leopoldo Calvo Sotelo por el Grupo Centrista (formado una vez acaecida la desintegración de la UCD). Entre los diputados también fueron elegidas tres mujeres: Carmen Llorca Vilaplana por AP y Ludivina García Arias por el PSOE y Dolores Renau i Manén por el PSC.[4] Por su parte el Senado se reunió el 16 de diciembre para nombrar a los senadores que formarían parte de la representación española. Por 147 votos a favor de 147 emitidos se aprobó la lista propuesta entre los que se encontraba, por ejemplo, Miguel Arias Cañete (futuro comisario europeo) y Carlos Robles Piquer por AP. Así mismo, de entre las filas socialistas fueron elegidas también dos senadoras, Ana Miranda de Lage, y Elena Flores Valencia.[5]

Como podemos observar un total de cinco mujeres fueron seleccionadas para formar parte de los eurodiputados españoles hasta la realización de unas elecciones. Una cantidad bastante reducida, el 8,3% del total, que podemos visualizar mejor en los siguientes gráficos en donde se expone el reparto de representantes y la relación entre mujeres y hombres.

---

[4] Acta del Congreso de los Diputados, 10/12/1985.
[5] Acta del Senado, 16/12/1985.

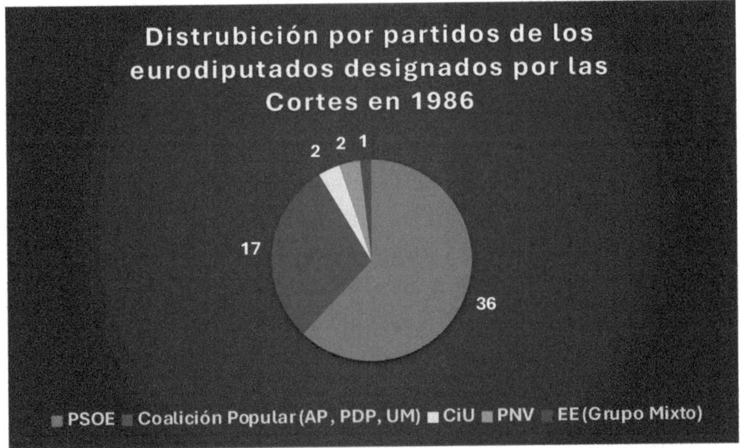

Fuente: Elaboración propia datos extraídos de Actas Cortes (diciembre 1985)

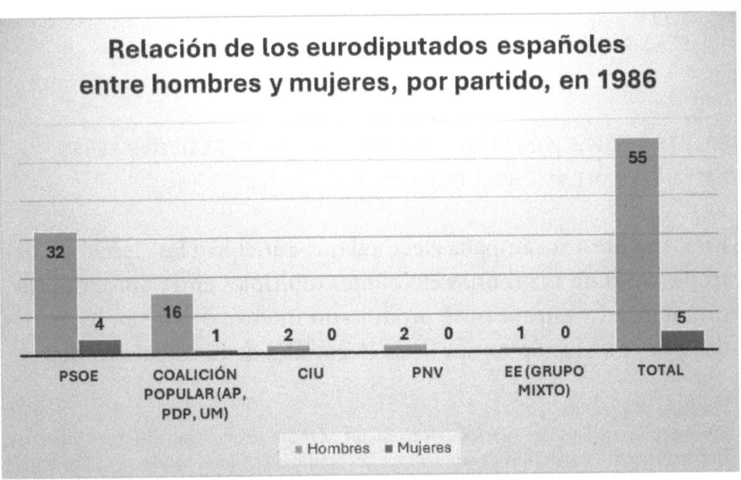

Fuente: Elaboración propia datos extraídos de Actas Cortes (diciembre 1985)

Estas cinco eurodiputadas fueron, verdaderamente, las primeras representantes españolas en el PE obteniendo, no obstante, dicho puesto como ya se ha mencionado, por designación. Igualmente podemos observar que destaca especialmente la aportación del PSOE, tanto en el cómputo general como, especialmente, en el número de mujeres (cuatro de las cinco electas); fruto ello de la gran mayoría obtenida en las urnas en 1982. En el cómputo global, el PSOE obtuvo el 60% de los eurodiputados que correspondían a España, 36 en total; seguido por los 17 de Coalición Popular (el 28%). Por detrás seguían los representantes de la minoría catalana (concretamente de CiU) y los del PNV, ambos con eurodiputados. Por último, el único correspondiente al Grupo Mixto. Gracias a esta elección el PSOE se convirtió en el grupo más numeroso del Grupo Socialista en la II legislatura del PE, igualando al SPD alemán y superando los 32 del *Labour* británico; siendo los socialistas europeos el grupo mayoritario del PE. [6]

Tras las elecciones europeas en julio de 1987, se incrementará el nº de diputadas españolas a seis, tres de ellas serán del PSOE. Ingresan en la eurocámara como diputadas electas tres nuevas mujeres: Concepción Ferrer i Casals, Barbara Dhürkop y Carmen Díez de Rivera y saldrán Elena Flores y Dolores Renau.

LA PARTICIPACIÓN FEMENINA EN LAS LISTAS ELECTORALES PARA EL PARLAMENTO EUROPEO

Previamente a la campaña electoral que anticipó a las elecciones del 10 de junio de 1987, unas elecciones múltiples entre autonómicas, municipales y europeas, se produjo un intenso debate en los partidos por la inclusión en sus listas electorales de candidatas mujeres[7].

[6] El País; 18/05/1987.

[7] Aunque el análisis de una sola elección no permite extraer conclusiones sobre los criterios para la selección de mujeres en las candidaturas para las elecciones al Parlamento Europeo, no parece que existan diferencias significativas en función del sexo para esa selección. Sobre las distintas tipologías o perfiles de los candidatos, hombres y mujeres, al Parlamento Europeo véase: Julien Navarro, "Les rôles au Parlament Européen. Une typologie des pratiques de représentation", Revue française de science politique, vol. 59, n.º 3, 2009, pp. 479-506. Una aplicación específica de algunas de esas tipologías al caso de las eurodiputadas francesas en: Willy Beauvallet y Sébastien Michon, *op. cit.*, pp. 75-81. La representación de mujeres en cada una de esas tipologías indica, también para el caso francés, que estas predominan en los grupos de cuadros superiores de la Administración y profesionales de la educación y tienen muy escasa presencia en el grupo de directivos empresariales. Véase: Willy Beauvallet,

Aspecto este que tendría una relevancia importante, con numerosa tinta empleada en diversos periódicos, durante la campaña electoral. Por ejemplo, en AP hubo un revuelo notable por el puesto tan relegado al que se posicionó a Carmen Llorca, pese a su papel en el partido y su cercanía con Manuel Fraga. Su puesto número dieciséis, "en la frontera" de lo estimado por el propio partido, provocó el "desacuerdo generalizado" de las figuras femeninas más relevantes del partido, con incluso quejas formales.[8]Así mismo, los eurodiputados aliancistas elegidos en 1986 consideraron injusto esa decisión por el prestigio y dedicación de Llorca en Estrasburgo.[9]

También en el PSOE hubo polémicas con la representación femenina en sus listas electorales. Esta polémica, no obstante, no se constreñía a la lista al PE sino al conjunto de listas electorales. Carmen Romero, la por entonces esposa del presidente del Gobierno Felipe González y una figura prominente dentro del PSOE, apuntaba que dentro del Partido Socialista las mujeres encontraban numerosas dificultades para poder participar de igual a igual con los hombres en los niveles de poder. Y el principal problema con el que lo relacionaba era con el bajo número de afiliadas mujeres dentro del PSOE. Por eso defendía que había que estimular la afiliación femenina en el partido, así como activar políticamente al mayor número de mujeres en todos los ámbitos de la vida y la sociedad civil.[10] Junto a ella, muchas militantes del PSOE pretendían impulsar la participación femenina en las listas de su partido. Con ese fin presentaron una resolución en el Congreso del PSOE para que a futuro fuera obligatoria que al menos un 20% de los candidatos incluidos en cualquier lista fueran mujeres. Recopilando, por parte de la Secretaría de la Mujer del PSOE, más de 5.000 mujeres con

Profession Eurodéputé. Les élus français au Parlament Européen et l'institutionnalisation d'une nouvelle figure politique et élective (1979-2004), Tesis de Doctorado, Université Strasbourg 3. 2007, pp. 118 y ss.

[8] ABC, 10/05/1987.

[9] El País, 6/05/1987.

[10] Cambio 16, (nº811),15/06/1987, p. 26.

voluntad expresa de formar parte de las diversas listas electorales para las múltiples elecciones que se iban a realizar en 1987.[11]

Obteniendo esa pretensión en el XXXI Congreso en 1988 donde se aprobó el sistema de cuotas no inferiores al 25% en cada lista electoral. Todo ello se produjo tras un lento progreso que comenzó en 1976 a instancias de un grupo de mujeres feministas militantes, conformando la organización feminista (el colectivo) Mujer y Socialismo. Esta fue la primera puesto que hasta 1976 no se había impulsado ningún tipo de organización feminista. Ya en 1984 en el XXX Congreso del PSOE Matilde Fernández Sanz fue elegida miembro de la Ejecutiva Federal como Secretaría de la Mujer. Defendiendo en ese puesto la incorporación urgente de mujeres en los puestos de dirección tanto de la UGT como del PSOE.[12] Por su parte, Matilde Fernández, portavoz del PSOE, defendía con ahínco los "cupos" femeninos en las listas electorales y la conformación de un "lobby" de mujeres políticas para apoyarse y presionar.[13]

Para las listas de las europeas en 1987 el PSOE posicionó a siete mujeres dentro de los 60 primeros de la lista (los máximos posibles de obtener). Su distribución en la lista fue la siguiente. Encontramos mujeres en los puestos 7º, 11º, 16º, 49º (Marina Bru), 53º (Concepción Sáenz Laín), 56º, 59º (Mª Dolores Gorostiaga Sanz). Por su parte, en Alianza Popular podemos encontrar a diez mujeres posicionados en los puestos 16º, 27º (Paloma Fernández Fontecha), 38º, 44º, 45º, 46º, 50º, 50º, 54º y 57º. Siendo está vez mayor el número de candidatas presentadas por AP que por el PSOE (siete frente a diez).[14] Como resultado de esta propuesta electoral José Mª Benegas expresaba que el PSOE no había cumplido la consigna de colocar al menos un cuarto de mujeres en sus listas electorales.[15]

Por su parte, Carmen Díez de Rivera acabó aceptando la oferta de Suárez para ir en las listas del CDS, por su gran interés por Europa, y lo que ello conllevaba de progreso para España. Sin embargo, a

---

[11] *Cambio 16* (n.º 793), 9/02/1987.
[12] Entrevista a Ludivina Arias realizada por los autores, 6/07/2024.
[13] *Cambio 16*, 15/6/1987 (n.º 811) p. 25.
[14] *El País*, 18/05/1987.
[15] *ABC*, 11/04/1987.

su entender la oferta de Suárez venía a representar algo así como la idea de "ponga un florero sobre la mesa".[16] Esta misma idea que opinaba Díez de Rivera la podemos captar del nuevo apelativo, en la prensa, que la acompañó por entonces; tras su vuelta activa a la política pasó de "musa de la Transición" a ser "la chica del CDS", pese a su declara independencia.[17] Un claro dato de que, más allá de la confianza personal de Suárez en ella, su rol era el de complementar una lista muy masculina (al menos en cabeza). Carmen Díez de Rivera estuvo de número cinco de la lista del CDS, al igual que la primera candidata de IU, la cual no obtuvo el acta. Una diferencia la encontramos en la lista de CiU quien colocó a una mujer, Concepció Ferrer, como segunda de su lista; siendo esto una rareza entre los partidos de mayor relevancia.

Como se ha comentado con anterioridad, en las listas para las elecciones al PE de 1987 la mayoría de los que reunían experiencia en el funcionamiento del PE y de las instituciones comunitarias formaron parte de las listas. Lo que relegó en buena medida el papel de las mujeres, puesto que solamente cinco contaban con dicha experiencia.[18] Como hemos podido observar de los partidos que obtuvieron representación, en las elecciones no hubo mujeres cabeza de lista, exceptuando dos partidos (minoritarios). Por una parte, el PDE (Partido Democrático Español) y, por la otra, la Unificación Comunista de España (UCE); con Angelina Gómez y Mª Dolores Minuesa, al frente respectivamente. En este último caso, cabe de destacar que se trató de una lista enteramente compuesta por mujeres (60 mujeres candidatas) lo que suponía una clara excepción en el panorama político español.[19]

Pero esta falta de candidatas también se extendió al resto de comicios que se celebraron el mismo día, las autonómicas y municipales.

[16] Cit .Folguera, Pilar. Entrevista a la Sra. Carmen Díez de Rivera (*Proyecto Historia Oral de la Comisión Europea*). 16/10/1998 [Consultado en: Entrevista a la Sra. Carmen Díez de Rivera (Proyecto Historia Oral de la Comisión Europea) · Hismedi · Humanidades UC3M https://humanidadesdigitales.uc3m.es/s/hismedi/item/8998: 28/6/2024]

[17] *La Vanguardia*, 2/05/1987.

[18] Ana Miranda de Lage, entrevista realizada por los autores, 15/07/2024.

[19] *ABC*, 10/05/1987.

Sin, embargo hubo casos de mujeres en puestos destacados (incluidos cabezas de lista). Por ejemplo, Rosa Posada fue la candidata para presidir la Comunidad de Madrid por el CDS. O también en AP donde en la Comunitat Valenciana encontramos a dos cabezas de lista mujeres; por una parte, Rita Barberá para la Generalitat y Maribel Díez de la Lastra para el Ayuntamiento de Alicante.[20] En un cómputo global, podemos decir que AP tenía 10 candidatas para Europa, el 16% de su lista; para autonómicas disponía de 123 candidatas, el 15% y para municipales 1.850, el 30%. Por su parte Izquierda Unida tenía mejor posicionada a muchas de sus candidatas. Seis eran cabeza electoral para municipales, destacamos Eulalia Vintró para Barcelona o Mª Teresa Morales para Alicante; y dos eran cabeza de sus respectivas comunidades autónomas, Isabel Vilallonga en Madrid y Ana Isabel Marañón en La Rioja. El CDS de Suarez tenía dos cabezas de lista para municipales, destacando Charo Muela por Sevilla; para las autonómicas había incluido a 97 mujeres, el 12,5% de sus listas, incluyendo a la candidatura de Posada anteriormente mencionada. Incluyendo por su parte para Europa a 10 mujeres, un 20% del total de su lista, por encima de muchos partidos, especialmente los grandes.[21]

Ya en 1987 hubo debate público en referencia al papel de las mujeres en la política activa y a la visión que de ellas tenía la ciudadanía en general. Por una parte, el publicista del PSOE Gabriel Jiménez, preguntado por el papel de las mujeres en campaña electoral, exponía que "es el partido, es decir la ideología, y no el sexo el que determina la forma de hacer campaña". En términos parecidos, pero incidiendo en su reducido tamaño como grupo político, se expresaba el conservador Guillermo Luis Vicente. Este apuntaba que entre las candidatas mujeres no había tanta diferencia respecto de sus contrapartes masculinas, pero que "al ser tan pocas candidatas se diferencian inmediatamente de sus contrincantes hombres".[22] Como exponía un periódico de la época se reparaba más en las candidatas mujeres, por ser pocas y "exóticas" que por otros temas o

[20] *Cambio 16*, (n.º 811), 15/6/1987, p. 25.
[21] Ibídem.
[22] *Cambio 16* (n.º 811,)15/6/1987, p. 26.

valoraciones. Ellas gozaban de mayor interés, por esa misma razón, que sus compañeros masculinos.[23] Carmen Romero en referencia a este asunto declaraba que "a las mujeres no se les consentía ser mediocres".[24] Ellas tenían que destacar en sus respectivos campos y ser unas ciudadanas modelos, por encima de sus conciudadanos, todo ello para poder impresionar y obtener la misma aceptación, tanto social como política, que un hombre mediocre.

La escasa representatividad femenina en España ya venía desde los mismos inicios de la democracia. En 1977 quinientas mujeres compitieron por un escaño en las Cortes, el 10% del total de candidatos. Pero si su porcentaje sobre el total fue bajo, su posicionamiento en las diferentes listas no fue mucho mejor. En algunas listas su presencia era meramente simbólica, para evitar que se les táchese de "antifeministas". Entre los grandes partidos (PSOE y UCD) el número de candidatas cabeza de lista en las diferentes provincias era de entre el 8 y el 10%. Por su parte, el PCE tenía mujeres cabeza de lista en 4 provincias, igual que el FDI (Frente Democrático de Izquierdas), por las dos mujeres de Alianza Popular. El mayor número de candidatas se encontraba en Madrid, con un total de 185; seguido de Barcelona y Valencia, con 79 y 37 respectivamente.[25] Tras las elecciones de 1977 en las Cortes Constituyentes solamente hubo veintiún mujeres diputadas; des las cuales ocho fueron diputadas socialistas, entre los 106 diputados socialistas totales. En la II legislatura, la que comenzó en 1982 y que aportó los primeros eurodiputados españoles en 1986, se pasó de ocho diputadas a llegar a diecinueve, el 5,4% del total.

Por último, hemos de que destacar las palabras de Juan Berga, el portavoz nacional de Izquierda Unida en aquellos años, quien se expresaba en estos términos para referirse a la concienciación (o más bien no concienciación) de la clase política en lo referente a la participación femenina en la política activa: "Tenemos mujeres perfectamente capacitadas, pero no hemos sido capaces de generar comportamientos políticos que nos permitan superar el componente

[23] *ABC*, 10/5/1987.
[24] *Cambio 16*, (n.º 81115/6/1987,) p. 26.
[25] *Pueblo*, 27/05/1977.

machista existente en la sociedad y los partidos".[26] Una reflexión muy interesante para aquellos lejanos años 80', pero que no podrían parecernos tan extraños como pensásemos hoy día.

La situación española no era una excepción en lo referente a la participación femenina en el Parlamento Europeo como puede apreciarse en el siguiente gráfico.

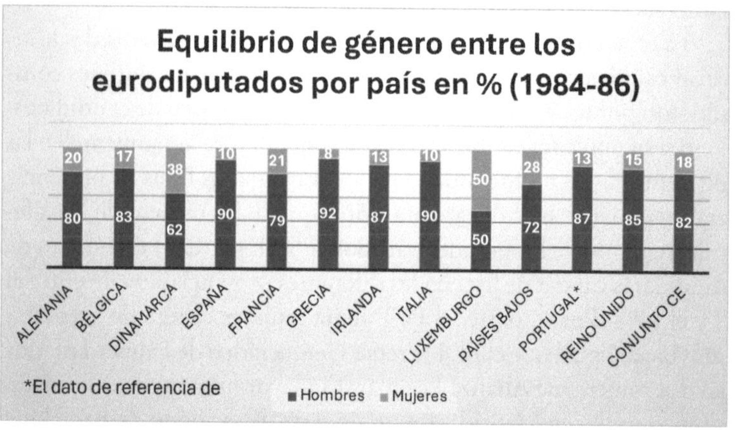

Fuente: Elaboración propia datos extraídos de la web del PE [MEPs gender balance | 1984 Election results | 2024 European election results | European Parliament (europa.eu)]

Aunque España (con un 10% de representación femenina) estaba por debajo de la media europea (18%) en el Parlamento Europeo durante esa legislatura, la diferencia no era abismal, ya que la media europea no duplicaba la cifra española. De hecho, España superaba o igualaba a países como Grecia, Francia e Italia, y estaba cercana a los porcentajes de Reino Unido e Irlanda. Solo Luxemburgo, con paridad total, y Dinamarca se aproximaban o alcanzaban la igualdad de género. En conclusión, aunque España estaba algo rezagada en comparación con los países del norte de Europa, no se diferenciaba tanto del resto de los Estados miembros en esa legislatura (1984-1989).

[26] *Cambio 16*, 15/6/1987 (n.º 811) p. 25.

La falta de representación femenina era un problema común en toda la Comunidad Europea, especialmente en los países del sur.

LA CAMPAÑA ELECTORAL PARA LAS ELECCIONES DE JUNIO DE 1987

Las elecciones se celebraron claramente en clave nacional, aplazando deliberadamente los partidos los temas de índole europeo ante la preminencia de los temas nacionales y locales.[27] En total se presentaron treinta y ocho candidaturas y casi 2.500 candidatos. Según *La Vanguardia*, las candidaturas de Manuel Fraga (por AP) y de Fernando Morán (por el PSOE) dieron tirón político a unas elecciones europeas relegadas a un segundo o tercer plano frente a las municipales y autonómicas. Pero, pese a ese aparente segundo papel, todos los partidos decidieron presentar figuras políticas de primera fila. Todo ello con el fin de dar una mayor relevancia electoral a esta contienda y atraer a los medios y la curiosidad de los ciudadanos.[28] Si hacemos un rápido análisis de varios de sus candidatos encontraremos presencia de muchas primeras figuras: Santiago Carrillo, los mencionados Fraga y Morán, Carlos Garaikoetxea, Fernando Pérez Royo, Eduard Punset o Carlos Gasòliba. Todos ellos, y alguno más, declarados por la prensa como "el once titular de históricos de la política". No pudiendo olvidar tampoco el primer intento de acceder al PE de Ruiz Mateos, el cual obtendría escaño en 1989.[29] Pero también cómo definiría el *ABC*, las listas europeas eran un "auténtico desfile de viejas glorias".[30]

Como se ha comentado anteriormente las elecciones al PE fueron "el pariente pobre de la campaña electoral"[31]. Y como hemos podido

[27] *Op. cit.* Entrevista a Ludivina Arias.
[28] *La Vanguardia*, 5/05/1987.
[29] *La Vanguardia*, 31/05/1987.
[30] *ABC*, 10/05/1987.
[31] Un análisis detallado de los programas electorales de las fuerzas políticas españolas que han obtenido representación en las elecciones europeas celebradas entre 1987 y 2019 en Cristina Ares Castro-Conde y Alicia Mangana Ríos "Elecciones al Parlamento Europeo y programas de los partidos nacionales: estudio exploratorio de España (1987-2019)", Cuadernos Europeos de Deusto, n.º 66 (2002), pp. 63-99.

apreciar no fue por falta de medios o por los candidatos presentados. Pero, sin embargo, no se produjo la deseada atención que se buscaba. Estos comicios quedaron diluidos por las municipales y autonómicas. Esto se debió a la mayor preocupación de la ciudadanía por los asuntos locales, así como que Europa era todavía entendida como algo ajeno y lejano. El electorado estaba en buena medida desinformado a cerca de los temas europeos y por norma general, salvo excepciones, los mensajes electorales no contribuyeron a aclarar y acercar Europa.[32] Hubo una "falta de rodaje" por parte de los candidatos en temas europeos; otro asunto es si fue intencionado o sobrevenido. Aunque como ya se apuntaba por entonces si bien era bastante probable que una mayoría de la opinión pública desconociera la labor del PE si conociera, por los medios de comunicación, de sus sueldos "millonarios". Un tema que se coló en la campaña europea.[33] Pero en resumen podemos apoyarnos en el análisis que de la campaña hizo, tan acertadamente, *La Vanguardia* diciendo que "nunca tantos nombres tan conocidos, aplaudidos o denostados, habían concurrido a una elección peor conocida y apreciada por la opinión pública".[34]

A la par de lo anteriormente dicho habría que mencionar la implicación destacada de los líderes de las fuerzas políticas en liza como los de AP (Hernández Mancha), CDS (Suarez) e IU (Gerardo Iglesias) quienes se involucraron a fondo en la campaña, tanto de las municipales y autonómicas como de las europeas. Sin embargo, por parte del PSOE Felipe González tuvo un perfil mucho más bajo, esperando evitar que la campaña girara entorno a su acción de gobierno y esquivando el mayor número de ataques. Los temas principales de la campaña, más allá de destacar si el PSOE, en el poder, sufría un castigo de los ciudadanos, fueron la posición sobre Gibraltar, las bases norteamericanas en España y el terrorismo de ETA. Como vemos temas que, aunque puedan tener un componente de relaciones internacionales, no así el de ETA, tenían una vertiente claramente nacional.[35] Nuevamente volvemos a hacer una valoración

---

[32] *La Vanguardia*, 31/05/1987.
[33] *La Vanguardia*, 9/05/1987.
[34] Ibídem.
[35] *El País*, 30/5/2024 .

general de la campaña, pero esta vez de la mano de Salvador Garriga, miembro en aquellos momentos de Alianza Popular, quien en una reciente entrevista exponía como percibió aquellas elecciones. Para él las europeas de 1987 estuvieran marcadas por la poca concienciación de la ciudadanía respecto a lo que significaban, indicando que "si hoy [existe] poca conciencia de lo que representan, en 1987 todavía menos". Por lo general las define como unas elecciones "muy en clave nacional", donde los candidatos a eurodiputados tenían "falta de experiencia y conocimientos" de los asuntos europeos.[36]

El papel que desempeñaron nuestras pioneras durante la campaña electoral de las elecciones europeas fue significativo. Por su parte, Ludivina Arias, al comenzar la campaña electoral era secretaría regional de la Federación Socialista Asturiana, así que tuvo un importante papel de coordinación en la campaña electoral de las elecciones múltiples de junio de 1987, además de siendo interventora durante la jornada electoral.[37] Igualmente, la campaña fue muy intensa para Ana Miranda de Lage, puesto que esta acompañó a Fernando Morán por todo el país, al ser la primera mujer de la lista electoral socialista.[38]

El caso de Barbara Dührkop, la "viuda de Enrique Casas", fue especial al incorporar a la campaña del PSOE-PSE una figura de fuerte personalidad que representaba la reacción política y personal a la acción terrorista, vivida en propia persona. Siendo esta su primera campaña electoral a nivel nacional, obteniendo un interés especial de las bases socialistas de su participación, especialmente de mujeres. Como vemos, la propia Barbara, con su participación, indujo a que la campaña electoral tuviera ese cariz nacional. Durante la campaña defendió Europa como un campo tolerante que trabajara por el desarme y la paz no teniendo, a su vez, un tono especialmente crítico o agresivo con el resto de las fuerzas políticas. La única excepción a esa moderación fue Herri Batasuna a quien condenaba vehemente junto a ETA, con la que vinculaba. De HB decía que "votar por ella es votar por el brazo derecho de la ETA

[36] Ibídem.
[37] *Op. cit.* Entrevista Ludivina Arias.
[38] *Op. cit.* Entrevista Ana Miranda de Lage.

Militar".[39] Y aunque durante la campaña intentara quitarse la vitola de la "viuda de Casas", una expresión en si misma machista puesto que vinculaba su posición pública en relación con la de su difunto marido, su papel en la campaña como espejo o azote del nacionalismo vasco próximo al terrorismo seguramente no ayudó. Sin embargo, y pese a su malestar por ese calificativo, ella misma expresó que su entrada activa en la política se debió casi enteramente al asesinato de su esposo por ETA.[40]

Y ese papel de combate a HB y ETA, en concreto, y a lo que representaban, en general, acompañó en toda la campaña a Barbara Dührkop. Reflejado en noticias como "Barbara memoria de Casas frente a Herri Batasuna y ETA" de *El País*;[41]o sus intervenciones públicas, como su aparición en el programa "En familia" (horario estelar) de TVE, hablando sobre la reinserción de presos etarras.[42] Ella misma afirmó que estaba "ilusionada de poder dar a conocer en el foro europeo la realidad sociopolítica que atraviesa el País Vasco". Buena parte de la prensa estuvo expectante ante la posible futura confrontación de visiones que se produciría dentro del PE si el represéntate de Herri Batasuna obtenía, al igual que ella, un escaño. [43]

Por su parte, Carmen Díez de Rivera aceptó la nueva propuesta de Suárez, tras más de 10 años alejada de la vida política. Lo hizo, además, apuntando que lo hacía por la "idea de Europa" con el fin de contribuir como "española" al "desarrollo común" de Europa. Afirmaba que ella misma se encontraba desencantada de la política, al igual que mucha gente, pero creía que el "compromiso político generoso" era lo único que podía hacer para recuperar la confianza en la política, tanto ella como la ciudadanía. En una entrevista en *El País* intentó dar a conocer el papel que los eurodiputados y el PE tenían y lo beneficioso que era su labor para preocupación de la ciudadanía. Para Díez de Rivera el papel de los eurodiputados era todavía muy desconocido para el conjunto de los españoles. Sin embargo, para

[39] *El País*, 6/06/1987.
[40] Ibídem.
[41] Ibídem.
[42] *El País*, 8/05/1987.
[43] *ABC*, 10/05/1987.

ella "[Estos] realizan una labor inmensa, que no se reduce de modo exclusivo y único a la Europa de los negocios. Europa es sobre todo una idea de paz, colaboración y de supranacionalidad. Ya no es la Europa de los mercados, sino la Europa de los ciudadanos".[44]

De igual modo intentó vincular el futuro de los derechos de las mujeres con la presencia de España en las CE exponiendo que "la Comisión Europea ha marcado medidas específicas hacia la igualdad de oportunidades y, si resulto elegida, mi actividad dentro de este campo será infatigable". De ese modo se expresaba cuando se le preguntaba por el escaso acceso de las mujeres en la política española.[45] Y en la misma entrevista preguntada por los principales rasgos de eurodiputada que tendría de ser elegida, esta hacía referencia a "estimular la unidad y la cooperación entre los pueblos europeos" así como impulsar "el progreso social y cultural europeo". Y se ponía como reto exponer ante la opinión pública española como las Comunidades Europeas influían positivamente en el devenir de España.[46] Así mismo, alguno de los ejemplos que tuvo durante la campaña lo encontramos en un acto en Valladolid donde participó junto a Suárez y Punset, siendo este su primer acto electoral de la campaña. Allí pidió el voto por el CDS expresando que España no era "ni la cola ni la cabeza de Europa. Somos el centro de Europa".[47] Del resto de las eurodiputadas no se ha podido obtener mucha más información.[48]

Cabe destacar el mitin conjunto que se realizó en Madrid, en la plaza de Santa Ana, entre las candidatas de IU para diversos

[44] *El País*, 9/05/1987.

[45] Ibídem.

[46] Ibídem.

[47] *La Vanguardia* (Barcelona), 8/06/1987.

[48] De Carmen Llorca no hemos podido, por el momento, obtener datos que nos permitan seguirle la pista durante la campaña electoral. Del mismo modo sucede con Concepció Ferrer, más allá de un par de artículos de opinión en La Vanguardia donde destaca el papel preminente de las Comunidades Europeas en los avances de los derechos de las mujeres. Lo que ella misma valoraba como unos de los elementos motivadores para postularse a eurodiputada. Pretendiendo desde el PE "contribuir a lograr la plena igualdad de oportunidades" para que "todas las mujeres puedan ejercer sus deberes de ciudadanas responsables". Pero, sin duda, dado la relevancia que tenían dentro de sus organizaciones políticas, estas debieron tener un papel activo en la campaña. Aunque, lamentablemente, no siendo recogido por los grandes periódicos nacionales del momento.

ayuntamientos y alguna de sus otras candidatas, entre ellas Marisa Castro candidata al PE que, sin embargo, no obtuvo su escaño.[49] Por parte de los candidatos a eurodiputados y, especialmente, de las candidatas, había interés porque los ciudadanos entendieran que por fin se iba a ocupar un espacio en pie de igualdad con los países europeos que ya eran miembros del club. Dejando definitivamente atrás la autarquía, el aislamiento y el provincianismo; abrazando al mismo tiempo un proceso de integración en un espacio solidario de convicción democracita, moderno y libre.[50]

LOS RESULTADOS DE LAS ELECCIONES EUROPEAS DE 1987

Las elecciones europeas de 1987 arrojaron resultados ligeramente diferentes, dando entrada a nuevos partidos. En dichas elecciones el PSOE obtuvo el 39,3%, seguido de AP con el 24,58% y CDS con un 10,12%, el resto estuvieron mucho más alejados. Esto reportó que el PSOE obtuviera 28 actas, 8 menos que con la designación nacional de las Cortes en 1986. Por su parte, la Alianza Popular de Manuel Fraga, ya desligada del resto de partidos de Coalición Popular, alcanzó 17 actas; el CDS de Adolfo Suárez, obtuvo 7 escaños; Izquierda Unida 3 escaños, los mismos que Convergencia i Unió (CiU). Finalmente, tanto *Herri Batasuna* como la EA de Carlos Garaikoetxea [dentro de la coalición Por la Europa de los Pueblos] consiguieron solamente 1 eurodiputado. En total los mismos 60 eurodiputados que le correspondieron a España, según lo establecido en los tratados de adhesión. Del total seis fueron las eurodiputadas mujeres, un 10% del total. Las socialistas eran tres, sobre 28 eurodiputados, representando un 10,7% de su grupo. Por su parte, Carmen Llorca en AP llegaba a representar un 5,9%; Carmen Díez de Rivera, un 14,3% y Concepció Ferrer suponía un tercio del total (33,3%).[51] Distribuciones que podemos observar representadas en los gráficos siguientes.

[49] *El País*, 6/6/1987.
[50] Entrevista Ana Miranda de Lage 2024.
[51] Historiaelectoral.com [Consultado en: Elecciones Europeas 1987 (historiaelectoral.com) https://www.historiaelectoral.com/eu1987.html; 18/6/2024]

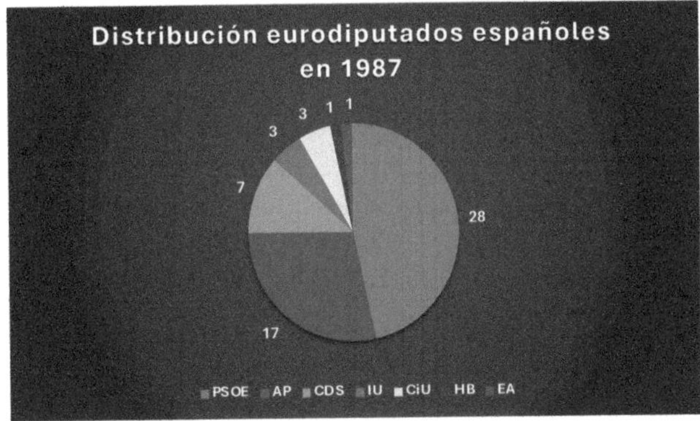

Fuente: Elaboración propia datos extraídos de historiaelectoral.com

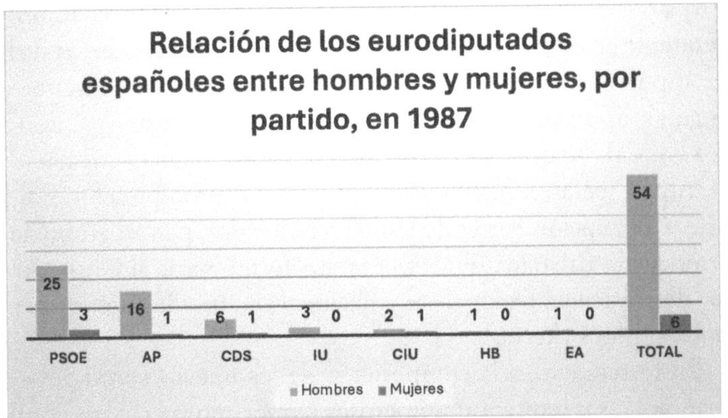

Fuente: Elaboración propia datos extraídos de historiaelectoral.com

Estos resultados se produjeron con una participación del 68,5%, de las más altas de los países miembros de las CE y la más alta de la historia de España en unas elecciones europeas. En estas elecciones el centro y la derecha (incluyendo en este bloque el CDS, AP y el resto de los partidos de centroderecha) obtuvieron un 45% del voto frente al 39% de la izquierda (donde en este caso solamente computa el PSOE y no a IU, que obtuvo algo más de un 5%).[52] El retroceso del

[52] *Época*, 29/06/1987. p. 33

PSOE puso en una delicada situación al Grupo Socialista europeo, al dificultar su anterior mayoría. El Grupo Socialista pasa de 172 a 164, dejando de detentar el PSOE la mayoría relativa dentro de su grupo en favor del SPD alemán. Con estas elecciones la composición del hemiciclo vario ligeramente, siendo así la composición por grupos ideológicos: el Grupo Socialista 164 eurodiputados; el PPE 113; el de Demócratas Europeos 66; el Grupo de Comunistas y afines 49; el Liberal Democrático y Reformista 42; 34 para Reformista y Alianza Democrática Europea; 20 para el grupo Arco Iris; 18 para las Derechas Europeas y 16 para los No Inscritos.[53]

Los partidos españoles se fueron distribuyendo en estos diferentes grupos. Por su parte, el PSOE continuó en el Grupo Socialista; AP se inscribió en el grupo conservador de Demócratas Europeos que pasó de 63 a 66; donde los Conservadores británicos de Henry Plumb, el presidente en esos momentos del PE, tenían el control con 45 de los eurodiputados de su grupo. El CDS en un inicio no se inscribe en ningún grupo e IU se adscribió en el Grupo Comunista, que pasa de 46 a 49. CiU se desgranó entre los 2 de Convergencia que pasaron al Grupo Liberal, sumando dos más a sus 40 eurodiputados. Por su parte, Concepción Ferrer de Unió Democrática, pasó al grupo de la Democracia Cristiana. Finalmente, EA formó parte al Grupo Arco Iris, de tendencia regionalista y nacionalista, donde anteriormente estaba Eusko Ezkerra.[54]

En lo referente a la composición de los nuevos eurodiputados españoles estos repitieron numerosos representantes electos por designación de las Cortes en 1986, así como también varios parlamentarios nacionales. Aunque, no obstante, también hubo aportación de "otros factores" como el de Barbara Dührkop, la "viuda de Enrique Casas".[55] Entre los nuevos 60 eurodiputados españoles, encontramos 22 "novatos" frente a 38 "veteranos" que repetían puesto tras su paso en el PE desde 1986, entre las que encontramos tres mujeres.[56] Su entrada se produjo en un Parlamento Europeo reforzado desde el

[53] *ABC*, 11/06/1987.
[54] *Ya*, 12/06/1987.
[55] *El País*, 18/05/1987 .
[56] *Ya*,11/06/1987.

primero de julio gracias a la entrada en vigor del Acta Única Europea. Esta daba un mayor protagonismo al PE, así como un novedoso veto de la cámara al ingreso de nuevos miembros al club comunitario.

Ese hemiciclo correspondía al de la II legislatura iniciada en 1984, en donde, tras la incorporación de los nuevos eurodiputados españoles, podemos contar un total de 94 mujeres eurodiputadas en un parlamento de 410 parlamentarios, por tanto, el 23% del total. Al Grupo Socialista europeo correspondieron 37 eurodiputadas y al Grupo Popular Europeo (Demócrata Cristiano) 19. El Grupo Liberal, Democrático y Reformista contó con 8, entre ellas Simone Veil (su presidenta); las del Grupo Alianza Democrática Europea eran 7, al Grupo Demócrata Europeo pertenecian 8; las del Grupo Comunista eran 7 al igual que las del Grupo Arco Iris-Federación de la Alianza Alternativa-Verde Europea. Por último, en el grupo Derechas Europeas solamente hubo una, Martine Lehideux del Frente Nacional francés.[57] Aportando las socialistas el 39,3% del total de mujeres en el hemiciclo en la II legislatura, seguido del 20% al que correspondían las mujeres del grupo popular. Siendo el resto menos del 10% cada uno, quedándose en el 1% la aportación de las fuerzas más a la derecha.

La evolución del porcentaje de escaños ocupados por mujeres en la eurocámara al inicio de cada legislatura muestra un crecimiento constante: del 16,6% de la primera legislatura (julio de 1979) ha llegado al 40,6% (julio de 2019), experimentando un pequeño retroceso en la reciente legislatura iniciada en julio de 2024, con un 38,60%. En la evolución de las elecciones europeas se observa que la proporción de mujeres ha ido creciendo de tal forma que hoy la representación femenina en el Parlamento Europeo está por encima de la media de los parlamentos nacionales[58]. En las primeras elecciones en 1979 las 19 (de 434) mujeres que obtuvieron acta representaron el 15,9% del total. Tras la entrada de España, ya en 1989, estas llegaron a representar

[57] *Op. cit.*, Entrevista Ludivina Arias.

[58] Pueden consultarse los datos de equilibrio de género por país y por año en https://results.elections.europa.eu/es/paridad-de-genero-entre-eurodiputados/2024-2029/

casi el 20%.[59] De menos del 16% en 1979 a casi el 40% en las últimas legislaturas ha evolucionado el número de europarlamentarias. Como podemos observar se produce una constante, pero lenta, evolución de la representación femenina en el Parlamento Europeo, para poder lograr la paridad con los hombres. Una evolución en la que España ha contribuido desde 1987, iniciada con las primeras eurodiputadas españolas.

Muchas de las eurodiputadas españolas tuvieron una larga trayectoria en la eurocámara. Hemos querido hacer un breve análisis comparativo de los años de permanencia de todos los eurodiputados que resultaron elegidos de esas elecciones para la II Legislatura europea. Queríamos identificar si las mujeres perduraban mucho más o no que sus pares masculinos, en una institución conocida (y todavía en parte también) por ser un "cementerio de elefantes" (viejas glorias políticas). También el identificar si existen patrones diferentes entre los partidos. Como podemos observar de los gráficos siguientes, aquellos partidos con un menor número de escaños pero que, sin embargo, tienen mayor continuidad en las siguientes legislaturas europeas, son los que tienen mayor media de años en el PE, como Izquierda Unida o CiU. También destaca, por encima de la media, el PSOE con una importante cantidad de eurodiputadas con una larga trayectoria en la cámara comunitaria. Sin embargo, tanto AP como el CDS tienen una trayectoria inferior a la media, en el caso del CDS puede venir por la pronta desaparición del partido en el panorama electoral español y europeo. En el caso de los partidos vascos, vemos como su corta trayectoria se debe a su irregular acceso en las diferentes legislaturas.

En cuanto a la diferencia entre hombres y mujeres encontramos una diferencia notable entre ellos. Encontrando a las eurodiputadas con unas trayectorias muy destacables, la mayoría entre los 13 y los 23 años (con excepción de Carmen Llorca), por encima de la media, destacando Barbara Dhürhkop con 23 años en el PE. Por el contrario,

---

[59] *EPRS* [Consultado en: Las mujeres en el Parlamento Europeo (infografía) | Temas | Parlamento Europeo (europa.eu); https://www.europarl.europa.eu/topics/es/article/20190226STO28804/las-mujeres-en-el-parlamento-europeo-infografia; 24/7/2024]

los hombres se quedan ligeramente por debajo de la media, pero dado que son el 90% de los eurodiputados existe una gran variabilidad entre unos y otros. Encontrando casos de poco más de tres años, como el caso de Manuel Fraga, o los más longevos en sus trayectorias europeas como fueron Enrique Barón y Manuel Medina, con 24 y 25 años respectivamente. Por tanto, aunque se puede concluir que las mujeres eurodiputadas, de forma general, tuvieron una mayor permanencia en el PE que sus pares masculinos. Sin embargo, dado que solamente eran el 10% del total su media puede estar sobrevalorada, encontrando un gran numero de pares masculinos con años parecidos o, incluso, superiores. También dependía de la continuidad o no de su partido dentro del PE.

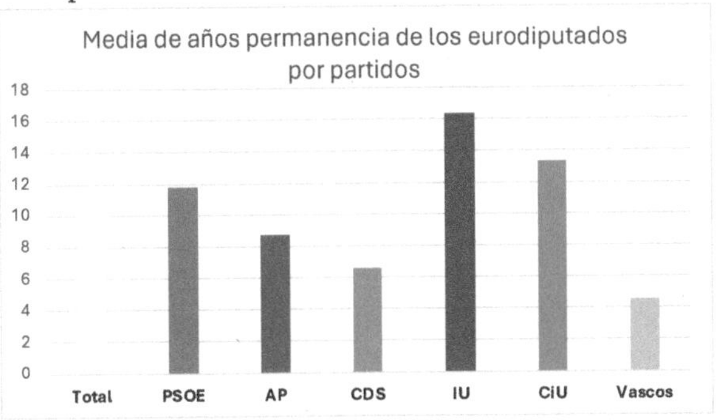

Fuente: Elaboración propia con datos extraídos de las fichas de los eurodiputados

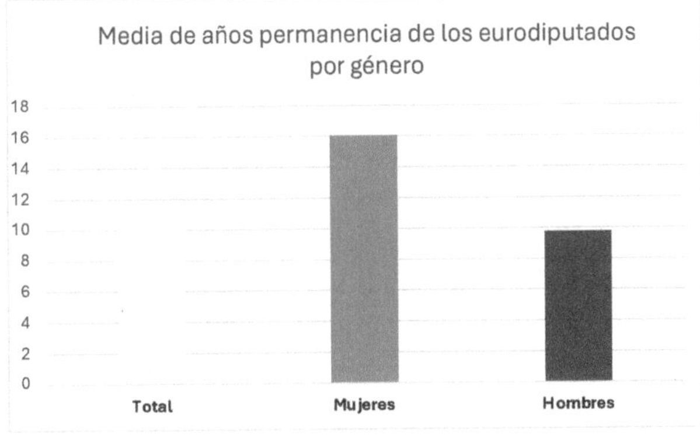

Fuente: Elaboración propia con datos extraídos de las fichas de los eurodiputados

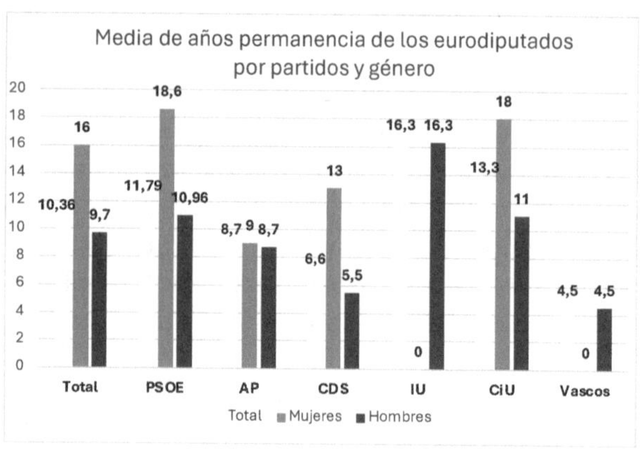

Fuente: Elaboración propia con datos extraídos de las fichas de los eurodiputados

Las eurodiputadas españolas elegidas en las primeras elecciones europeas en España

En 1987 tomaron posesión de su escaño las primeras mujeres españolas como eurodiputadas ratificadas a través del voto popular. Seis mujeres, de un conjunto de 60 eurodiputados de la cuota española; un 10% del total. Por el PSOE, Ana Clara Miranda de Lage, Barbara Dührkop Dührkop y Ludivina García Arias; por Alianza Popular (en adelante, AP) Carmen Llorca Vilaplana; por el CDS Carmen Díez de Rivera y de Icaza y por CiU Concepció Ferrer i Casals. Todas ellas salieron elegidas como parlamentarias, todas, con una trayectoria política destacable y con un currículum notable.

Por el PSOE, el partido que más parlamentarias aportó en esta elección, encontramos en primer lugar a Ana Miranda de Lage. Ligada al PSOE vasco (PSE-EE) desde 1977, principalmente en puestos de liderazgo orgánico dentro del partido, fue diputada del Parlamento vasco entre 1984 y 1987, a la par que fue nombrada senadora por designación autonómica en 1984 sustituyendo al asesinado Enrique Casas (esposo de Barbara Dührkop), renovando como senadora en 1986. Ese mismo año fue designada eurodiputada por las Cortes, en virtud de la entrada de España en las CE. Por tanto, se desempeñó como eurodiputada desde 1986 hasta 1999.[60] Tras su elección como eurodiputada en 1987 mantuvo su acta hasta 1999 y también posteriormente, durante un breve periodo, entre 2003 y 2004 como sustituta del eurodiputado Carlos Westendorp. Durante sus 13 años como eurodiputada llegó a ser vicepresidenta de la Comisión de Peticiones y presidenta de la delegación del Parlamento Europeo con diversos países de América Latina. Además de formar parte de varias comisiones; entre ellas la de los Derechos de la Mujer o la de Relaciones Económicas Exteriores.[61]

La segunda en la lista: Barbara Dührkop Dührkop, oriunda de Alemania, milita en el PSOE desde su llegada a España en 1978, participando orgánicamente en el PSOE. Tras su elección en 1987 se mantuvo como eurodiputada hasta 2009 (la 6ª legislatura del PE), nada más y nada menos que 22 años en el PE. En él destacó durante sus primeras legislaturas como miembro de la Comisión de Juventud, Cultura, Educación, Comunicación y Deporte; pero también en otras como las de Derechos de la Mujer o la de Asuntos Económicos y Monetarios. A partir de 1994 destacó su papel en la Comisión de Presupuestos, Justicia y Asuntos Interiores y en las de relaciones con varios países de la órbita europea (EEE, Ucrania, Bielorrusia). Llegando en la 5ª legislatura (1999-2004) a ser vicepresidenta de la Comisión de Presupuestos y miembro de la Mesa del PE. El culmen de su posición en el PE fue en su última legislatura (2004-2009) donde llegó a ser elegida vicepresidenta del Grupo Socialista.[62]

La tercera de las representantes del PSOE es Ludivina García Arias. Hija de maestros asturianos de la UGT exiliados en México tras la Guerra Civil; estudió en colegios donde se impartía la cultura

---

[60] Ficha Fundación Pablo Iglesias y Senado [Consultado en: Miranda de Lage, Ana Clara María-Fundación Pablo Iglesias (fpabloiglesias.es) https://fpabloiglesias.es/entrada-db/miranda-de-lage-ana-clara-maria/ y Ficha del Senador | MIRANDA DE LAGE, ANA CLARA MARÍA | Senado de España. https://www.senado.es/web/composicionorganizacion/senadores/composicionsenado/fichasenador/index.html?legis=3&id1=10901; 11/7/2024]

[61] Ficha Parlamento Europeo [Consultado en: 2ª legislatura | Ana MIRANDA DE LAGE | Eurodiputados | Parlamento Europeo (europa.eu). https://www.europarl.europa.eu/meps/es/1307/ANA_MIRANDA+DE+LAGE/history/2#detailedcardmep.; 21/6/2024]

[62] Ficha Parlamento Europeo [Consultado en: 2ª legislatura | Bárbara DÜHRKOP DÜHRKOP | Eurodiputados | Parlamento Europeo (europa.eu) https://www.

española, como el Instituto Luis Vives, con docentes provenientes de la extinta Institución Libre de Enseñanza. Por tanto, se cultivó en un ambiente imbuido de cultura española, pero también europea, con influencia de autores como María Zambrano, Claudio Sánchez Albornoz o Salvador de Madariaga, este último muy activo en el Movimiento Europeo (impulsor de la unión de los Estados europeos). Se formó en México, en Historia Universal por la UNAM. Retornada a España, fue profesora de instituto, afiliándose en 1972 tanto al PSOE como a la UGT, el antiguo sindicato de sus padres, todavía ambos en la clandestinidad. Durante la Transición participó de la reconfiguración de la federación asturiana del PSOE, así como de la UGT a nivel nacional; llegando a ser secretaria de Emigración del sindicato en 1976.[63] Como vemos, toda una carrera política, especialmente en lo orgánico. En la I legislatura sustituyo a Jesús Sanjurjo en 1980 como diputada siendo reelegida en 1982 y formando parte de la Comisión de Exteriores del Congreso durante la II legislatura.[64] En diciembre de 1985 fue designada por las Cortes como eurodiputada; ingresando en el PE en su II legislatura, presidido por entonces por el democristiano francés Pierre Plfimlin. Coincidió con Simone Veil en la Comisión de Desarrollo y Cooperación de la II legislatura del PE.[65]

Durante sus años en el PE destacó como miembro de las Comisiones de Energía, Investigación y Tecnología; de Asuntos Económicos y Monetarios y Política Industrial; la Comisión de Derechos de la Mujer y, principalmente, en las de relaciones con diversos países. Llegando a ser, entre 1989 y 1994 presidenta de la delegación del PE con Checoslovaquia (y los países que derivaron de ella) o vicepresidenta

europarl.europa.eu/meps/es/1313/BARBARA_DUHRKOP+DUHRKOP/history/2#detailedcardmep; 21/6/2024]

[63] *Op. cit.*, entrevista a Ludivina Arias.

[64] Ficha Fundación Pablo Iglesias y Congreso de los Diputados [Consultado en: García Arias, Ludivina - Fundación Pablo Iglesias (fpabloiglesias.es) https://fpabloiglesias.es/entrada-db/7067_garcia-arias-ludivina/ y Ludivina García Arias - I Legislatura - Congreso de los Diputados https://www.congreso.es/es/busqueda-dediputados?p_p_id=diputadomodule&p_p_lifecycle=0&p_p_state=normal&p_p_mode=view&_diputadomodule_mostrarFicha=true&codParlamentario=380&idLegislatura=I&mostrarAgenda=false 11/7/2024]

[65] *Op. cit.*, Ficha Fundación Pablo Iglesias, García Arias, Ludivina.

de la Delegación de las relaciones con NN.UU.[66] En esa carrera europea llegó a fundar y presidir la Asociación Europea de Acción para las Comarcas mineras (EUR-ACOM), presidiéndola entre 1987 y 2000.[67] Así mismo, entre 1997 y el 2000 desempeñó varios cargos orgánicos dentro de la Ejecutiva Federal y el Comité Federal del PSOE, volviendo a ser diputada del Congreso entre el 2000 y el 2004. Tras su retirada de la política se ha centrado principalmente en la Asociación de Descendientes del Exilio Español (de la cual es fundadora y presidenta).[68]

Carmen Llorca Villaplana, oriunda de Alcoy (Alicante) fue la más veterana de las nuevas eurodiputadas. De profesión historiadora, autora de múltiples investigaciones; entre otras *Europa ¿en decadencia?* o *Emilio Castelar: precursor de la democracia cristiana* o de novelas como *El sistema* (1970). Así como una extensa actividad en diversos periódicos como el *ABC* y *Ya*. Destacó por ser una de las primeras mujeres que desde los sectores intelectuales conservadores intervino en la vida pública, llegando a ser la primera mujer en presidir el Ateneo de Madrid entre 1974 y 1975. En 1977 presentó una serie de grupos femeninos, no entrando a valorar su mayor o menor proximidad con el feminismo, por ejemplo, Mujeres Juristas y la Organización de Mujeres Independientes (también era una asociación) [Espacio APEC], de la cual ella fue su presidenta.[69] Igualmente fue una de las principales colaboradoras de Fraga y de las escasas mujeres de AP con cargos directivos. Teniendo un papel destacado en diversos movimientos femeninos de Europa.[70]

Así mismo, Carmen Llorca ejerció varios cargos públicos, como funcionaria del Estado, en las postrimerías del franquismo, entre otros cargos fue delegada de Cultura del Movimiento Nacional (el partido oficial del régimen).[71] Ya en plena Transición, en 1980, fue

[66] Ficha Parlamento Europeo [Consultado en: 2ª legislatura | Ludivina GARCÍA ARIAS | Eurodiputados | Parlamento Europeo (europa.eu) https://www.europarl.europa.eu/meps/es/1305/LUDIVINA_GARCIA+ARIAS/history/2#detailedcardmep. 21/6/2024]

[67] *Op. cit.*, Ludivina Aria, entrevista.

[68] *Op. cit.*, Ficha Fundación Pablo Iglesias, García Arias, Ludivina.

[69] *Diario 16*, 25/01/1977.

[70] *El País*, 30/06/1998.

[71] Ibídem.

designada como miembro del Consejo de RTVE, dentro del cupo de AP, y entre 1982 y 1986 fue diputada del mismo partido, siendo nombrada presidenta de la Comisión de Control de RTVE. Como podemos observar una extensa trayectoria política y pública. En 1986 fue designada como eurodiputada por las Cortes y renovó su acta en las elecciones de 1987 y la mantuvo hasta 1994. Durante su etapa en el PE destacó especialmente en la 3ª legislatura europea (1989-1994) como miembro de la Comisión de Derechos de la Mujer, pero, sobre todo, como vicepresidenta del Grupo Popular Europeo (el bloque de centro derecha europeo).[72]

Carmen Llorca ya había mostrado interés por la cuestión europea antes de asumir cargos en instituciones europeas. En 1949, publicó el libro "Europa ¿en decadencia?", una obra fruto de su reflexión sobre el futuro de Europa, en la que defendía la necesidad de construir una Europa unida. En su libro, Carmen Llorca argumenta que, aunque se asumía la decadencia de Europa, en realidad esta no estaba en ruinas; solo debía encontrar su propia identidad y reinventarse como el continente de las ideas. Tras la Segunda Guerra Mundial, Llorca veía la única solución en la creación de los "Estados Unidos de Europa", donde la cooperación sería clave para preservar su legado. Propuso una Europa federal y unida, basada en el equilibrio de poderes, para contrarrestar la influencia de Rusia. Defendía que Europa debía sostenerse no por la hegemonía de un país, sino por la unión de sus pueblos, destacando la importancia de la diversidad cultural y las tradiciones profundas como el corazón de Europa. Llorca concluye su reflexión con la idea de que Europa es "armonía y unidad en la variedad", lema que sigue vigente en las instituciones europeas[73]. Carmen LLorca falleció en mayo de 1998 a los 76 años tras una larga trayectoria profesional y política.

Por el CDS encontramos a la destacada, por su renombre, Carmen Díez de Rivera y de Icaza, conocida durante los primeros años

[72] Ficha Parlamento Europeo [Consultado en: 2ª legislatura | Carmen LLORCA VILAPLANA | Eurodiputados | Parlamento Europeo (europa.eu) https://www.europarl.europa.eu/meps/es/1306/CARMEN_LLORCA+VILAPLANA/history/2#detailedcardmep. 21/6/2024]

[73] Carmen Llorca Villaplana: *Europa ¿en decadencia?*, Prensa Española, Madrid, 1949.

de la democracia como la "Musa de la Transición". Proveniente de familia nobiliaria y con una educación en el exterior, además de un amplio dominio de idiomas, destacó en varios puestos de gabinete tanto en RTVE como en el Movimiento Nacional, todos de la mano de Adolfo Suárez. Sin embargo, alcanzó su puesto principal en 1976 como directora de Gabinete de Presidencia del Gobierno del primer gobierno de Adolfo Suárez. Al ser independiente de la UCD se fue distanciando rápidamente del gobierno de Suarez, dimitiendo de su cargo en mayo de 1977. Antes de aceptar la oferta de Suárez de ser su director de Gabinete, Carmen Díez de Rivera militaba en la Unión Socialdemócrata de Dionisio Ridruejo, a los que consideraba los verdaderos europeístas, pero de ideas, un grupo de intelectuales sin mucha capacidad de movilización.[74] Su adhesión en 1977 al PSP de Tierno Galván le costó su puesto en La Moncloa.

Para ella Europa era una idea global, de constantes intercambios y nodo de cultura. Idea esta, totalmente alejada de la idea que tenía de la España franquista. Esa inquietud europeísta le llevó a observar en Estrasburgo como se realizaban las primeras elecciones por votación popular al Parlamento Europeo, esto es en 1979. Europa en aquellos momentos era una meta de libertad y democracia; no pudiendo expresarse más claramente al respecto: "La democracia pasaba por Europa y pasaba por la pertenencia a la CE".[75] Ya en 1987 consiguió su acta de eurodiputada de la mano del CDS, el nuevo partido centrista de Suárez, aunque al poco tiempo por desavenencias con su partido acabó acercándose e integrándose finalmente en el PSOE. Nuevamente repetiría como eurodiputada entre 1989 y 1999 (3ª y 4ª legislatura del PE) esta vez de la mano del PSOE. En su etapa como eurodiputada destacó como miembro de la Comisión de Medio Ambiente, Salud Pública y Protección al Consumidor; así como en la delegación del PE con Israel.[76] Carmen Díez de Rivera

---

[74] *Op. cit.*, Folguera, Pilar. Entrevista a la Sra. Carmen Díez de Rivera (*Proyecto Historia Oral de la Comisión Europea*).

[75] Ibídem.

[76] Ficha Parlamente Europeo [Consultado en: 2ª legislatura | Carmen DÍEZ DE RIVERA ICAZA | Eurodiputados | Parlamento Europeo (europa.eu), https://www.europarl.europa.eu/meps/es/1312/CARMEN_DIEZ+DE+RIVERA+ICAZA/history/2#detailedcardmep, Fecha: 21/6/2024]

estuvo 12 años como eurodiputada, interrumpida su carrera por su prematura muerte en 1999.

Por último, encontramos a Concepció Ferrer i Casals quien comenzó su carrera política de la mano de Unió Democrática de Catalunya, el partido democristiano catalán miembro de CiU (Convergencia i Unió). Siendo un miembro destacado de su partido, llegando a ser su presidenta entre 1984 y 1986. De la mano de la mano de Unió, y CiU, se convirtió en diputada del Parlament de Cataluña en su segunda legislatura (1980-1984); llegando a desempeñar el cargo de vicepresidente primero de la Mesa en esos años.[77] Para las elecciones europeas de 1987 CiU la posicionó dentro de sus puestos de salida, logrando obtener acta como eurodiputada. En su etapa en el Parlamento Europeo, unos 18 años (entre 1987 y 2004), fue miembro del Grupo Demócrata Cristiano (PPE) y, además, entre 1989 y 2004 fue elegida repetidamente como miembro de la Mesa del Parlamento Europeo (el órgano rector de la Cámara). También destacó como vicepresidenta de la delegación del PE con los países de Sudamérica o con la Asamblea Paritaria ACP-UE (África, del Caribe y del Pacífico). A su vez, estuvo presente en varias comisiones tales como la de Asuntos Institucionales; Derechos de la Mujer o Política Regional y Ordenación Territorial. Destacamos también su participación en la Comisión Temporal sobre Genética Humana (entre los años 1999 y 2004).[78] De igual forma, Concepció Ferrer fue durante un tiempo presidenta de la Unión Europea de Mujeres Demócrata Cristianas y vicepresidenta de la Unión Europea Democracia Cristiana.[79] Como vemos tenía un notable prestigio entre sus colegas democristianos, especialmente entre las mujeres democristianas.

---

[77] Ficha Parlament Cataluña [Consultado en: Fitxa del diputat/ada - Parlament de Catalunya, https://www.parlament.cat/web/composicio/diputats-fitxa/index.html?p_codi=442&p_legislatura=1; 16/6/2024]

[78] Ficha Parlamento Europeo [Consultado en: 2ª legislatura | Concepció FERRER | Eurodiputados | Parlamento Europeo (europa.eu); https://www.europarl.europa.eu/meps/es/1304/CONCEPCIO_FERRER/history/2#detailedcardmep 21/6/2024]

[79] *La Vanguardia*, 31/05/1987.

LA LABOR DE LAS EURODIPUTADAS ESPAÑOLAS EN EL PARLAMENTO EUROPEO

Como aspecto final, nos gustaría destacar las preocupaciones e intereses que tuvieron nuestras pioneras al obtener su acta de eurodiputadas, es decir, las tareas más inmediatas que asumieron dentro del Parlamento Europeo. A partir de las intervenciones más relevantes de las eurodiputadas españolas, se pueden identificar cuatro temas principales: medioambiente, terrorismo, Latinoamérica y mujer. En particular es en los asuntos relacionados con los derechos de la mujer donde desempeñarán un papel más destacado. En la sesión plenaria del Parlamento Europeo en Estrasburgo, el 13 de octubre de 1987, se abordaron varios debates sobre la situación de las mujeres. Carmen Díez Rivera destacó que aún persistían discriminaciones laborales hacia las mujeres, mientras que García Arias lamentó que se siguiera glorificando el rol de la mujer como madre encargada del cuidado de los hijos, y que además se le culpara de reducir las oportunidades de empleo para los hombres. Por su parte, Ludovina García denunció que en España un empresario había exigido a las mujeres que solicitaban empleo un certificado de fecundidad[80].

Con motivo de la Jornada Internacional de la Mujer, del 8 y 9 de marzo de 1988, en Estrasburgo se abordaron dos informes elaborados por la Comisión de Derechos de la Mujer: "Las mujeres y el empleo" y "La igualdad de tratamiento entre hombres y mujeres (problemas de discriminación indirecta)". En relación al primer informe Carmen Llorca destacaba las dificultades de la mujer para encontrar empleo, su falta de preparación para ocupar puestos técnicos y los siete millones de mujeres en paro. Ludovina Garcia interviene para poner especial énfasis en las discriminaciones sociales que sufren las mujeres señalando que lo empleadores prefieren contratar a hombres que a mujeres y solicita a las instituciones europeas la mejora de las condiciones laborales femeninas. Sobre el segundo informe Carmen

[80] Una descripción detallada de las intervenciones de las eurodiputadas españolas en estos cuatro temas en Ana Rivero Moreno: "Las eurodiputadas españolas", *Revista de Cortes Generales,* n.º 17, 1987. pp. 148-156.

Llorca señala la necesidad de conseguir legislaciones mas avanzadas que recojan las demandas de la mujer de manera progresiva[81].

En un artículo en *La Vanguardia* denominado "*Una política para los derechos de la mujer*", Concepció Ferrer exponía su posición de defensa de los derechos de las mujeres y, en especial, la importancia de equiparar la participación política activa de hombres y mujeres. Entendía que debía darse "un cambio de mentalidad" y, principalmente, la elaboración de un marco jurídico y normativo en el que los derechos establecidos en numerosas constituciones y cartas de derechos realmente tuvieran fuerza de ley, es decir, que se respetaran. Y ponía como ejemplo al Parlamento Europeo como núcleo desde donde liderar esa iniciativa legal y normativa, por medio de su Comisión de Derechos de la Mujer.[82] Defendiendo, además, que era en la normativa antidiscriminatoria de la Comunidad Europea donde radicaban muchos de los avances legislativos favorecedores de la igualdad entre hombres y mujeres; tanto en España como en otros países de Europa.[83]

Carmen Llorca, como integrante de la Comisión de Derechos de la Mujer, actuó como ponente, el 7 de julio de 1988, del informe sobre la "Derechos de la Mujer Parturienta" del que cabe destacar dos aspectos: La protección social y la asistencia médica.[84] Concepción Ferrer apoyó el informe presentado por Carmen Llorca señalando las dificultades de conciliar el mundo laboral y el derecho a la maternidad. El mismo día Ludovina Garcia denfendía como ponente ante el Parlamento Europeo, en nombre de la Comisión de Derechos de la Mujer, el informe sobre "La situación laboral y de empleo de las mujeres en España y Portugal". Carmen Llorca, también como ponente de la misma Comisión, defendió ante el

[81] Ibídem. pp. 153-154.

[82] *La Vanguardia,* 27/05/1987.

[83] El primer programa de acción comunitario para promover la igualdad de oportunidades se estableció entre 1981 y 1985 y, por su parte, la Comisión de Derechos de la Mujer del PE pasó a tener un carácter permanente en julio de 1984. *Op. cit.* Entrevista Ludivina Arias 2024

[84] Tipografía La Moderna [Consultado en: Carmen Llorca Vilaplana (1921, Alcoy – 1998, Madrid) | - Tipografía La Moderna (tipografialamoderna.com) https://www.tipografialamoderna.com/la_memoria/carmen-llorca-vilaplana-1921-alcoy-1998-madrid/; 18/6/2024]

Parlamento Europeo, el 15 de septiembre de 1988, el informe sobre "Promoción de la investigación sobre la mujer" que propone al Instituto Universitario Europeo de Florencia como centro coordinador sobre estudios de la mujer y la mujer en la investigación. Carmen Llorca citaba datos estadísticos de España señalando que aunque cerca del 50% de los títulos universitarios los obtienen las mujeres, este porcentaje no tiene una equivalencia similar en el número de catedráticas o rectoras[85].

En el caso de Carmen Díez de Rivera, junto a su trabajo en pro de los derechos de la mujer, destacó por su compromiso con la defensa del medioambiente, donde estuvo implicada enormemente, llegando a definirse como "ecosocialista". De ahí que el mismo Jacques Delors, sorprendido, expresara que "que hacía una [mujer] española, socialista y en temas de medio ambiente". Carmen Díez abordó asuntos tales como el turismo, la producción del carbón, el tabaco, el agua, los cosméticos, la destrucción de la capa de ozono, la pesca y la contaminación del Mediterráneo[86]. Fruto de esa defensa de los temas medioambientales fue ponente del 5º Programa de Acción; apoyando en él el desarrollo sostenible, las ecotasas (ya por aquellos lejanos años) y la contabilidad verde.[87] Pese a obtener el acta como independiente en el CDS pronto se desencantó al decidir éste entrar en la Internacional Liberal, sin previa consulta. Esto le llevó a abandonar la disciplina del CDS, convirtiéndose en independiente y rápidamente fue acogida en las filas del PSOE. Para Díez de Rivera, el PSOE, en aquellos momentos, era lo más próximo a sus ideas europeístas y socialdemócratas.[88] Desde el primer día en el PE tuvo la consigna de intervenir como "española y mujer" y se anotó la tarea de defender, tanto en Europa como en España, que la Acta Única era un elemento esencial en la construcción europea, además de beneficiosa para el conjunto de ciudadanos. De igual forma, Carmen Díez de Rivera siempre se definió como leal a sus principios y dado que entendía el PE como una "caja de resonancia

[85] *Op. cit.,* Ana Rivero, p. 156.
[86] Ibídem. p. 149.
[87] Ibídem.
[88] *Op. cit.* Proyecto Oral Com. Europea. Entrevista Profesora Dª Pilar Folguera.

democrática" defensora de los DD. HH. Ella misma aplicó constantemente la libertad de conciencia y decisión como eurodiputada, empleando en innumerables ocasiones el artículo 2 del reglamento del PE, que le permitía discrepar y votar distinto a lo marcado por su grupo (el socialista).[89] Lo que claramente marcaba su carácter de mujer independiente y con ideas propias, las cuales defendía por encima de partidismos. Independencia y conciencia elementos que marcaron su carrera política, tanto en España como en Europa.

Las tres pioneras del PSOE establecieron relaciones especiales con las otras treinta y cuatro eurodiputadas socialistas. No obstante, también se generó afinidad con las eurodiputadas de otros grupos ideológicamente afines, como los comunistas y ecologistas, además de buenas relaciones con las eurodiputadas de países mediterráneos de los grupos Liberal, Democrático y Reformista y del de Alianza Democrática Europea. En general, todos los eurodiputados podían interactuar a través de los llamados Intergrupos, foros que facilitaban el intercambio informal de puntos de vista. Aunque no eran órganos oficiales, desempeñaban un papel importante en las relaciones entre ellos.[90]

En el caso de Ludivina Arias al proceder de una región marítima-minera-pesquera en declive industrial, como era Asturias, sus iniciativas parlamentarias se centraron en las Comisiones donde se debatían asuntos relacionados con la energía, industria o construcción naval. Además, al estar preocupada por la igualdad de hombres y mujeres, como la totalidad de las eurodiputadas españolas, como se ha visto formó parte de la Comisión de Derecho de la Mujer. Sin embargo, a la vez quería continuar con su experiencia en actividades de relaciones internacionales, por tanto, se adscribió a la Subcomisión de Derechos Humanos del PE. A su vez participó muy activamente en el Intergrupo sobre el Sahara Occidental, teniendo contactos con el Polisario tras 1987.[91]

Es relevante mencionar la intervención de Ana Miranda el 13 de marzo de 1986 ante el Parlamento Europeo, en la que condenó el terrorismo que afectaba tanto a Francia como a España. En su

[89] Ibídem.
[90] *Op. cit.* Entrevista Ludivina Arias.
[91] Ibídem.

discurso, reiteró su rechazo a la violencia y exhortó a los gobiernos a poner fin tanto al terrorismo de ETA como a las acciones del GAL. Ana Miranda de Lage, proveniente del País Vasco, pero de familia francesa por parte de su línea materna, se sentía más francesa que española por su desapego con la dictadura. La entrada en la CE de España y su propio acceso al PE supuso una enorme satisfacción personal.[92] Una reflexión interesante, extraída de las observaciones de Ana Miranda, subraya cómo los eurodiputados españoles lograron una adaptación sorprendentemente rápida al Parlamento Europeo (PE) tras la incorporación de España a las Comunidades Europeas (CE). La anécdota de haber sido llamados "Prusianos del Sur" evidencia que, a pesar de las diferencias culturales y políticas, los españoles se integraron con éxito en un entorno nuevo y complejo, mostrando gran eficiencia y entusiasmo.[93] Además, se destaca que el trabajo en el Parlamento Europeo era intenso, apasionante y caracterizado por una gran libertad, lo cual contrastaba significativamente con el control y las restricciones del sistema parlamentario español. En general, el rol del eurodiputado se describe como intenso y apasionante, aunque con mucha libertad, donde cada uno se hacía responsable de lo que proponía, negociaba y acordaba. Esta libertad resultaba impactante para los españoles, acostumbrados a un sistema parlamentario más controlado y restringido. Los eurodiputados españoles demostraron una notable capacidad de adaptación y compromiso, aprovechando las diferencias entre las prácticas parlamentarias de España y Europa.[94]

CONCLUSIONES

Este capítulo se ha dedicado a poner en valor a las primeras eurodiputadas españolas, mediante un análisis casi prosopográfico de estas pioneras en el Parlamento Europeo. Este enfoque ayuda a corroborar la reivindicación de las mujeres en España por obtener una representación equitativa. En total, fueron cinco las mujeres

[92] *Op. cit.* Entrevista Ana Miranda de Lage.
[93] Ibídem.
[94] Ibídem.

que, por sufragio universal directo, fueron elegidas para ocupar un escaño en el PE. Estas cinco pioneras constituían solo el 10% del total de eurodiputados españoles, evidenciando una marcada desigualdad de género en favor de los hombres. Sin embargo, este punto de partida dio lugar a un avance continuo que ha llevado a la situación actual, en la que la paridad en las listas electorales enfrenta muy poca oposición.

Estas primeras mujeres estaban excepcionalmente preparadas para desempeñar su papel como eurodiputadas, respaldadas por largas y destacadas trayectorias políticas y personales. Sus carreras profesionales eran tan notables que rivalizaban superando a las de muchos de sus colegas masculinos. Esto nos invita a reflexionar de manera similar a la que Carmen Romero expresaba en aquellos años señalando que "a las mujeres no se les consentía ser mediocres". Para ser equiparadas en valía y capacidad con los hombres, debían contar con un extenso currículum y destacarse notablemente. Esta preparación y competencia les permitió ocupar posiciones, más o menos prominentes, en sus respectivas listas electorales. Sin embargo, este logro no se alcanzó sin antes una intensa campaña por parte de las mujeres para obtener mayores cuotas de representación y reconocimiento.

Durante la campaña electoral, todas ellas se comprometieron plenamente, combinando las consignas partidistas con una defensa vigorosa de los beneficios que Europa ofrecía. Destacaron cómo la lucha feminista española, en sus diversas facetas, se vería fortalecida a través de la participación en las Comunidades Europeas y en concreto del Parlamento Europeo. Ciertamente, todas ellas trabajaron arduamente para promover estas elecciones, que en un principio eran poco conocidas, y para destacar los temas de índole europeo. Sin embargo, también se vieron arrastradas por cuestiones nacionales, que dominaron gran parte de la campaña, como lo ejemplifica el caso de Barbara Dührkop, que incorporó la cuestión del terrorismo de ETA a la campaña. Las elecciones europeas de junio de 1987 siguen siendo, pese a tener la vitola de segundonas y estar sujetas a temas nacionales, las que han obtenido en la historia de las elecciones europeas en España una mayor participación. En parte por coincidir con unas municipales y locales, pero también por el interés y esperanzas que los ciudadanos españoles tenían por entonces con la entrada de España en las CE.

El Parlamento Europeo continuaría mucho tiempo siendo un gran desconocido, pero las primeras elecciones europeas, contribuyeron a conseguir mayores cotas de conocimiento y participación entre la ciudadanía española del sistema institucional europeo. Las primeras eurodiputadas tuvieron un papel destacado en ello, así como en el desarrollo del proyecto común como muestra su intensa labor en la cámara europea: extensa, intensa y productiva. Adoptaron múltiples causas, y todas ellas coincidieron en señalar las innegables desigualdades entre hombres y mujeres, cada una desde su punto de vista. Casi todas ellas, en diferentes grados, tuvieron largas trayectorias como miembros del PE, y compartieron escaño durante varias legislaturas con muchas más mujeres eurodiputadas, tanto españolas como de otras nacionalidades. Ellas fueron quienes allanaron el camino para la representación femenina española en el PE. Este capítulo pretende contribuir al reconocimiento de su valiosa aportación a la igualdad de género y a la consolidación de una Europa más unida y equitativa.

IN MEMORIAM
EUROPEÍSTA DE VOCACIÓN. SARA GONZÁLEZ FERNÁNDEZ (1959-2023)

Juan Mascareñas Pérez-Iñigo
Universidad Complutense de Madrid

LOS PRIMEROS AÑOS

Sara González nació en Vegadeo (Asturias) el 15 de febrero de 1959; tres años más tarde se trasladaría junto a su familia a Madrid. Y aunque vivió el resto de su vida en la capital, o en sus alrededores, siempre hizo resaltar su *asturianía* allí dónde iba. A la hora de elegir qué carrera estudiar se decantó desde el primer momento por la Licenciatura en Economía, como paso previo para ingresar en la carrera diplomática. Sin embargo, una conversación con uno de sus profesores le hizo replantearse su objetivo y decidió centrarse en la Economía. Conseguiría la licenciatura en dichos estudios, habiendo cursado la especialidad de Teoría Económica, en junio de 1981. En 1983 obtuvo el título de Grado con premio extraordinario[1].

[1] Título obligatorio si se quería realizar el doctorado.

Aunque no pensó inicialmente en realizar una carrera académica, y eso que ofertas no le faltaron, sí que su futuro profesional inmediato iba a estar conectado, de alguna manera, con la investigación económica. Esto es así porque en marzo de 1982 consiguió ser número uno de la oposición para formar parte del Servicio de Estudios y de la Dirección General de Inversiones de la Empresa Nacional MERCASA. En los tres años y medio en los que trabajó para dicha empresa aprendió los entresijos de los mercados centrales de abastecimientos y de la gestión de las empresas nacionales que dependían de MERCASA, incluso formó parte del Consejo de Administración de dos de ellas (MERCAMALAGA, S.A. y Dotaciones Comerciales de Jerez, ambas desde 1983 a 1985). Su experiencia en este trabajo le permitió conocer de primera mano las reglas reales (escritas o no) del comercio, con sus luces y sus sombras, algo que a la postre trasmitiría a sus alumnos en un intento de unir la teoría con la práctica. También aprendió el arte de negociar; algo que siempre resaltaba, porque decía que en MERCASA había verdaderos genios de la negociación de los que obtuvo unas enseñanzas muy valiosas, que la sirvieron para posteriormente poder explicar a sus alumnos cómo se negocia dentro de la UE y el porqué de determinadas posturas negociadoras.

Mientras trabajaba en MERCASA consiguió el Diploma de los Cursos sobre las Comunidades Europeas[2] que organizaba el Ministerio de Asuntos Exteriores español. Ese fue su primer contacto con el que al final iba a ser su campo de estudio favorito: el análisis de la integración económica de la Unión Europea. Hay que comentar que en aquel momento se vivía en España una 'fiebre' europeísta por acceder a ser miembro de la Comunidad Económica Europea (lo que se conseguiría de forma efectiva[3] el 1 de enero de 1986) y Sara no era ajena a ella.

El abandono de MERCASA fue motivado por su fichaje en septiembre de 1985 por La Caixa de Pensions como economista y como paso previo a su posible incorporación a su servicio de estudios. Esto último es lo que la motivó al cambio de trabajo. Sin

[2] Título expedido el 18 de abril de 1983.

[3] El 12 de junio de 1985 anterior se había firmado en Madrid el Tratado de Adhesión a la CEE.

embargo, el tiempo transcurría y la incorporación no se producía, así que en septiembre de 1986 decidió dejar la entidad financiera y pasarse a tiempo completo al mundo académico, con el que ya llevaba colaborando un tiempo. De su estancia en La Caixa aprendió las operaciones bancarias, sus procesos internos y el funcionamiento del mercado financiero español.

Como ya se ha mencionado, Sara fue tentada por varios departamentos de la Facultad de Ciencias Económicas y Empresariales de la Complutense para incorporarla a la carrera académica. Al final en 1983, mientras trabajaba para MERCASA, su antigua profesora María Josefa Molina[4] la convenció para que, en octubre de ese año, impartiera clases de Economía Internacional en el departamento que, en aquel entonces, dirigía el catedrático Manuel Varela Parache. Así que con diferentes contratos consecutivos de Encargado de Curso (hoy en día equivaldría al de profesor asociado) se encargó de impartir dicha materia en 4º curso de la Licenciatura de Economía; dicho tipo de contrato le permitía compaginar su trabajo principal con las clases en la universidad. Como ella misma comentaba, fueron unos años muy estresantes donde comía cualquier cosa mientras conducía su coche desde su lugar de trabajo hacia el campus de Somosaguas tanto para impartir los dos grupos que tenía asignados[5] como, además, para realizar los cursos de doctorado durante los años 1983 a 1985. Al abandonar definitivamente su trabajo en la Caixa pudo centrarse en sus clases de Economía Internacional en la universidad y en la terminación de su tesis doctoral. Además, consiguió en 1986 un contrato de catedrático Interino lo que resultaba ser una mejora sustancial con respecto al que tenía.

Al final de ese año 1986, acudió al VIII Congreso Económico Mundial, que tuvo lugar en Nueva Delhi (India). Unos días después de volver a Madrid, concretamente el 19 de diciembre[6], defendió con éxito[7] su tesis doctoral dirigida por la persona que la había

[4] No en balde la había dado una Matrícula de Honor en la materia de Economía Internacional.

[5] La enorme cantidad de alumnos de aquellos tiempos –la Facultad tenía 12.000 alumnos– hacía que cada grupo constase de no menos de 200 alumnos.

[6] Su título tiene fecha de expedición del 27 de marzo de 1987.

[7] Sobresaliente 'cum laude'.

introducido en el mundo académico, la entonces profesora titular María Josefa Molina, y titulada "El desarrollo latinoamericano. El financiamiento externo y la deuda exterior". En su tesis analizó los problemas generados por el crecimiento económico, la recesión económica mundial, el endeudamiento externo y el incremento de la interdependencia económica internacional. Como campo de estudio analizó la evolución de las economías latinoamericanas desde la perspectiva de la economía internacional y de la estrategia de endeudamiento como fuente de financiación del desarrollo. La tesis analizó el problema al que se enfrentaban en aquel momento el desarrollo de un gran grupo de estados latinoamericanos buscando establecer el mecanismo para poder satisfacer el servicio de la deuda contraída (el pago de sus intereses y la amortización de la misma) y obtener nueva financiación en condiciones compatibles con un proceso de crecimiento a largo plazo.

Una publicación derivada de su investigación doctoral fue el artículo[8] titulado: "El FMI y América Latina. Cinco años de austeridad" en el que desarrollaba la relación entre el Fondo Monetario Internacional y los países de Latinoamérica, que habían acudido a él en busca de ayuda para hacer frente a los problemas que tenían en el servicio de su deuda. También, se la invitó a participar en la Enciclopedia Rialp[9] para que escribiera la entrada "El Pacto Andino" por ser especialista en los procesos de integración económica de la región.

En junio de 1987 fue admitida en el Collège Universitaire d'Études Fédéralistes de Aosta (Italia) perteneciente al Centre International de Formation Européenne (CIFE). El Ministerio de Asuntos Exteriores le concedió una beca para poder asistir al curso, que realizó entre el 2 de julio y el 12 de agosto de ese año. Esta última fecha es la que figura en su *Certificat d'Études Superieures du Fédéralisme*[10]. Siempre estuvo muy orgullosa de haber sido alumna del gran filósofo

[8] González, Sara, "El FMI y América Latina. Cinco años de austeridad". *Boletín Económico de Información Comercial Española* (BICE), n.º 2.092, 2ª quincena Julio, 1987, pp. 2501-2508.

[9] González, Sara, "El Pacto Andino". *Gran Enciclopedia RIALP* (GER), Ed. Rialp, 1987, pp. 1451-1455.

[10] Aunque el curso tuvo lugar en Aosta (Italia) el idioma del curso era el francés.

federalista francés Alexandre Marc, quien ya tenía 83 años y que iba acompañado permanentemente a las clases por su esposa.

A raíz de su pertenencia al CIFE, de la que fue directora de relaciones institucionales del capítulo español entre 1987 y 1989, impartió un curso especializado[11] denominado "Curso de introducción a las Comunidades Europeas" en el que se encargó de las ediciones de 1987, 1988 y 1989. En 1988 participó en III Encuentro Federalista organizado por el CIFE en Segovia. En paralelo a lo anterior, impartió, entre 1988 y 1992, el seminario "España en la Comunidad Europea", que formaba parte de la Licenciatura en Economía de la UCM.

Precisamente en 1987 participó en la reunión internacional sobre la "Crisis institucional de la Comunidad Europea: Estrategias de superación" organizada por la Fundación Friedrich Nauman para la Libertad[12] y el Centro de Investigación y Formación Europea, que tuvo lugar en la localidad madrileña de El Paular. Participó por invitación de los patrocinadores como experta en el proceso de integración europeo iniciado a mediados del siglo XX dictando la conferencia "la crisis económica y monetaria de la Comunidad Europea".

En ese mismo año de 1987 fue profesora y coordinadora del curso de formadores en Comercio Exterior y del curso de formadores en Comunidades Europeas, ambos organizados por la Confederación Española de Organizaciones Empresariales (CEOE); repitiendo el curso de Comercio Exterior para la Confederación Empresarial Independiente de Madrid (CEIM) en noviembre de ese mismo año. También durante ese año formó parte del equipo de trabajo para el "Desarrollo de un modelo econométrico de previsión de la demanda de energía", proyecto de investigación auspiciado por METRA SEIS Economía.

En 1988 formó parte del grupo internacional Europe-12 (*Action and Research Committee on the EC*) dirigido por el profesor Carl

[11] Del que se derivó un documento de trabajo escrito por ella: González, Sara, "Aspectos económicos y monetarios de la CE: Estrategias de superación" Centro de Investigación y Formación Europea (CIFE). Documento de trabajo. DT/EC/9/1987.

[12] La Fundación Friedrich Nauman para la Libertad fue creada en 1958 en Potsdam y es la tercera más grande y más antigua de las fundaciones políticas alemanas. La Fundación impulsó diversas reuniones de expertos en los momentos iniciales de la adhesión de España a la CE.

Christoph Schweitzer[13] realizando el trabajo "Comparación de la evolución de las macromagnitudes España-CE. Periodo previo a la adhesión". Los trabajos presentados darían lugar a un libro publicado unos años más tarde –1991– por Pinter Publishing. Además, durante los meses de verano estuvo de "*stagiaire*" en la Comisión Europea (Bruselas y Estrasburgo). En paralelo a lo anterior publicó dos trabajos. Uno sobre la integración de España en la CEE[14] en el que reflexionaba sobre el proceso que llevó a España a culminar con su adhesión a la CEE; y el otro sobre el impacto que la volatilidad del dólar ejercía sobre los flujos monetarios internacionales[15].

Relacionada tanto con el tema de su tesis como de sus conocimientos sobre la integración económica europea fue su conferencia sobre "Contrastes Iberoamérica Comunidad Europea" dictada en los cursos de La Granda-Avilés (Asturias) en 1989; los cursos eran organizados por la Fundación Escuela Asturiana de Estudios Hispánicos[16]. Entre los asistentes se encontraba el Premio Nóbel Severo Ochoa. Esta conferencia la impartió siendo ya Profesora Titular de Universidad del área de Economía Aplicada en la Universidad Complutense de Madrid, puesto que ocupaba desde el 2 de diciembre de 1988.

Sus conocimientos sobre la Comunidad Europea hicieron que formara parte del profesorado de los Cursos de Formación Europea para profesores, organizados por la Subdirección general de Formación del profesorado (Ministerio de Educación y Ciencia), durante los meses de mayo de 1988 a 1990. Y que el Instituto de Investigaciones

---

[13] Doctor en Historia por la Universidad de Friburgo y profesor de la Universidad de Bonn). Los presidentes del grupo de trabajo fueron Lord Roy Jenkins (rector de la Universidad de Oxford) y Emilio Colombo (expresidente del Parlamento Europeo).

[14] González, Sara, "España-CEE. Flujos económicos de dos años de integración". *Boletín Económico de Información Comercial Española* (BICE), n.º 2.128, abril, 1988. 1259-1261.

[15] González, Sara, "El comportamiento del dólar y la internacionalización de sus efectos", *Boletín Económico de Información Comercial Española* (BICE), n.º 2.149, sept. 1988, 3329-3330.

[16] La Fundación fue constituida en 1979 por los profesores: Enrique Fuentes Quintana, Juan Velarde Fuertes y Teodoro López-Cuesta Egocheaga, entre otros, con el fin de organizar encuentros y seminarios dirigidos a profesores, investigadores y expertos para propiciar el intercambio de conocimiento y el avance científico. Los conferenciantes son invitados tras una selección de entre los expertos por parte de los comités asesores de la Fundación.

Feministas la invitase en 1989 a dar un curso de posgrado sobre "Cambios sociales en Europa: Su impacto sobre las mujeres". El curso lo repetiría al año siguiente.

En julio de 1989 acudió al Instituto Universitario Europeo de Florencia con una beca de la UCM para asistir a un curso sobre "Evaluación de procedimientos de investigación en materia de integración europea". Relacionado con este curso fue su publicación del trabajo "Orientación bibliográfica sobre nuevos procesos de integración en América Latina y Europa: 1985-1988", en el que se enumeran los estudios existentes sobre ambos tipos de integración que se publicaron en el cuatrienio al que hace mención el título del trabajo[17].

Con base en su nueva posición académica pasó a impartir la asignatura de Organización Económica Internacional (OEI, como es conocida) en quinto curso de la Licenciatura de Economía y el curso de doctorado "Relaciones Exteriores de la Comunidad Europea". Este último curso lo impartió entre 1989 y 1992, posteriormente impartiría "La unión Monetaria. El uso privado del ECU" entre 1992 y 1994; y "Procesos de integración económica" entre 1994 y 1996[18]. Aquí se pueden apreciar claramente las dos áreas en las que Sara investigó a lo largo de su vida académica: La integración económica europea y la organización económica internacional. También es destacable su aportación para establecer la asignatura de OEI en la Universidad de León para lo que se encargó de dictar una serie de clases sobre la materia (también y con el mismo objetivo repetiría esta experiencia en el curso 1991/92 en la Universidad de Castilla-La Mancha).

La Escuela de Relaciones Laborales de la UCM la invitó a participar en el Curso de Comercio Exterior que tuvo lugar en el mes de noviembre de 1989. Un mes más tarde participó, formando parte del elenco de profesores, en el VI Curso de Formación de la Escuela

[17] González, Sara: "Orientación bibliográfica sobre nuevos procesos de integración en América Latina y Europa: 1985-1988". *Pensamiento Iberoamericano* n.º 15. 1989, pp. 280-287.

[18] Seguidamente impartiría los cursos de doctorado "Proceso de Integración de la Unión Europea" y "La globalización y la integración de la UE".

de Cooperantes organizado por la Agencia Española de Cooperación Internacional –AECI– (Ministerio de Asuntos Exteriores).

También en ese mismo año de 1989 Arthur Young reunió a un grupo de expertos, entre los que estaba Sara, para elaborar un informe sobre la Valoración de los Efectos Económicos de la Integración de Canarias en la Comunidad Europea.

En junio de 1990 fue nombrada Secretaria académica de la Facultad de Ciencias Económicas y Empresariales de la UCM (un año después dimitiría de su cargo por discrepancias con el Decano). No era el primer cargo académico que ocupaba porque antes ya había sido Secretaria académica del Departamento de Economía Internacional y Desarrollo entre 1988 y 1990 e, incluso, había actuado como su directora interina.

En ese mismo periodo 1990/1991 colaboró como investigadora en el proyecto competitivo: Situación y perspectivas de la cooperación de la Comunidad Europea con América Latina. Convocado por la Agencia Española de Cooperación Internacional (AECI-Ministerio de Asuntos Exteriores). Sus conocimientos sobre los problemas de la deuda externa latinoamericana y las soluciones imaginativas aplicadas para solventarlos la hacen la candidata ideal para publicar un capítulo titulado "la deuda externa y los swaps deuda/capital" en el libro Ingeniería Financiera[19] aparecido en verano de 1991, en el que trata los intercambios de deuda externa o soberana por activos del país, incluidos los *swaps* deuda/naturaleza. Por esas mismas fechas ve la luz el libro Organización Económica Internacional[20] en el que Sara participa escribiendo el capítulo n.º 13 titulado "La peseta, el ecu y el SME". Además, debido a sus conocimientos sobre Economía Internacional, McGraw Hill le encarga la revisión técnica de unos de los libros de referencia de la materia: el Chacholiades[21].

Su experiencia en los, ya mencionados, consejos de administración de las filiales de MERCASA le permitieron afrontar la docencia en

[19] Díez de Castro, Luis y Mascareñas, Juan, *Ingeniería Financiera*. Madrid. McGraw Hill. 1991. En 1994 se publicaría una nueva edición corregida y aumentada en la que Sara mantenía su colaboración.

[20] Varela, Manuel (coord.), *Organización Económica Internacional*. Madrid, McGraw Hill. 1991.

[21] Chacholiades, M., *Economía Internacional*. Nueva York. McGraw Hill. 1991.

los Cursos del Plan de Formación Empresarial de la CEOE: Gestión Empresarial (1990), Curso de Gestión de Empresa (1990), Curso de Formación en Comercio Exterior (1991) y Curso de Formación en Comercio Internacional (1991). En julio de ese mismo año, formando parte de una delegación de la Universidad Complutense de Madrid desplazada a Moscú, por invitación de la sra. Gorvachov, impartió una conferencia en la Academia de Ciencias Soviéticas de Moscú sobre la transición de una economía dirigida hacia una de libre mercado[22], algo que mostraba como España había transitado por ese camino y cómo la casi fenecida URSS podía inspirarse en el caso español (algo que ya estaban haciendo varios países latinoamericanos). Obviamente, Sara no fue la única invitada a dicha conferencia, entre los otros ponentes hay que destacar a Emilio Ontiveros y a Eduardo Punset (quién, aunque solo por seis meses, fue el único ministro español sobre Relaciones con las Comunidades Europeas 1980-1981). Como curiosidad adicional, un mes más tarde de estas conferencias (19-21 de agosto) se produjo el fallido golpe de estado que finiquitó a la URSS. A finales de ese mismo año formó parte del Tribunal calificador de las oposiciones al Cuerpo Superior de Técnicos Comerciales y Economistas del Estado. Era la primera vez en que fue elegida pero no será la última pues repetirá los años 1993, 2014, 2015 y 2016. También en esas fechas (fines de 1991) es profesora del Curso de Relaciones Internacionales de la Escuela Diplomática (Ministerio de Asuntos Exteriores).

Nuevamente la AECI se cruza en su camino y entra como investigadora principal en un nuevo proyecto competitivo "El proceso de integración de México en el NAFTA. Que abarcará los años 1992 a 1994. Su experiencia en procesos de integración económica juega a su favor para la concesión de este proyecto. De este proyecto de investigación se derivará la tesis titulada "El tratado de libre comercio de América del Norte (NAFTA): un proceso de integración económica norte-sur" presentada en 1995 por Francisco Conde López[23] y dirigida por Sara. También sobre el proceso de España en la CE,

[22] En concreto su aportación se tituló: "Los determinantes del comercio internacional".

[23] Después de ser profesor y vicerrector de la Universidad CEU-San Pablo, fue consejero de Economía e Industria de la Junta de Galicia desde 2015 hasta 2023.

es la tesis defendida este mismo año por Rómulo Rodríguez Soto: "Efectos sociolaborales de la integración de España en la comunidad europea. Proyección de futuro", siendo Sara su directora.

En ese mismo año de 1992, el año de España (Juegos Olímpicos, Exposición Universal de Sevilla, Inauguración del primer AVE) y el año de una crisis económica internacional severa (España debió devaluar su moneda tres veces consecutivas[24]), Sara es invitada a participar en una Jornada sobre la Moneda Única organizada por el Ministerio de Sanidad y Consumo y la Unión de Consumidores de España; así como a dictar una conferencia dentro del curso sobre "Los problemas monetarios de la Confederación de Estados Independientes" organizado por la Universidad Nacional de Educación a Distancia en Ávila. En agosto, dicta la conferencia "Perspectivas de la integración económica en América Latina" en un curso organizado por la AECI en la Rábida (Huelva)[25].

En la misma línea del libro sobre OEI ya mencionado, Sara coordina[26] otro similar en el que participan muchos de los autores del anterior y otros nuevos provenientes de ámbitos cercanos al tema tratado. El libro es un homenaje al creador de la OEI, el catedrático Manuel Varela Parache, que se acababa de jubilar. En él, Sara escribe el capítulo 16, "el impulso de la integración económica en la década de los noventa" en el que analiza diferentes procesos de integración económica en Europa, América y África. Junto a Manuel Varela publica en 1992 un trabajo dedicado a la era postsoviética y a sus efectos en el Sistema Monetario Internacional titulado[27] "La Confederación de Estados Independientes y el Sistema Monetario

(vicepresidente económico en el periodo 2022-2023). En la actualidad es diputado nacional en Cortes.

[24] El 16 de septiembre de 1992 la peseta se devaluó un 5%, el 21 de noviembre se volvió a devaluar esta vez un 6% y, finalmente, el 13 de mayo de 1993 se volvió a devaluar un 8%.

[25] Curso de la Universidad Hispanoamericana Santa María de la Rábida.

[26] González, Sara (coord.), *Temas de Organización Económica Internacional.* Madrid. McGraw Hill. 1993.

[27] Varela, Manuel, y González, Sara (1992), "La Confederación de Estados Independientes y el Sistema Monetario Internacional". *Revista de Economía Aplicada e Historia Económica* n.º 1. 1992, pp. 47-63.

Internacional". Este trabajo formó parte del primer número de la revista de Economía Aplicada e Historia Económica.

El amplio desconocimiento que la sociedad española tenía del funcionamiento del Sistema Monetario Europeo[28] en un momento en que –a raíz de la creación de la Comunidad Europea (CE) a través del Tratado de Maastricht de 1991– no paraba de hablarse de la futura creación de una unión económica y monetaria hace que la editorial Eudema, perteneciente al grupo Anaya, le encargue un libro sobre el tema[29] que aparecerá publicado en 1993. En ese mismo año, aparecen cinco contribuciones suyas en el libro[30] "Spain and EC Membership Evaluated", tituladas "Part I: Economic Policy", "The free movement of capital and financial services", "The energy sector", "Telecommunications and transport policy", "Monetary policy". Estas contribuciones eran el resultado de las investigaciones llevadas a cabo dentro del marco Europe-12 ya comentado anteriormente.

En octubre de 1993 se incorpora como profesora del módulo sobre Comunidad Europea impartido dentro del Master en Información Económica de la Facultad de CC de la Información de la UCM. Impartirá el curso tres años consecutivos. El 1 de diciembre fue nombrada Asesora Técnica para las relaciones con los países de Europa Central (Parlamento Europeo), estando a las órdenes del eurodiputado Eduardo Punset. Permanecerá en ese puesto hasta fines de septiembre de 1994. La buena sintonía entre ambos hace que Sara se presente en las listas de Foro-CDS en las elecciones europeas de 1994[31].

En octubre 1994 se produjo en Madrid la reunión conjunta del Fondo Monetario Internacional (FMI) y del Banco Mundial (BM), que conmemoraba los 50 años de ambas instituciones económicas

[28] No hay que olvidar las turbulencias a las que el SME estaba sometido en esos días y que ya se han mencionado anteriormente.

[29] González, Sara y Mascareñas, Juan, *El Sistema Monetario Europeo*. Madrid. Eudema. 1993.

[30] En Almarcha, Amparo (ed.), *Spain and EC Membership Evaluated*. Londres Pinter Publishers. 1983.

[31] Foro-CDS con un 0,99% de los votos no logró ningún escaño y eso explica el que Sara se reintegrase a tiempo completo a la UCM al inicio del nuevo curso académico 1994/1995 (había estado a tiempo parcial, en comisión de servicio, durante su estancia en el Parlamento Europeo).

internacionales. Sara asistió como espectadora a alguna de las reuniones. Simultáneamente, y también como homenaje a esos 50 años del FMI y del BM vio la luz la obra El Fondo Monetario Internacional, el Banco Mundial, y la Economía Española[32] en la que Sara era la autora del capítulo 13 dedicado al "Problema de la Deuda Externa de Latinoamérica" un tema en el que ambas instituciones habían estado y seguirían estando profundamente implicadas, y en el que además Sara era experta desde la elaboración de su tesis doctoral, así como por la realización de publicaciones derivadas sobre el tema. Además, y en ese mismo contexto del cincuentenario, publicó un trabajo titulado[33] "Retos de las Instituciones de Bretton Woods".

LA CÁTEDRA JEAN MONNET DE INTEGRACIÓN ECONÓMICA EUROPEA

En 1995, la Acción Jean Monnet le concede una ayuda[34] para la investigación titulada "Ampliación de la Unión Europea: El caso de Hungría". Esta investigación acabará derivando en la tesis presentada por Fernando Alonso Guinea titulada "Hungría: Desde el aislamiento a Europa. Un modelo macroeconómico para un programa de convergencia. La integración como motor del desarrollo" y dirigida por Sara. En la misma línea también en ese año se defiende la tesis "Las nuevas relaciones comerciales de la Comunidad Europea con los países del centro y este de Europa" cuyo autor es Carlos Puente Martín, también dirigida por Sara.

A mediados de año, en mayo, obtiene la Chair Jean Monnet de Integración Económica Europea. Ello representa la culminación de todos sus trabajos académicos y de difusión de la idea de Europa a través de los procesos de integración económica de sus estados miembros. En el primer Simposio Jean Monnet en Bruselas al que

[32] Varela, Manuel (coord.), *El Fondo Monetario Internacional, el Banco Mundial, y la Economía Española*. Madrid. McGraw Hill. 1994.
[33] González, Sara (1994), "Retos de las Instituciones de Bretton Woods". *Boletín de Información Comercial Española* (BICE). Octubre, 1992. n.º 2429; 2651:2656.
[34] Dosier n.º 95/0412. 1995/96.

acude como catedrática presenta el trabajo[35] "Economic Effects of the EU Enlargement", en el analiza los efectos económicos de la incorporación de nuevos miembros a la UE (Austria, Finlandia y Suecia, acababan de incorporarse el años anterior, ampliando a 15 los estados pertenecientes a la UE).

El 15 de diciembre de 1995, en la cumbre de Madrid, la UE decide denominar "euro" a la moneda única que sustituirá el 1 de enero de 1999 a las existentes en las de aquellos estados miembros que deseen incorporarse a la Unión Monetaria y que cumplan con los requisitos establecidos. La "fiebre" por el euro es un hecho y las conferencias sobre él son numerosas, algo lógico, porque hay que preparar a la población para un cambio drástico en sus vidas: la moneda en la que pagan va a ser distinta, no sólo va a cambiar su nombre sino sobre todo va a tener un valor muy diferente al que se estaba acostumbrado[36]. Sara no es ajena a dicho hecho y es invitada a impartir numerosas conferencias sobre el euro en ámbitos muy distintos[37]. La idea del nacimiento del euro ya aparece en el libro "Mercado de divisas y análisis del mercado financiero" aparecido ese año de 1996 y del que es co-autora[38].

En 1998 participa por partida triple en la obra dirigida por el excomisario, diplomático y profesor Marcelino Oreja: El Tratado de Ámsterdam[39]. Sus colaboraciones se titulan "El Estatuto y la representación comunitarios ante las organizaciones y foros internacionales", "Los caminos hacia la ampliación" y "Perspectivas de la ampliación".

En ese mismo año de 1998 participa en el simposio Jean Monnet que se celebra en Coimbra y finaliza en la Expo de Lisboa (a esta reunión, de no más de cuarenta asistentes, acuden diversas personalidades,

---

[35] González, Sara y Mascareñas, Juan, "Economic Effects of the EU Enlargement". Jean Monnet Symposium on the IGC. Group V. A Differentiated Union. Bruselas, Mayo. 1996.

[36] 1 euro va a equivaler a 166,66 pesetas o 6 euros a 1.000 pesetas.

[37] Ministerio de Sanidad y Consumo. Varios Colegios Mayores. Colegio Nacional de Lcdos., y Dres., en CC Políticas. Asociaciones culturales varias, etc.

[38] González, Sara, Aragonés, José R y Álvarez, Alfonso, *Mercado de divisas y análisis del mercado financiero*. Madrid. Pirámide. 1996.

[39] Oreja, Marcelino (dir.), *El Tratado de Amsterdam. Análisis y comentarios*. Vol. I. Madrid. McGraw Hill. 1998. Madrid.

entre ellas el primer ministro holandés Leo Tindemans). Presenta un documento[40] titulado "Macromergers, EMU and globalization" en el que se expone la tendencia esperada a las agrupaciones de empresas europeas debidas al inminente establecimiento del euro como moneda única (quedaban seis meses para su nacimiento).

El 12 de mayo participó en el I Seminario de Unión Europea Aula Robert Schuman de la Universidad San Pablo-CEU con la conferencia "Los retos de la Unión Monetaria Europea". Unos días más tarde dicta una conferencia sobre "Cronología e Instituciones en la Unión Monetaria Europea" en un ciclo de conferencias organizado por el Colegio de Abogados de Madrid sobre la incidencia jurídica del establecimiento de la moneda única. Otra conferencia que destacar en ese año –septiembre– es la que dictó sobre "La Unión Económica y Financiera" en un seminario organizado por la Facultad pluridisciplinar de Bayona Anglet (Francia) y el Centro Ramón Carande.

Es importante destacar el inicio de su participación (lo hará durante los seis años siguientes) en el Master en Estudios Políticos Aplicados organizado por la Fundación Iberoamericana de Gobernabilidad y Políticas Públicas[41] dependiente de la Vicepresidencia del Gobierno de España. Su materia, como no podía ser de otra manera, era "La Unión Económica y Monetaria Europea". Este máster se diseñó para preparar a los jóvenes políticos latinoamericanos en una multitud de áreas que les permitiera aumentar y explotar sus capacidades políticas.

En paralelo a lo anterior, publica un libro de la que es coautora sobre los indicadores económicos[42]. Su objetivo es divulgar cuáles son estos, qué significan y por qué son importantes. Por otra parte,

---

[40] González, Sara y Mascareñas, Juan, "Macromergers, EMU and globalization". *Jean Monnet Symposium The Euro and the World.* Coimbra-Lisboa (Portugal), 1998. 1-4 Julio.

[41] Tres años más tarde se denominaría Fundación Internacional y para Iberoamérica de Administración y Políticas Públicas (FIIAPP) al fusionarse con la FIAP.

[42] Conde, Francisco y González, Sara, *Indicadores Económicos.* Madrid, Pirámide. 1998.

participa como investigadora en el proyecto competitivo[43] "Consumo y Ciudad: El área metropolitana de Madrid".

En 1999 publica un artículo[44] sobre la globalización económica y sus efectos en los mercados financieros. Son unos años en los que las bolsas de valores no hacen más que subir impulsadas por las denominadas empresas ".com" que acabará convirtiéndose en una burbuja, que estallará al año siguiente. Además, la globalización económica estaba de moda y se comenzaba a contemplar a China y a los países del sureste asiático como nuevos jugadores en el terreno económico.

El año 2000 fue un año muy productivo para Sara, académicamente hablando. Publica un libro[45] sobre el Sistema Monetario Internacional y el mercado de divisas donde relaciona este último con el final del SME y la incorporación del euro. Ven la luz dos artículos suyos en los que aborda, por un lado, la relación[46] entre la nueva arquitectura financiera y la globalización económica, por otro[47], y el medio ambiente, la Organización Mundial del Comercio (OMC) y la UE; en este último se resalta la importancia del medio ambiente y cómo impacta en él la regulación comercial internacional y la de la UE.

Presenta un trabajo[48] en la reunión anual de las ECSAs (European Community Studies Association) en la Comisión Europea sobre sobre los efectos económicos de la ampliación de la UE en relación con el nuevo orden mundial en el que los países asiáticos estaban

[43] González, Sara *et al.*, "Consumo y ciudad: El área metropolitana de Madrid". Investigador responsable: Dra. Aurora García Ballesteros. Proyecto de investigación multidisciplinar 1999-2002. Convocado por la Universidad Complutense de Madrid. Referencia: PR 269/98-8181.

[44] González, Sara y Mascareñas, Juan, "La globalización económica y sus efectos en los mercados financieros". *Noticias de la Unión Europea* n.º 172. 1999, pp. 25-38.

[45] González, Sara, *El Sistema Monetario Internacional y el mercado de divisas.* Madrid. Pirámide. 2000.

[46] González, Sara, "La nueva arquitectura financiera y la globalización económica". *Revista de Economía Mundial.* Nº 3. Diciembre. 2000, pp. 179-195.

[47] González, Sara: "El medio ambiente, la Unión Europea y la Organización Mundial de Comercio". *Revista de Gestión Ambiental.* Año 2. n.º 18, Junio 2000, pp. 15-25.

[48] González, Sara y Mascareñas, Juan, "Economic Effects of the EU Enlargement". *The European Union a changing world.* ECSA. Comisión Europea. 2000. N.º Cat. 98-96-752-2ª-C. Bruselas. ISBN: 92-827-9968-9.

tomando un mayor protagonismo. La UE estaba negociando[49] la entrada de diez nuevos países lo que representaba todo un desafío para ella porque iba a desplazar el eje de las decisiones hacia el Este a unos estados que, en su mayoría, llevaban apenas un decenio con regímenes democráticos. Un par de meses más tarde, nuevamente en Bruselas, asiste a "The intergovernmental Conference 2000 and beyond". Organizado el 6-7 de julio por la Comisión Europea.

Entre las dos reuniones anteriores, organiza el primero de una serie de simposios "Grupo de Estudios Jean Monnet", que tendrán lugar anualmente en la Universidad Complutense de Madrid[50]. Además, dirige la tesis doctoral "La importancia de la innovación organizativa para la obtención de beneficios derivados de la introducción de las tecnologías de la información" cuyo autor fue Eduardo del Río Cobián.

En el año 2001 dirige una tesis sobre "Política de telecomunicaciones en la Unión Europea. Interconexión y competencia" cuyo autor es Pedro Cánovas Tamayo. Se la invita a participar como miembro del grupo de reflexión sobre la presidencia española del primer semestre de 2002 en la UE actuando como contraponente[51] del trabajo "Crecimiento, empleo y cohesión social: posibles escenarios ante el Consejo Europeo de Barcelona". En otro orden de cosas, Sara es invitada a participar en el Master en Derecho, Economía y Políticas Públicas, organizado por la Fundación Ortega y Gasset impartiendo la asignatura de Comercio internacional y competencia de la que se encargará los tres cursos siguientes.

En 2002 publicó dos libros: *Economía Internacional: Introducción a la Teoría del Comercio Internacional*[52] –cuyo prólogo lo escribe el prestigioso catedrático de economía de la Complutense Francisco Cabrillo– y *Organización Económica Internacional*[53] –de cuyo prólogo se encarga Pedro Fraile, reconocido catedrático de

[49] En 2005 se incorporarían la República Checa, Chipre, Eslovaquia, Eslovenia, Estonia, Hungría, Letonia, Lituania, Malta y Polonia.

[50] El primero llevará por título "La UEM y el sistema monetario y financiero internacional". Se realizó entre el 19 y el 23 de mayo de 2000.

[51] Instituto de Estudios Europeos. Universidad San Pablo-CEU. Madrid. 2001.

[52] González, Sara, *Economía Internacional: Introducción a la Teoría del Comercio Internacional.* Madrid. Pirámide. 2002

[53] González, Sara, *Organización Económica Internacional.* Madrid. Pirámide. 2002.

Historia Económica de la Carlos III–. Participa en un libro[54] sobre el euro con un trabajo titulado "Banking macromergers, EMU and globalization", Publica un artículo[55] sobre la reforma institucional de la UE que debería acometerse con objeto de resolver los problemas de las ampliaciones en marcha. Por último, su contribución[56] a la sexta conferencia de ECSA-World trató sobre la posibilidad de la existencia de una moneda única mundial, algo que en aquel momento algunos economistas estaban proponiendo para sustituir a los Derechos Especiales de Giro[57].

En 2003 Sara comienza su participación en dos Másteres, el MBA Internacional de la Escuela de Organización Industrial en el que impartiría durante un curso la materia de Organización Económica Internacional y el Master de Estudios Financieros en el que impartiría durante cinco cursos la asignatura Escenario Monetario y Financiero Internacional. Pero lo más importante sería su designación como investigadora principal en el proyecto competitivo internacional "Un nuevo diálogo transatlántico: Europa -América Latina" financiado por la DG de Educación y Cultura de la Comisión Europea[58], proyecto que abarcaría un horizonte de tres años.

En 2005, Sara es elegida como presidenta de la Asociación Universitaria de Estudios Comunitarios (AUDESCO), que es la denominación española de la European Community Studies Association (ECSA)-Spain, que agrupa a profesores e investigadores sobre diversos aspectos de la UE (Derecho, Economía, Historia, Coimunicación, etc). Cargo que ocupará hasta su fallecimiento. Simultáneamente, presidirá el Consejo de Redacción de la *Revista Universitaria Europea* (*RUE*), que bajo su dirección cobrará una mayor relevancia. Además,

[54] González, Sara y Mascareñas, Juan, "Banking macromergers, EMU and globalization", en CUNHA, P. & PORTO, M. (coord.), *The Euro and the world*. Coimbra (Portugal). Ed. Almedina. 2002.

[55] González, Sara: "La necesaria reforma institucional en la Unión Europea". *Revista de Economía Mundial*. N.º 6. 2002, pp. 49-62.

[56] González, Sara y Mascareñas, Juan (2002), "A new world monetary order: The possibility of a stable World currency". Sixth ECSA-World Conference: "Peace, security and Stability. International Dialogue and the role of the European Union". Bruselas. 4-5 Diciembre 2002.

[57] Actualmente formado por cinco monedas: Dólar estadounidense, Euro, Libra esterlina, Yen japonés y Yuan chino.

[58] Línea B-3040. Número de Registro: RE 03/0004 A 8874.

se incorporará como tutora del doctorado de la Universidad Nacional Autónoma de México.

Sus aportaciones al estudio de la integración económica europea durante ese año se realizan a través de varias conferencias como, por ejemplo, "Fortalecimiento de la Asociación Estratégica UE/ALC: Aspectos económicos y comerciales. Visión Europea"[59], "Una estrategia de la Unión Europea ante los procesos de integración y Asociación de América Latina y el Caribe"[60], "La Unión Europea en un nuevo orden económico internacional"[61].

Por el lado de la organización económica, publica tres trabajos: "La Sociedad Civil y la Organización Económica Internacional"[62], "Buscando la estabilidad del sistema monetario internacional. Hacia una referencia dólar-euro"[63] y "La nueva arquitectura en el comercio internacional: Los acuerdos regionales en el ámbito de la Organización Mundial de Comercio"[64]. Además, dirige la tesis titulada "El impacto económico de la inmigración en Europa. Estudio de un caso particular: España". Elaborada por Patricia Argerey Vilar en la Universidad Complutense. Como se observa, tanto por el tema como por la fecha, el interés sobre el impacto de la inmigración en la economía de los países estaba presente en bastantes proyectos de investigación y esta tesis se enmarca en dicho proceso.

---

[59] Seminario: De Guadalajara a Viena: Lineamientos para la IV Cumbre Unión Europea/ América Latina y el Caribe. CELARE-CEPAL, Santiago de Chile (Chile). 18-19, Julio 2005.

[60] X Foro de Investigación. Congreso Internacional de Contaduría, Administración e Informática y a la instalación de la academia (ANFECA). Universidad Nacional Autónoma de México. México D.C.7-9 Septiembre 2005.

[61] Encuentro: "¿Crisis de la Unión Europea? Análisis y Perspectivas". Facultad de Ciencias Económicas y Empresariales. Universidad de Extremadura. Badajoz. 16, Diciembre 2005.

[62] González, Sara: "La Sociedad Civil y la Organización Económica Internacional". *Noticias de la Unión Europea*. N.º 242. Marzo, 2005, pp. 45-54.

[63] González, Sara y Mascareñas, Juan: "Buscando la estabilidad del sistema monetario internacional. Hacia una referencia dólar-euro". *Información Comercial Española*. Diciembre 2005. n.º 827, pp. 123-140.

[64] González, Sara, "La nueva arquitectura en el comercio internacional: Los acuerdos regionales en el ámbito de la Organización Mundial de Comercio". En Molina Del Pozo, C (Coord): *El diálogo entre los pueblos y las culturas en el marco de las relaciones Latinoamericanas*. Madrid. DIJUSA. 2005, pp. 567-580.

En abril de 2006 es invitada a participar en el Encuentro Internacional sobre Cooperación Universitaria UNESCO-Unión Europea (Fundación Academia Europea de Yuste. Cuacos de Yuste. Cáceres) al que acuden varios cargos de la UE y de sus instituciones. Por otra parte, en los días finales de agosto dicta la conferencia "El crecimiento de las empresas en el entorno de la UE desde la CEE" en el 2º Congreso Nacional e Internacional de Finanzas de la Empresa y Mercado de Capitales realizado en Buenos Aires (Argentina)[65]. Publica[66] "La integración económica en América como elemento de la estrategia comercial de las empresas de la Unión Europea". Y, como ya era habitual, asiste al congreso anual de las ECSAs en Bruselas[67]. Consiguió ser asignada como investigadora principal en el proyecto competitivo "Análisis y valoración de la investigación y estudios en materia de integración europea en España y de la adaptación de la universidad española al Espacio Europeo de Educación Superior"[68], que abarcaría los años 2006-2009 y que tendría objeto el estudio del marco del EEES al sistema español, preocupación de las instituciones universitarias españolas, que se enfrentaban a un cambio radical en plena crisis financiera global, es decir, tenían que transformarse prácticamente sin financiación para ello. Dirigió la tesis doctoral "Desarrollo endógeno articulado con la red de cooperación empresarial internacional. El caso de México" presentada por Tania Elena González Alvarado en la que se estudiaban las redes de cooperación internacional y su influencia en las empresas mexicanas.

---

[65] Consejo Profesional de Ciencias Económicas de la Ciudad Autónoma de Buenos Aires.

[66] González, Sara, "La integración económica en América como elemento de la estrategia comercial de las empresas de la Unión Europea", en Beneyto, J.M. (Director) y Argerey, P. (coord.), *Europa y América Latina. El otro diálogo transatlántico*. Madrid. Biblioteca Nueva. 2006, pp. 237-264.

[67] Global Jean Monnet Conference ECSA-World Conference: "Europe´s challenges in a globalised World". European Commision. Bruselas 22-24 Noviembre 2006

[68] Convocatoria y financiación: Grupos de Investigación Transnacional y Regional de Asociaciones Nacionales ECSA y Centros de Excelencia Jean Monnet. Convention nº 2006 – 1648/001 – 001 JMO. Dirección General de Educación y Cultura. Financiación: Comisión Europea. 2006-2009. IP Competitivo CE.

LA CÁTEDRA JEAN MONNET "AD PERSONAM" DE INTEGRACIÓN ECONÓMICA EUROPEA

En el año 2007 la Comisión Europea la concede[69] la Cátedra "ad Personam" lo que significa que su cátedra ya no depende de la universidad en la que imparta sus enseñanzas sino de sí misma. Muy pocas personas del mundo académico internacional disponen de esta distinción. En ese año Sara publicó "La Unión Monetaria Europea: realidades actuales retos de futuro"[70] y "Análisis de la globalización de los mercados financieros con especial referencia a la evolución reciente de la correlación entre ellos"[71]. En el primero de ellos describió la situación de la UEM en sus primeros años y las complicaciones a las que deberá hacer frente en el futuro. El segundo de los trabajos mostraba qué tan correlacionados estaban los mercados financieros. Curiosamente ambos trabajos aparecieron en los días en los que en los Estados Unidos comenzaban los primeros atisbos[72] de la crisis financiera que estallará en 2008.

Sara acude, en noviembre, a la conferencia de anual de los profesores Jean Monnet en Bruselas donde presenta el trabajo[73] "Los swap deuda/naturaleza como instrumento para el desarrollo sostenible", tema que de forma intermitente investigaba desde hacía casi veinte años. Pocos días después es invitada a participar en la Universidad de Coimbra (Portugal) en un coloquio internacional que celebra los 50 años de la UE. Allí dicta la conferencia "El dilema económico del

---

[69] Dossier n.º 07/0095. European Commission [E/2007/1678].

[70] González, Sara, "La Unión Monetaria Europea: realidades actuales retos de futuro". En Salvador Forner (ed.), *Cincuenta años de integración Europea (1957-2007). Del Tratado CEE al Tratado Constitucional.* Madrid. Ed. Biblioteca Nueva. 2007, pp. 129-153.

[71] Mascareñas, Juan y González, Sara (2007), "Análisis de la globalización de los mercados financieros con especial referencia a la evolución reciente de la correlación entre ellos". *Revista Económica de Castilla-La Mancha.* 2007. N.º 10., pp. 287-310.

[72] El 8 de febrero de 2007, las acciones de New Century, por aquel entonces la segunda mayor empresa de préstamos hipotecarios de alto riesgo en EEUU, se desplomaron un 36%. Quebraba un mes más tarde. Fue el inicio de la crisis, cuyo punto álgido se alcanzaría el 15 de septiembre de 2008 con la quiebra de Lehman Brothers.

[73] González, Sara y Mascareñas, Juan, "Los swap deuda/naturaleza como instrumento para el desarrollo sostenible". Global Jean Monnet Conference 2007. The European Union and World Sustainable Development. European Commission. Brussels, 5-6 November 2007.

corto plazo *vs* el largo plazo: crecimiento y/o desarrollo sostenible"[74]. Como colofón a esta última conferencia publica en 2008 su intervención ampliada en la universidad portuguesa[75]. También publica[76] el trabajo presentado en Bruselas. En el congreso anual de las ECSA de noviembre presenta un trabajo titulado[77] "A strategic commercial policy and a R&D&I model for the European Union" cuya publicación[78] aparece ese mismo año. El trabajo mencionado anteriormente fue presentado por Sara en la conferencia ante los profesores asistentes y dentro de un panel de expertos entre los que figuraban las catedráticas Jean Monnet: Vivian Schmidt (Boston University) y Anne Deighton (Oxford University); sus comentarios sobre la crisis financiera –había estallado con toda su virulencia el 15 de septiembre anterior[79]– fueron objeto de preguntas y comentarios al tratarse de un tema económico que pocos asistentes comprendían. Además, Sara había podido constatar algunos de los efectos de la crisis en los propios Estados Unidos puesto que desde 2008 hasta 2011 incluido, pasó los meses de Julio en el Real Colegio Complutense en Harvard[80].

Previamente, el 23 y 24 de junio de ese año fue invitada a participar en el *Intercultural Dialogue for the Greater Europe. The European Union and the Balkans*, que organizó la Comisión Europea en Zagreb. El 1 de enero de 2007 se habían integrado en la UE Bulgaria y Rumanía y se esperaba la incorporación de Croacia, por eso la Comisión consideró oportuno organizar la conferencia de Zagreb.

[74] González, Sara, "El dilema económico del corto plazo vs el largo plazo: crecimiento y/o desarrollo sostenible". Coloquio internacional: After fifty years: The coming challenges. 23-24 noviembre 2007. Universidad de Coimbra (Portugal)

[75] González, Sara y Mascareñas, Juan, "Reconciling short-term and long-term economics: Economic growth and/or sustainable development". *Temas de Integração.* Nº 25. 1º semestre 2008. Coimbra. Edições Almedina, pp. 67-81.

[76] González, Sara y Mascareñas, Juan, "Los swap deuda/naturaleza: estado del arte". *Revista de Economía Mundial.* N.º 18. 1º Semestre 2008, pp. 231-243.

[77] González, Sara, "A strategic commercial policy and a R&D&I model for the European Union". ECSA-World Conference: A Europe of achievements in a changing world. Bruselas (Bélgica) 24-25 noviembre. 2008.

[78] Mascareñas, Juan y González, Sara: "The necessity of a R+D+I model for the European Union". *Revista Universitaria Europea.* Vol. n.º 9. Segundo semestre 2008, pp. 47-64.

[79] Fecha de la quiebra del banco de inversión Lehman Brothers.

[80] La UCM es la única institución universitaria que tiene un centro propio integrado en el campus de la Harvard University.

Con lo que no se contaba era con el impacto que la crisis financiera iba a ejercer en todos los ámbitos y que entre otras razones retrasó la incorporación de Croacia hasta el 1 de julio de 2013.

Se incorporó como investigadora al proyecto competitivo[81] del Ministerio de Educación y Ciencia. "Contribuciones españolas al desarrollo de una política científica para las Humanidades en el ámbito europeo. El proyecto ERIH y la red HERA", que abarcaría los años 2008-2010. También trabaja como investigadora a partir de 2009 en el proyecto competitivo[82] trianual "Las redes de cooperación empresarial internacionales. Creación de valor para la PYME mexicana". Sus investigaciones sobre la UE se materializan en dos publicaciones que aparecieron en 2009. La primera titulada[83] "El Espacio Europeo de Educación Superior y el Programa Jean Monnet" analizaba la relación entre el EEES –que estaba en boga en ese momento– y el proyecto Jean Monnet. La segunda[84] seguía insistiendo en el tema del I+D+i y la Unión Europea como única manera de que la Unión no se quedara rezagada con respecto a los EE.UU. y China; se tituló "Una estrategia de I+D+i para la Unión Europea: Hacia la quinta libertad básica".

En 2010, Sara trabajó en colaboración con investigadores mexicanos sobre las redes multiempresa y la responsabilidad social corporativa. No sólo figuraba como investigadora en un proyecto[85] sobre el tema, sino que también aparecía en una publicación académica[86] sobre el

---

[81] Investigador Principal: Andrés Barrera González.

[82] Convocatoria y financiación: Dirección General de Asuntos de Personal Académico. UNAM. Proyecto Programa de Apoyo a Proyectos de investigación e Innovación Tecnológica (PAPIIT). Clave IN308008. México. 2009-2011. Investigador Principal: Tania González Alvarado.

[83] González, Sara y Mascareñas, Juan, "El Espacio Europeo de Educación Superior y el Programa Jean Monnet". *Revista Universitaria Europea*. Nº 10. Primer semestre. 2009, pp. 77-104.

[84] González, Sara y Mascareñas, Juan, "Una estrategia de I+D+i para la Unión Europea: Hacia la quinta libertad básica". *Ciencias de la Administración*. Vol.1, Nº 1. Octubre, 2009.

[85] Título del proyecto: "La RSE provocada por los vínculos multiempresa y su impacto en el desarrollo local" periodo 2010 a 2012. Universidad La Salle. ULSA CA 0012/10. Investigador Principal: Tania González Alvarado.

[86] González, Tania y González, Sara, "Al-Invest en el marco de la cooperación europea: una retrospectiva". *Revista Universitaria Europea*. N.º 13. Segundo semestre. 2010, pp. 33-50.

programa de la UE "Al-Invest" y su impacto en las economías latinoamericanas. Otra preocupación que comienza a aflorar en la UE son las pensiones y cómo financiarlas habida cuenta de la proximidad de la jubilación de la generación del "baby boom" –tema que aún hoy no está nada claro cómo resolver–; Sara publicó un trabajo sobre el tema[87]. Comenzó su colaboración en el Master Universitario en Unión Europea. Especialidad Económicas-Políticas impartido en el seno de la Facultad de Derecho de la UNED. Posteriormente, a partir de 2013, participará en el "Doctorado en UE" de dicha universidad. Ambas colaboraciones las mantendrá hasta el final de su vida.

El tema de la moneda única y sus consecuencias para la Unión Europea volvió a ser objeto de estudio[88] por parte de Sara. Más aún, en 2012 participó en un proyecto[89] sobre la divulgación de lo que significa la UE para sus ciudadanos y las dificultades de la integración, proyecto cuyo objetivo son los alumnos de las escuelas españolas. La historia económica de los casi sesenta años de la UE, sus vicisitudes y la manera de afrontarlas fueron el objeto de una publicación[90] de 2013.

En 2014 participó en una publicación[91] sobre otro aspecto que durante algunos años había llamado la atención de los investigadores en temas de desarrollo económico de los países más subdesarrollados: las microfinanzas. Relacionado con el tema del desarrollo fue el nuevo

[87] González, Sara y Alonso, Fernando, "Los sistemas de pensiones de jubilación en la Unión Europea". *Boletín de Estudios Económicos*, vol. 65, n.º 200. Agosto, 2010, pp. 329-342.

[88] González, Sara y Mascareñas, Juan, "Las consecuencias de la unificación monetaria europea: el euro y el nuevo sistema monetario internacional". Cap VII. En Salvador Forner (Ed.). *España y Europa-A los 25 años de la adhesión*. Valencia. Ed. Editorial Tirant lo Blanch. 2012, pp. 163-186.

[89] González, Sara, La UE en la escuela. Ser ciudadanos de la Unión Europea: Realidades y retos de la integración comunitaria. Proyecto "Jean Monnet": Comprender y explicar la Unión Europea. Alicante. 14/15, mayo, 2012.

[90] González, Sara, "La Unión Europea a los sesenta años de sus orígenes: Nuevas instituciones y mecanismos económicos para viejas carencias". *Boletín de Estudios Económicos*. Vol. 68, n.º 210. 2013, pp. 463-488.

[91] Garayalde, Mª Luisa, González, Sara y Mascareñas, Juan (2014), "Microfinanzas: evolución histórica de sus instituciones y de su impacto en el desarrollo". *REVESCO (Revista de Estudios Cooperativos)* n.º 116. 3ª Cuatrimestre. 2014, pp. 130-158.

proyecto de investigación al que se incorporó[92] en 2015: "Generación de Valor y Cooperación Internacional en las Empresas de menor tamaño de Iberoamérica", algunos de cuyos hallazgos serán expuestos[93] en 2016 en el X Congreso Anual Red Internacional de Investigadores en Competitividad, que tendría lugar en Puerto Vallarta (México), hallazgos que también se publicaron[94] en "Crecimiento, tamaño y antigüedad y en la internacionalización de la empresa iberoamericana". Un trabajo derivado que será publicado al año siguiente[95] es "Evolución de la cooperación entre las pequeñas empresas en el sector del calzado como respuesta a las cadenas globales de valor y a la reducción de costes".

Es invitada a participar en marzo de 2015 en las jornadas que la Universidad de Alicante organizó sobre "¿El reencuentro de Europa? A los 25 años de la caída del muro de Berlín" para que expusiera su publicación[96] "Las consecuencias económicas de la reunificación alemana". Y en julio de ese año también como invitada dictó la conferencia "La importancia de la UE en el desarrollo económico de España. Ventajas e inconvenientes" en el seminario de la UIMP en Santander, dedicado a la política económica en el cambio de ciclo: retos de futuro.

En 2016 se incorporó al proyecto de investigación competitivo "Hacer las Europas: identidades, europeización, proyección exterior

---

[92] Instituciones participantes: ULSA, Eurocentro Nafin, UNAM, UCM y U Vigo. Investigador responsable: Tania Elena González Alvarado. Universidad La Salle de México. 1-julio-2015 a 30-junio-2016.

[93] González, Sara, "Las redes de cooperación empresarial internacionales en el sector ambiental". X Congreso Anual Red Internacional de Investigadores en Competitividad. RIICO n.º 25104. Puerto Vallarta (Jalisco, México), 9-11/Noviembre/2016.

[94] González, Tania, González, Sara y Martín, Mª Antonieta (2015): "Crecimiento, tamaño y antigüedad y en la internacionalización de la empresa iberoamericana". En José Sánchez Gutiérrez (Coord.), *Sustentabilidad e innovación como detonantes de la competitividad*. Guadalajara (México). Ed. Univ. de Guadalajara. 2015, pp. 341-352.

[95] González, Tania y González, Sara, "Evolución de la cooperación entre las pequeñas empresas en el sector del calzado como respuesta a las cadenas globales de valor y a la reducción de costes". *REVESCO (Revista de Estudios Cooperativos)*. n.º 124. 2º Cuatrimestre. 2017, pp. 74-97.

[96] González, Sara y Mascareñas, Juan, "Las consecuencias económicas de la reunificación alemana", en Salvador Forner (coord.), *¿El reencuentro europeo? A los 25 años de la caída del Muro de Berlín*. Valencia. Ed. Tirant lo Blanch. 2015, pp. 147-169.

y relato nacional español en el proceso de integración europea"[97]. En ese mismo año aparecieron dos publicaciones en la que Sara participaba: "Relaciones de la Organización de las Naciones Unidas y la Unión Europea de 1957 a 2015"[98] y "El sector de medicamentos en España en el contexto de la Unión Europea. Análisis Financiero"[99]. En la primera, como su título ya indica, se analizaban las relaciones entre la ONU y la UE en los casi 60 años de vida de esta última. En la segunda, se abordaba el sector farmacéutico (en su vertiente de fabricación de medicamentos) español en el contexto de la UE. También a finales de 2016 se incorporó como profesora de integración económica europea al claustro de profesores del Master en Gobierno, Liderazgo y Gestión Pública (Instituto Atlántico de Gobierno), en el que permanecería hasta 2019.

Participó en 2017 en el XI Coloquio Internacional sobre integración iberoamericana y europea[100] que tuvo lugar en Valladolid con la ponencia "La financiación de la Unión Europea a los países de Mercosur en los último 25 años: la actuación del BEI", en la que se analizaba la participación del Banco Europeo de Inversiones en la financiación de proyectos en los estados del Mercosur. De aquí surgió una publicación con el mismo título[101]. También publicó[102]

[97] Clave: HAR2015-64429-C2-1-P. Entidad financiadora: Mrio. de Economía y Competitividad. (1-Enero-2016 a 31-Diciembre-2019). Instituciones participantes: U. Alicante, U. Barcelona, UCM, U Valladolid, U. Vigo Investigadores responsables: Luis Domínguez Castro (U. Vigo) y Guillermo Pérez Sánchez (U. Valladolid).

[98] Pardo, Alejandra y González, Sara, "Relaciones de la Organización de las Naciones Unidas y la Unión Europea de 1957 a 2015". *Revista Universitaria Europea*. nº 25, 2016, pp. 143-164.

[99] Olmo, Ester y González, Sara, "El sector de medicamentos en España en el contexto de la Unión Europea". *Análisis Financiero*. Nº 131 2016. Págs.104-125

[100] Directores: Guillermo Pérez Sánchez (U. Valladolid) y Ricardo Diez de la Guardia (U. Valladolid). Valladolid, del 8 al 12 de mayo de 2017

[101] González, Sara, "La financiación de la Unión Europea a los países de Mercosur en los últimos veinticinco años: la actuación del Banco Europeo de Inversiones", en Guillermo A. Pérez Sánchez y Ricardo Martín de la Guardia (dir.), *La Integración Europea e Iberoamericana. Actualidad y perspectivas en el Siglo XXI*. Pamplona. Ed. Thompson Reuters ARANZADI. 2018, pp. 93-114.

[102] Carrancio, Blanca y González, Sara, "Análisis de la actuación de la economía española ante la última crisis económica en comparación con Irlanda". *Revista Universitaria Europea* n.º 26. 2017, pp. 147-176 .

un análisis del comportamiento de las economías española e irlandesa a raíz de la crisis financiera.

Saliéndose de su línea habitual de trabajo codirigió[103] la tesis titulada "Un análisis del impacto económico de las importaciones chinas desde de África" en la que se estudiaba el impacto económico que las inversiones chinas tiene en diferentes estados africanos, mostrándose cuáles de ellos son realmente dependientes de las exportaciones al país asiático.

Volviendo a su tema principal realizó un análisis[104] histórico sobre el Sistema Monetario Europeo y su devenir en Unión Monetaria Europea a lo largo de sus 30 años de historia. Otro tema de análisis dentro de los estudios de integración económica de la UE fue su participación en la publicación[105] *Innovation Ecosystems in the European Union-towards a theoretical framework for their structural advancement assessment.* Este trabajo, que será el primero de una serie de dos sobre los ecosistemas de innovación en la UE, vendrá seguido por otro[106] *Innovation Ecosystems in the EU: policy evolution and Horizon Europe proposal case study (actors' perspective)* Ambos trabajos forman parte de una tesis doctoral dirigida por Sara: "Innovation ecosystems in the European Union", que se defendió[107] en 2020 y cuya autora fue Renata Kubus.

Retomando el hilo histórico, nos situamos en 2019, año en el que participó en una publicación derivada de la dedicada a las microfinanzas y el desarrollo: "'Project Finance' and economic development.

---

[103] Codirectora: Tania Elena González Alvarado. Doctorando: Ángel Enríquez de Salamanca Ortiz.

[104] González, Sara y Mascareñas, Juan, "Del Sistema Monetario Europeo a la Unión Monetaria Europea: treinta años para volver al punto de partida". En Alba Alonso, José: *Avances y Desafíos de la Integración Europea a 60 años del Tratado de Roma.* Cuadernos Jean Monnet sobre Integración Europea Fiscal y Económica 5. Universidad de Oviedo. 2018, pp. 87-108.

[105] González, Sara, Kubus, Renata y Mascareñas, Juan, "Innovation Ecosystems in the European Union-towards a theoretical framework for their structural advancement assessment". *Croatian Yearbook of European Law and Policy.* Vol. 14. 2018. 181-218.

[106] González, Sara, Kubus, Renata y Mascareñas, Juan, "Innovation Ecosystems in the EU: policy evolution and Horizon Europe proposal case study (actors' perspective)". *Sustainability* 2019, 11(17), 4735.

[107] Autora: Renata Kubus. UNED. 2020

A case study"[108], en el que se demuestra cómo con una pequeña financiación inicial –que al final se recuperará– se pueden construir una cadena de pozos que posibiliten el regadío de huertas en aldeas etíopes. Los aspectos monetarios en el relato europeo entre 1948 y 1978, es el objeto de otra publicación[109] de Sara en 2019, publicación en la que se desgranaban los hitos que llevaron a la construcción del SME en paralelo a la construcción de la Comunidad Económica Europea. Además, participa como investigadora en el proyecto competitivo[110] "Europeísmo y Redes Trasatlánticas en los siglos XX y XXI".

Siguiendo con sus análisis sobre la Unión Europea, en 2020 publicó en colaboración un trabajo[111] sobre el punto de vista británico en relación con la cooperación con los países europeos al final de la Segunda Guerra Mundial. También colaboró en otra publicación[112] sobre las implicaciones jurídicas e institucionales de la gobernanza económica de la UE.

Asistió, en octubre de 2020, al XV Coloquio Internacional[113] "La integración iberoamericana y europea: Las relaciones de la Unión Europea y el Mercosur con el Sistema de Integración Centroamericano". Presentó el trabajo "Análisis de la evolución de la inversión extranjera directa de las grandes empresas de la UE en el SICA", que fue publicado[114] al año siguiente. Su última aportación consistió en

---

[108] Garayalde, Mª Luisa, González, Sara y Mascareñas, Juan, ""Project Finance" and economic development. A case study". *REVESCO (Revista de Estudios Cooperativos)*. n.º 131. 2019. 2º Cuatrimestre, pp. 32-47.

[109] González, Sara y Mascareñas, Juan, "Los aspectos monetarios en el relato de Europa: 1948-1978". *Pasado y Memoria*. Revista de Historia Contemporánea. N.º 19, diciembre 2019. Pp. 203-220.

[110] Título: Europeísmo y Redes Trasatlánticas en los siglos XX y XXI. Código: PGC2018-095884-B-C21. Mrio. de Economía y Competitividad (1-enero-2019 a 31-diciembre-2021). Instituciones participantes: U. Alicante, U. Barcelona, UCM, U Valladolid, U. Vigo. Investigador principal: Luis Domínguez Castro (U. Vigo).

[111] Domínguez, Luis y González, Sara: "Europeismo(s) en la posguerra: la opción británica por la cooperación intergubernamental". *Historia y política*. Número 44, Julio/Diciembre 2020. 23-53.

[112] González, Sara y Ferrer, Covadonga: "La gobernanza económica de la Unión Europea y sus implicaciones jurídicas e institucionales". *Revista de Derecho Político*. N.º 108. 2020, pp. 301-334.

[113] Directores: Guillermo Pérez Sánchez (Universidad de Valladolid) y Ricardo Diez de la Guardia (Universidad de Valladolid). Valladolid. 6-8 de octubre de 2020.

[114] González, Sara y Mascareñas, Juan: "La inversión directa de la UE en países del Sistema de la Integración Centroamericana (SICA)". En Guillermo Á. Pérez Sánchez y

mostrar la relación entre el desempeño social de las empresas y la UE dentro del trabajo[115] "La medición del desempeño social de las empresas (1929-2020): una perspectiva histórica".

En los dos últimos años de su vida, aunque siguió trabajando en temas de economía europea, el deterioro de su salud ya no la permitía estar tan activa como a ella le gustaba. Al final, el 12 de noviembre de 2023 fallecía una gran economista[116] conocedora de los procesos de integración económicos europeos cuya labor investigadora y docente[117] contribuyó al desarrollo y la consolidación de los estudios europeos en España. Su compromiso con la construcción europea y su visión crítica y rigurosa, así como su comportamiento ético, sin excepciones ni concesiones a la galería, fueron una fuente de inspiración para sus colegas, alumnos, colaboradores y, en especial, para los que tuvimos la inmensa suerte de conocerla y acompañarla a lo largo de su vida. ¡Hasta siempre!

Ricardo Martín de la Guardia (dirs.), *La integración europea e iberoamericana (II): las relaciones de la Unión Europea (UE) y el Mercado Común del Sur (MERCOSUR) con el Sistema de Integración Centroamericano (SICA).* Pamplona. Ed. Thompson Reuters ARANZADI. 2021, pp. 119-137.

[115] González, Sara, Mascareñas, Juan y Masip, Marco (2021), "La medición del desempeño social de las empresas (1929-2020): una perspectiva histórica". *Historia Social* n.º 101, pp. 43-60 .

[116] Estudiar economía no es algo difícil, pero comprenderla, dominarla e interiorizarla sí lo es, muy pocas personas lo han logrado. Sara fue una de ellas.

[117] En 2017 la Complutense le concedió la distinción de profesora excelente.

ESTE LIBRO SE TERMINÓ DE IMPRIMIR
EN EL MES DE NOVIEMBRE DE 2024